山西大学中国城乡发展研究丛书

煤矿产权制度改革与资源型乡村治理研究

董江爱◎著

中国社会科学出版社

图书在版编目（CIP）数据

煤矿产权制度改革与资源型乡村治理研究／董江爱著．—北京：中国社会科学出版社，2016.10

ISBN 978-7-5161-7210-0

Ⅰ.①煤… Ⅱ.①董… Ⅲ.①煤炭资源—矿产权—产权制度改革—研究—中国②农村—群众自治—研究—中国 Ⅳ.①D922.624②D638

中国版本图书馆 CIP 数据核字（2015）第 291889 号

出 版 人	赵剑英	
责任编辑	冯春凤	
责任校对	张爱华	
责任印制	张雪娇	

出　　版	中国社会科学出版社	
社　　址	北京鼓楼西大街甲 158 号	
邮　　编	100720	
网　　址	http：//www.csspw.cn	
发 行 部	010－84083685	
门 市 部	010－84029450	
经　　销	新华书店及其他书店	

印　　刷	北京君升印刷有限公司	
装　　订	廊坊市广阳区广增装订厂	
版　　次	2016 年 10 月第 1 版	
印　　次	2016 年 10 月第 1 次印刷	

开　　本	710×1000　1/16	
印　　张	17.75	
插　　页	2	
字　　数	289 千字	
定　　价	65.00 元	

凡购买中国社会科学出版社图书，如有质量问题请与本社营销中心联系调换
电话：010－84083683

目　录

序 ……………………………………………………………………（ 1 ）

导　论 ………………………………………………………………（ 1 ）

　　一　问题的提出 …………………………………………………（ 1 ）

　　二　研究现状 ……………………………………………………（ 3 ）

　　三　研究内容 ……………………………………………………（ 5 ）

　　四　研究思路及创新点 …………………………………………（ 9 ）

第一章　产权的基础理论与煤矿产权的历史演变 ………………（ 12 ）

　　一　产权理论 ……………………………………………………（ 12 ）

　　二　产权功能 ……………………………………………………（ 20 ）

　　三　产权制度 ……………………………………………………（ 27 ）

　　四　我国煤矿产权制度的历史演变 ……………………………（ 30 ）

　　五　煤矿产权与乡村治理 ………………………………………（ 40 ）

第二章　改革开放前的国家垄断与乡村治理 ……………………（ 43 ）

　　一　国有煤矿及其对乡村治理的影响 …………………………（ 43 ）

　　二　社队集体煤矿及其对乡村治理的影响 ……………………（ 60 ）

　　三　结语 …………………………………………………………（ 75 ）

第三章　改革开放后的煤矿国有产权与乡村治理 ………………（ 77 ）

　　一　国有煤矿的发展及其与乡村治理的关系 …………………（ 77 ）

　　二　村企合作与村庄良好治理 …………………………………（ 81 ）

　　三　村企分治与村庄衰败 ………………………………………（ 96 ）

　　四　国有煤矿影响乡村治理的因素分析 ………………………（ 119 ）

　　五　结语 …………………………………………………………（ 123 ）

第四章　改革开放后的煤矿集体产权与乡村治理 ………………（ 126 ）

　　一　改革开放后农村集体煤矿的发展及其与乡村治理的关系 … （126）

　　二　集体产权与村庄全面发展 …………………………… （133）

　　三　集体产权缺失与村庄衰败 …………………………… （152）

　　四　集体产权与村庄命运：XWZ 村与 LYT 村的比较 …… （165）

　　五　结语 …………………………………………………… （181）

第五章　改革开放后的煤矿个人产权与乡村治理 …………… （183）

　　一　个体煤矿的形成与发展 ……………………………… （183）

　　二　个体小煤矿对乡村治理的影响 ……………………… （191）

　　三　个体煤矿引发的贫富差距和社会矛盾 ……………… （199）

　　四　结语 …………………………………………………… （212）

第六章　基于煤矿资源的利益博弈及策略选择 ……………… （216）

　　一　官商一体：产权制度不科学造成的政治生态 ……… （216）

　　二　资源诅咒：利益分配不合理造成的治理困局 ……… （225）

　　三　以煤补农：政企合作破解治理困局的策略选择 …… （235）

　　四　产权改革与多元合作：资源型地区实现可持续发展的

　　　　根本途径 …………………………………………… （254）

　　五　结语 …………………………………………………… （262）

参考文献 ………………………………………………………… （264）

后　记 …………………………………………………………… （275）

序

  摆在读者面前的这部书是一本能够激发人思考的著作，一则在于它涉及到因煤矿产权造成的一个地方的政治生态问题，二则在于它涉及到近些年学界的热门话题——产权与治理。

  在中国，产权与治理是一个十分古老的问题，但直到近些年才引起学界重视，成为一个重要的科学问题。这与中国产权与治理问题的独特性密切相关。

  产权是对资源的权属界定，反映了人与人的关系，并形成一系列制度规范。在长期历史上，土地是最重要的资源。一般都将"土地"联在一起考察。其实，土地是可以，并需要进一步细分的。"土"可以指称一个国家和地方的疆域，如领土、国土等。"地"与"田"相同，指称通过耕种获得物质产品的地方。从一般封建时代而言，"土"、"地"与"人"是紧密相联的，领主包括领有一定领土、土地和人民。在中国，随着疆域扩大，"土"与"地"开始分离，"土"更多的指领土、疆土、国土，与统治权紧密相联。所谓"溥天之下，莫非王土；率土之滨，莫非王臣。"王权统治范围的"土"都归属于"王"；管辖地方的官员都听命于王。用于耕种的"地"、"田"存在于领土之内，只是领土的附着物。而国家统治者不仅管辖领土，且对于附着于领土之上的"地"有着终极意义的所有权。马克思因此将国家所有制称之为亚细亚生产方式最显著的特点之一，土地不象西欧那样是"硬化了的私有财产"。最高统治者被称之为"总地主"，可以凭借权力管辖全部领土、土地及在领土上生存的人民。人民交纳"皇粮国税"的合法性就在于此。不仅如此，统治者还直接占有部分土地获取地租。除皇帝以外，管辖地方的各级官僚也可能利用权力占有土地，成为官僚地主。权力支配土地和财富，成为传统中国的产权与治理的典型特征之一，即产权服从于政权。这是理解传统中国产权与治理的重要历史前提。

当然，传统中国的产权与治理远远不是上述的那么单一。由于地域辽阔，统治者直接占有和经营土地的能力有限，且在生产过程以外收取税赋远比站在生产过程以内获取财富更容易。因此，在国家领土之内的"田地"的产权与治理却有极大的灵活性和多样性。西欧的领土与土地的统治权具有同一性，土地不能够买卖与转让。而在中国，很早就出现了田地"民得买卖"。因为，在统治者看来，田地买卖者都属于"民"，都是国家的"编户齐民"，最终都受统治者统治。买卖只是让田地发挥其最大效率，最终的控制权仍然在于统治者。正因为田地能够买卖，数千年来的中国，"田无常主"。这种买卖关系一直延续到 1949 年前。从我所在机构对日本满铁关于传统中国农村调查的资料翻译和 2015 年我们自己对传统中国农村状况调查看，1949 年前的土地买卖频率是相当高的。由此便带来一个问题：产权是伴随买卖交易而生的。为何西方产权理论产生于近代，而不是中世纪，关键在于直到中世纪后期才有了活跃的交易。而交易的前提则是产权的界定，并由此产生了用于界定和保护产权交易的国家制度。而在中国，田地买卖长达数千年，却没有相应的产权理论和产权制度。是什么在维护田地买卖的进行呢？是惯行，是社会依靠长期历史形成的惯行进行的自我调节。这种惯行不仅仅是一种契约，而且是由一系列习俗、规范、信用支撑的制度体系。惯行将产权与治理联结起来，构成一种自治性产权。这种产权完全是当事人之间的行为，而无须外界的介入。传统中国"打官司"主要涉及人身，而很少涉及土地和财产。这种产权关系是传统中国对世界的一个贡献，只是直到如今尚未得到深入挖掘。

1949 年后，中国的产权与治理发生了重大变革，但许多制度仍然有历史传承的因素。总体上看，国家的统治和支配能力愈来愈强，国家政权愈来愈广泛和深入地扩展到全部领土范围。但"土"和"地"还是有所区分。"国土资源"为"国土资源部"管理，而可耕种的"田地"为农业部管理。其中，城市土地实行国家所有制，农村田地实行农民集体所有制。然而，"土"与"地"、国有与集体、中央与地方之间的权属关系并不是泾渭分明的，之间存在大量模糊、重合和交叉地带。这种产权关系及其治理在国家高度一统的计划经济时代并不复杂，也未带来太大问题，因为最终的财富都由中央政府统一支配。改革开放以后，以往的权属关系就带来了许多新问题。

中国是一个资源相对紧缺且分布十分不平衡的大国。在工业化初期，煤矿资源十分重要，也相当紧缺，甚至成为国家战略资源。国家领土内的煤矿资源与其他矿产资源一样为国家所有。除了中央政府直接开采经营以外，还有各级地方开采经营的煤矿。但无论是归那一级所有和经营，都要在一定土地上进行，甚至要占有一定土地。这些土地有双层涵义，是国家领土，也可能还是农民耕地。当国家开采煤矿时，就会改变原有农民的生存状态，导致农民成为利益主体。农民有可能获得利益，也有可能导致利益受损。与此同时，无论是那一级开采经营的煤矿都要在一定地方管辖的范围进行。地方政府也必然会作为行为主体参与，甚至主导着煤矿的开采经营。由此就形成政、商（煤矿经营者）、民三者关系，构成煤矿地区特有的政治生态。当三者关系难以平衡时，政治生态就会倾斜。而在大多数情况下，政商一体更容易出现，毕竟政府与矿商拥有权力和财富资源。

1949 年以后产生的农村集体是一个非常有意思的组织。在传统中国，田地、人口和治理是动态的和开放的。田地可以买卖，当地居住的人可以在外地购置土地。人口可以流动，没有田地和机会的人可以外流，寻找新的机会。治理内容更多的是少量国家事务和社区社会事务。经过 1950 年代的农业社会主义改造，农村田地、人口和治理高度重合，三者的边界相当清晰，且呈一体化状态。由于农民集体是国家引导和塑造的，在计划经济时代，农民集体服务和服从于国家需要，缺乏活力，由此导致农村改革，赋予农民及其农民集体以自主性。本来，煤矿资源属于国家所有，但为了解决煤产量短缺的问题，国家一度允许农民集体在自己的村域范围内开采经营煤矿。由此就会出现不同的开采经营主体，如本村个人承包、外村个人承包、农民集体共同经营。不同的经营模式会带来不同的结果，并深深影响着治理后果。前文说到，传统中国在土地买卖交易中形成"自治性产权"。但这种自治需要相应的条件支持。1980 年代后生长的村民自治，缺失历史上存在的自治土壤，在许多地方则是村干部主导，本来归属于农民集体的煤矿收益可能为少数人独享，从而导致基层政治生态的倾斜。

本书作者是山西本土的政治学者，很早就意识到山西因煤矿经营带来的产权、治理及其政治生态问题，并试图从理论上加以研究，取得了很多很好的成果。本书便是其中之一。作者要了解相关内容，可以阅读本书。我只是借题发挥，谈点自己的想法，不一定妥当。

据我了解，本书作者正沿着产权、治理及其政治生态的路径在进行进一步的调查和研究。相信作者会给我们带来更多思想精品！

徐　　勇

2016 年 2 月 1 日

导　　论

　　矿产资源是人类赖以生存和发展的物质基础，资源储备及其开发效益是决定国家或地区经济社会发展的重要因素。中国是世界上第一产煤大国，也是一个矿产资源丰富且分布不平衡的国家，中西部地区地下矿产资源比南部和东部沿海丰富，而且中西部地区丰富的矿产资源为南部和东部沿海地区的快速发展提供了必要的资源保障。然而，资源型地区自身的发展却陷入困境，这充分说明矿产资源是地方经济社会发展的物质基础，但并不是地方经济社会发展的决定因素。丰富的矿产资源能否成为推进地方经济社会发展的物质基础，其决定因素在于矿产资源的开采和利用方式，也就是资源的产权模式。所以，矿产资源如何开发和利用对实现地方经济社会的良好治理至关重要。而且，产权问题不仅是一个经济学问题，还是一个政治学问题，是决定农村基层社会能否实现良好治理的重要因素，正如西方著名的经济学家 W. W. 罗斯特所说："（心理的、社会的、政治的因素）相互作用并与经济变化交织在一起，推动社会从特定形式的传统社会转向特定形式的增长社会。"[①]　由此可见，从资源产权的视角研究乡村治理的问题，不仅是非常必要的，也是非常重要的。

一　问题的提出

　　对于我国的工业化建设来说，在所有的矿产资源中，煤矿资源是社会主义现代化建设的最重要能源和物质基础之一，矿产资源如何占有、使用

---

　　①　W. W. 罗斯特：《从起飞进入持续增长的经济学》，四川人民出版社 1998 年版，第 12页。

和分配主要看煤矿资源，而煤矿资源的占有、使用和分配主要看山西，因为山西是中国煤炭蕴藏量最大的省份，被誉为中国煤炭第一大省。从山西的煤矿储存面积来看，全省国土面积 15.6 万平方公里，含煤面积就多达 6.2 万平方公里，占全省国土总面积的 40.4%；从拥有煤矿资源的县域数量来看，全省 119 个县中 94 个县地下有煤矿资源，占全省县域数量的近 80%，这还不包括已发现有煤矿资源但还没有开发的县或者地下本来有煤但还没有发现的县。再从我国的国家能源结构来看，山西的煤炭储量和生产量约占全国的三分之一，能源消耗占据全国 70% 以上的份额，在全国能源结构中具有举足轻重的地位，是全国最重要的煤炭能源生产和加工基地，对中国现代化建设非常重要。[1] 所以，自新中国成立以来，国家一直高度重视山西煤矿资源的开采和利用，尤其是改革开放初期，中共中央和国务院作出了把煤矿资源丰富的山西省建成能源重化工基地的战略决策，并针对当时生产力发展要求，对煤炭工业管理体制与管理机构进行了较大的调整，调动了山西发挥煤炭资源优势大力发展煤炭工业的积极性。新中国成立 60 年以来山西累计产煤 120 亿吨，其中有 3/4 外调出省，这就是说，山西省的煤矿资源为中国经济发展作出了巨大贡献。[2] 根据国土资源部 2006 年 7 月 13 日发布的关于煤炭资源整合工作情况的报告，山西的煤炭产量和调出量分别占全国的 25% 和 33.3%，煤炭产业成为山西经济发展的支柱性产业，在煤炭的开发和利用方面，为国民经济发展作出了巨大贡献。[3]

但是，由于煤矿资源长期无序的小规模开采和粗放式经营，山西煤矿开采在为中国现代化建设和地方经济社会发展提供物质基础的同时，也导致了生态破坏、环境污染、土地下陷、建筑物震裂、矿难频发、资源浪费等一系列社会问题，严重影响了矿区居民的生产和生活，制约了山西煤炭工业和经济社会的健康发展。

从煤矿产权和乡村治理的关系来看，山西农村的发展与煤矿资源的占有、使用和分配密切相关，山西全省有 2/3 县的财政收入依托煤矿工业的

---

[1]　这里的数据主要参考王继军撰写的《矿产资源有偿取得法律问题研究——以山西煤炭有偿使用为例》，该文是第二届"中部崛起法治论坛"会议参会论文。

[2]　《山西 1/8 面积因采煤被挖空　煤炭未令居民富裕》，《新京报》2010 年 12 月 14 日。

[3]　中华人民共和国国土资源部：《山西省煤炭资源整合工作情况报告》2006 年 7 月 13 日。

发展，山西农民纯收入的1/6来源于煤矿的生产与经营。山西乡村的发展历史充分证明了这样一个道理：煤矿产权与乡村治理关系密切，如果产权与治理得当，矿山资源就可以造福于民，就能够成为保障矿区农民共享煤矿资源开采带来的公共福利、推动矿区乡村社会的和谐与发展的物质基础；反之，矿山资源则祸害于民，成为矿区居民的诅咒，最终导致乡村治理危机四伏。真可谓"成也矿山，败也矿山"。

改革开放以来，我国的煤矿产权先后经历了四次改革，每一次改革都在农村集体资产处置、资源管理和收益分配、村矿村企关系、村内权力系统运作、生态环境和生产生活条件等方面引发大量社会问题和矛盾冲突，而且新旧矛盾纠缠、连接、聚合并不断激化，严重影响着矿区乡村的稳定与发展。从我国煤矿产权改革的历程和内容来看，煤矿产权改革的过程实际上就是国家、地方和企业博弈的过程，主要关注经济效益、资源浪费、生产安全和利益分配等问题，不关注甚至忽视生态和社会生活的基本事实，忽视了矿区农村和农民最基本的生存、生产和生活等问题，结果造成了矿区农民负担的加重和乡村治理危机的加剧，最终为社会灾难和自然灾害的泛滥埋下了隐患，也为社会灾难和自然灾害的泛滥提供了条件。以上这些问题亟须我们认真研究，提出调解资源开发与乡村治理关系的对策思路，提高对政治社会风险的预见性。

二 研究现状

关于煤矿产权制度与乡村治理关系的国内外研究成果，目前还几乎没有。在现有的研究成果中，多数成果反映的是国内学者对煤矿资源产权制度本身和资源型地区乡村治理进行的单方面分析，把煤矿产权和乡村治理结合起来进行研究的成果非常少。

目前，关于煤矿资源产权制度本身的研究主要包括以下三个方面的内容：一是从市场化视角研究矿产资源的有偿使用、优化配置、商业性矿产勘查和矿产资源价值资本化等问题。如于左等在分析产权与市场交易关系的基础上，提出了"市场交易是产权的一项根本内涵，是产权的资源配置功能得以实现的重要条件"的观点，并结合牧场等资源产权改革的问

题与困境，得出了"实现市场交易是资源产权改革的最终出路"的结论①
（于左等，2009；萧代基，2009；朱学义等，2008；武欣，2007）；二是
从制度视角研究矿产资源开发和使用的体制、矿产企业的治理机制、煤矿
产权管理、矿工权益保障等问题。如方虹等提出由于资源产权关系长期界
定不清，产权制度安排不够合理，导致资源粗放经营、低效配置、资源质
量下降、环境污染加剧等一系列负外部效应的发生，严重影响了矿产资源
的可持续利用。他们认为从资源保护的角度设置一个好的产权结构非常重
要，加强对资源的产权关系及产权制度安排的研究也显得越来越必要，它
关系到资源利用效率的高低和经济社会的可持续发展②（时红秀，2009；
张莲莲，2007；方虹，2006；常伶丽、李彬，2006；王刚，2006；刘克亚
等，2004；邓仕礼，2003）；三是研究煤矿资源产权改革的背景、内涵、
性质、结构与绩效等，提出在我国进行资源产权改革的必要性和紧迫性。
如肖兴志针对资源产权不明确造成的国有资产流失、地方政府寻租、煤矿
安全事故频发、事故责任不明、资源浪费严重、环境污染严重等问题，分
析了当前我国煤矿资源产权改革的必要性与紧迫性，并在此基础上提出我
国煤矿资源产权制度改革的战略对策③（肖兴志等，2008；许超军等，
2007；苏迅、张慧，2007；蒲志仲，2004）。

　　关于矿山资源型乡村治理的研究主要包括以下两个方面的内容：一是
从煤矿资源型农村选举纠纷的视角说明煤矿产权制度与农村发展的关系
（董江爱、崔培兵，2010）。董江爱等认为资源型农村在农村政治运作和
资源占有的互动过程中存在着制度均衡被打破的张力，社会交换是资源型
农村的制度均衡最终被打破的关键因素，资源型农村的农民在接受村委会
换届选举的民主训练中已经成为具有民主意识、利益诉求能力和独立精神
的政治个体，进而成为推进农村基层民主发展的社会和政治力量④；二是

---

① 于左、王雅洁：《市场交易：资源产权改革的出路》，《财经问题研究》2009 年第 2 期。

② 方虹：《我国资源产权及制度安排思考》，《北京市计划劳动管理干部学院学报》2006 年第 1 期。

③ 肖兴志、陈长石：《煤矿资源产权制度改革的战略思考》，《辽宁师范大学学报》（社会科学版）2008 年第 6 期。

④ 董江爱、崔培兵：《村治中的政治博弈与利益整合——资源型农村选举纠纷的博弈分析》，《中国农村观察》2010 年第 2 期。

从乡村治理的视角研究资源型农村的利益分配主体、村民自治发展状况、富裕群体当政、农村社会稳定和新农村建设状况等内容（冯耀明，2009、2008；颜坤林，2008；张丙乾、李小云，2007；于立等，2007）。颜坤林从农村矿区的角度分析了矿产资源的开发中农村利益主体的变化，认为市县一级政府在行使矿产资源管理权时追逐自身利益，是矿产资源开发中的第一利益主体，私营企业、矿区精英、黑恶势力、矿区农民也都以各种方式参与矿产资源开发，进行利益争夺。[①] 肖立辉针对农村富人当政的普遍现象，提出对富人参政进行正确引导和规制，使富人当政下的乡村治理能够带动更多的村民致富，解决农村就业问题，缓解干群矛盾，推动农村各项事业发展。[②]

三　研究内容

本书的主要内容将从农村和农民利益的视角，以山西煤矿产权改革为例，在梳理改革开放以来山西煤矿产权改革历程的基础之上，分析不同时期的煤矿产权制度对乡村治理的冲击及其由此产生的重大社会问题，关注历次煤矿产权改革影响乡村治理的延续性，以及目前煤矿兼并重组过程中形成的乡村治理态势和历史遗留矛盾的激化，揭示矿区乡村治理的现实困境，探索解决矿区矛盾纠纷、推动矿区新农村建设的对策建议。

本书主要包括六个部分的内容。

第一章产权的基础理论与煤矿产权的历史演变。这一章主要从四个方面对产权的基础理论和我国煤矿产权的历史演变做了基本概述，一是从产权概念界定入手，详细介绍了马克思主义产权理论和西方现代产权理论，并在二者比较的基础之上，说明马克思主义产权理论与西方现代产权理论的内在关联及本质区别，以及马克思主义产权理论对西方现代产权理论的影响；二是通过产权功能的划分发挥财产的社会功能和价值增值功能，保障产权能够为所有人带来更多的选择和收益。产权的功能可以划分为保护

---

① 颜坤林：《浅析农村矿区矿产资源开发利益分配主体》，《消费导刊》（理论版）2007年第11期。

② 肖立辉：《"富人当政"现象剖析》，《人民论坛》2008年第7期。

功能、交易功能、激励功能和约束功能，这四种功能共同保障产权作用的发挥；三是分析产权制度，说明马克思主义产权制度与西方现代产权制度的根本区别，即公有产权与私有产权的根本区别，及其各自的优、缺点，为我国的产权制度改革奠定理论基础；四是梳理了我国煤矿产权改革的历程，人民公社时期我国对煤炭等主要的生产资料实行国家计划配置资源的经济管理体制，由国有企业垄断经营。改革开放初期出台的"有水快流"政策，提倡建立"国家、集体和个人一起上"的多元煤矿经营体制，鼓励私人从事煤矿开采。20 世纪 90 年代中后期实行煤矿无偿转让，多数国有煤矿和集体煤矿都通过改制、托管、承包等方式转为个人经营。21 世纪初期实行资源有偿使用，个人通过缴纳资源价款拥有了对煤矿资源的私有产权。

第二章改革开放前的国家垄断与乡村治理。这一章主要梳理新中国成立初期到人民公社时期的煤矿产权制度及其对乡村治理的影响，这一时期的煤矿经营模式包括国有煤矿（国有重点煤矿和地方国有煤矿）和社队集体煤矿两种类型。这里主要分两个部分进行论述，第一部分分析国有煤矿及其对乡村治理的影响，国有煤矿征地采取"重安置、轻补偿"的措施，尤其重视被征地农民的就业安置，也适当考虑被征地农民的就业意愿，这是一种以被征地农民利益为重的征地原则，较好地处理了煤矿企业与被征地农民之间的关系，使被征地农民在一定程度上享受到了煤矿建设带来的公共福利。这一时期国有煤矿面向矿区农村的招工，为矿区农民实现身份转变和职业转变创造了条件，使矿区农村和农民享受到煤矿开采带来的公共福利，这一时期中国的城市化进程虽然非常缓慢，但非常实在。第二部分是社队集体煤矿及其对乡村治理的影响，社队煤矿在整个人民公社时期一直是地方工业化发展的物质基础和经济支柱，其存在与发展是国家工业化发展的必然选择，也对乡村社会的良好治理发挥了极其重要的作用。但社队煤矿的存在与发展又与地方利益尤其是基层政府的利益密切相关，存在着地方利益与国家利益的冲突，常常为地方利益而在一定程度上损害国家利益。

第三章改革开放后的煤矿国有产权与乡村治理。这一章主要梳理了国有煤矿尤其是山西国有煤矿的发展历程及其与乡村治理的关系，并通过两个典型案例说明国有煤矿的建设及经营与乡村治理的效果密切相关。如果村庄能够与国有煤矿建立合作共赢关系，村庄就能够在土地、劳动力等方面为煤矿企业的顺利开办和良好发展提供条件，煤矿企业也能够在资源、资金、基础设施、服务设施等方面为农村建设和实现乡村良好治理提供条件，村庄就能够在政治、经济、社会、文化、生态等方面实现全面发展，成为名副其实的社会主义新农村。反之，如果村庄和国有煤矿的行为都只从自身利益出发，而不顾及对方的生存与发展，甚至发生利益冲突，二者就会陷入无休止的矛盾和斗争中，进而失去最基本的发展环境。那么，村庄就会因为国有煤矿的影响而陷入治理困境，国有煤矿也会因为村庄而难以顺利发展。而且，乡村治理的好与坏还在于民主制度和民主机制是否建立并有效运转，如果村庄能够使民主机制建立并有效运转起来，农村公共资源的占有、使用和分配能够按照村民和村集体的利益由村民集体决策的话，农村经济及其他方面的发展就能够取得显著成果。反之，如果村庄没有建立起民主机制，村庄公共资源的占有、使用和分配都按照村干部的意愿由村干部进行决策的话，村庄就会形成贫富差距并迅速拉大，村庄政治、经济、文化等各项事业的发展也会迅速衰败。

第四章改革开放后的煤矿集体产权与乡村治理。这一章梳理了改革开放后农村集体煤矿的发展历程及其与乡村治理的关系，并通过两个典型案例，说明煤矿资源型农村的政治核心就是人们围绕着煤矿资源的占有、使用和分配而进行的活动。资源配置是否合理、资源分配是否公正、资源利益能否为村民共享、村民是否有维护自身利益的制度化参与渠道等因素，决定着农村政治的发展方向和农民命运。而资源配置是否合理、资源分配是否公正，关键在于村集体煤矿的集体产权是否存在，如果村集体煤矿的集体产权能够存在并发挥作用的话，村庄政治权力的产生及其运作就能够置于村民的监督之下，村庄公共资源的治理就能够置于村民的民主管理和决策之下，煤矿资源利润就能够为村庄集体成员共享，村庄发展就能够朝着有利于村民利益和村集体利益的方向，逐步取得政治、经济、文化、社会和生态等方面的全面发展。反之，如果村集体煤矿的集体产权缺失，村庄政治运作的核心就会演变为围绕着煤矿资源而进行的权力争夺和权力运作，村庄因此而全面衰败。

第五章改革开放后的煤矿个人产权与乡村治理。这一章在梳理个体煤矿形成与发展历程的基础之上，说明大量的"集体挂名、个体经营、责权模糊"的小煤矿，必然会成为破坏矿区农村生态环境和造成矿区农村地质灾害的主体力量。分析了个体小煤矿造成巨大破坏力的主要原因，一是个体小煤矿违规开办和开采者多，造成的地质灾害多；二是个体煤矿中官员投资较多，影响公共服务和政府的公信力；三是个体煤矿的经营者有很多是外地人，他们对矿区农村利益考虑更少。并集中讨论了个体小煤矿引发的贫富差距及其产生贫富差距的原因，对个体煤商的暴富状况与矿区农民的贫困状况进行了比较研究，以引起党和政府及社会各界的高度关注。分析了个体煤矿引发的社会矛盾，如煤矿开采引发的矿村矛盾、政府处理矿村矛盾不公引发的官民矛盾以及煤矿承包不规范和利益分配不合理造成的社会矛盾等。说明只有通过明晰产权的办法才能从根本上解决小煤矿泛滥的局面，进而使矿区生态破坏和地质灾害问题逐步得到解决。

第六章基于煤矿资源的利益博弈及策略选择。这一章运用博弈论理论，分析中央政府、地方政府、煤企和矿区农民之间的相互博弈及其策略选择空间，说明煤矿资源既为地方经济社会发展奠定物质基础，也会产生危害地方经济社会发展的地质灾害、贫富分化、社会冲突等资源诅咒，存在着多元利益主体和利益博弈，需要通过产权制度的安排为实现外部效应内部化提供动力。产权制度不科学会造成不同利益主体为了个体私利而损害公共利益或他人利益的非规则博弈，这种利益博弈实际是稀缺资源使用过程中公利与私利的争夺，其结果必然是损公肥私。利益分配不均造成地方陷入难以自拔的治理困局，主要包括由资源开采造成的资源浪费巨大、安全事故频发、地质灾害严重和由利益分配失衡造成的贫富分化加剧、社会矛盾激化以及政治、经济、文化的衰败等社会危机。以煤补农是政企合作破解治理困局的策略选择，是资源型地区走出治理困境的关键，是重新分配那部分依靠权力、凭着对公有资源的垄断而不是按市场规则行事获取利益的富人的财富，使煤企主动放弃部分既得利益、承担起煤矿开采造成的负外部成本。产权改革与多元合作是资源型地区实现可持续发展的根本途径，如建立合理的资源补偿机制，建立便捷的村企合作机制，建立规范的民主机制，建立制度化的政企合作机制。

四　研究思路及创新点

（一）研究思路

产权安排的目的就是通过预期影响人们的经济行为，不同的煤矿产权制度会形成不同的矿产资源经营方式，进而形成不同的利益格局。首先，本书梳理了煤矿产权制度改革的历史进程及其不同资源经营方式形成的利益格局。主要包括以下四个方面的内容：集体化时代的煤矿产权国有及由此形成的利益格局；改革开放初期的"有水快流、分散开矿"的粗放式开采政策及由此形成的利益格局；20 世纪 90 年代后期的煤矿产权转让和无偿使用及由此形成的利益格局；2004 年至 2008 年的煤矿有偿使用和买断经营及由此形成的利益格局。

其次，本书分析了煤矿产权制度的变化对乡村治理的冲击以及由此引发的乡村治理各要素的变化。不同的煤矿产权制度由于占有、使用和分配资源的方式不同，对乡村治理的影响就会不同，不合理的煤矿产权制度更会对乡村治理形成冲击，进而造成治理的要素发生变化。不同煤矿产权制度对乡村治理的冲击：在乡村财务、基础设施、生态环境等方面对乡村经济的冲击；在农村集体资产处置、资源管理和收益分配、村庄权力系统运作、农村社会秩序等方面对乡村政治的冲击；在村矿村企关系、村内社会关系、农村社会组织和农民社会保障等方面对乡村社会的冲击；因资源开发而造成的贫富分化及其产生的各种社会现象及思想认识对乡村文化的冲击。

煤矿产权改革引发乡村治理各要素的变化：在生态环境、生产生活条件等方面的变化；在村财收入及其分配使用状况和公平程度方面的变化；在农村基层组织管理形式和方法方面的变化；政府、企业、个体经营者、矿区精英和农民、黑恶势力等在农村权力系统运作中的地位变化及其产生的村内社会关系和社会秩序方面的变化；矿区居民在观念、习惯、信仰、道德和偏好等方面的变化。

长期的煤矿资源开采使矿区农村在资源、生态、政治、社会、文化等方面付出了沉重代价，矿区农民却根本享受不到"因煤而富"的公共福利，乡村治理危机进一步加剧。2008 年山西实行资源整合和煤炭企业兼并重组的背景、过程及效果；由此造成的治理困境，如基层财力薄弱及其造成的公共事业投入不足和政府履职困难重重、村民自治组织难以运转、农民生产生活陷入困境等；煤矿企业行为变化引发矿区不同群体心理和行为的变化以及村庄内部社会关系的新格局；以往煤矿产权改革造成的历史遗留问题激化，村内社会关系更为复杂，村民利益严重受损，群体性事件随时可能爆发。所以，本书第三步要研究的内容就是分析目前煤矿兼并重组过程中乡村治理的态势和历史遗留矛盾的激化。

围绕调研中发现的问题展开探讨，探索合适的产权制度与乡村治理方式，提出资源型地区解决乡村治理问题的政策建议。在资源收益的分配上，根据治理与发展理论和中央关于资源要素向农村配置的要求，研究国家、地方和村集体在资源收益中的分配，确保资源收益向农村倾斜和村财政收入来源的可持续性；在资源收益的使用上，要把乡村治理与民生改善结合起来，研究资源收益在乡村治理中的使用方式；根据不同类型村庄的村治历史和现状，探索建立合适的村治模式，引导资源型农村走出治理困境；针对村庄内部复杂的社会关系和矛盾纠纷，探索协调各方利益、解决矛盾纠纷的产权制度，确保农民能够享受资源开发带来的公共福利。

（二）研究创新点

本书针对以往研究中仅关注经济效益、资源利用、生产安全和利益分配等国家利益而忽视农民利益的做法，试图从农村和农民利益出发，系统研究煤矿资源产权制度与矿区乡村治理的相关性，分析煤矿产权制度对乡村治理的影响，以及通过对政府在煤矿产权制度改革中的干预行为和干预结果的分析，找到合适的产权制度和乡村治理方式，进而为全国矿山资源型乡村治理提供借鉴。目前，山西新一轮的煤矿产权改革接近尾声，值此时机，以山西矿山资源型农村为个案，系统研究煤矿产权制度与乡村治理的相关性，对解决改革开放30多年来矿产资源开发给乡村治理带来的问题，推动矿区新农村建设具有重要的理论意义和现实意义。

第一，针对以往研究中只关注经济效益、资源浪费、生产安全和利益分配等国家视角的问题而忽视农民利益的做法，本书试图从矿区农村和农民利益出发，从政治学、经济学、社会学、历史学和人类学等多学科视角，运用产权理论、制度分析和新政治经济学的分析方法进行实证研究，在系统梳理矿权改革历史进程、建构不同资源经营方式形成的不同利益格局的基础上，分析煤矿资源产权制度与乡村治理之间的相关性，探索合适的产权制度和乡村治理方式。

第二，王沪宁早在1994年就提出了中国政治发展的最重大课题是如何构筑具有中国特色的社会主义民主政治模式的命题，本书就是通过煤矿这一国家工业化发展最为重要的生产资料的产权结构与农村政治的关系研究，试图说明属于国家所有的资源应该建立什么样的产权结构，才能既有利于中国经济的增长，又有助于保障矿区农民的权益，保护人民的财产权，真正实现人民当家做主，进而推动政府朝着社会利益最大化的方向管理国有资源。

第三，煤矿产权与资源型乡村治理的关系。实证研究证明：在资源型地区，矿产资源开发和利用的方式即资源产权形式对实现社会良好治理至关重要，如果资源产权与乡村治理关系得当，矿山资源就可以造福于民，形成矿区农村的全面协调可持续发展；反之，矿山资源则祸害于民，导致资源型地区的乡村治理危机四伏。所以，在资源产权的制度安排中，必须建立矿区农民参与资源的占有、使用和收益分配的机制，确保资源产权制度改革朝着有利于矿区农村和农民利益的方向发展。

第四，探索不同产权模式下资源型农村的发展方向。本书主要分析在煤矿国有产权、集体产权和个体产权不同模式下，影响资源型乡村治理的因素，如国有产权下的矿村关系、集体产权下的村民参与、个体产权下的政府责任等，采取比较分析的方法，探索不同产权模式下推进资源型乡村实现良好治理的路径。如明晰资源产权的政府责任，坚持资源开发和使用过程中的公有制主体地位，发挥村治精英的主导作用，建立村民参与的民主机制并使之有效运转等。

第一章 产权的基础理论与煤矿产权的历史演变

一 产权理论

在一般意义上，任何社会的存在与发展都需要制定一整套的规定或者规则，用来解决人们对稀缺资源的占有、使用和分配等问题。也就是说，社会需要通过一种分配方式来确定谁在什么条件下能够得到什么的问题。在人类初期的野蛮时代，人们一般会采取武力决斗的方式来决定由谁来占有和使用稀缺资源的问题。而到了文明时代，人们就需要有一整套普遍有效且不具有武力损害的规则或规定来解决由谁占有和使用稀缺资源的问题。人类在文明时代需要建立的规则或规定，就是早期的产权。也正是在这个意义上，产权被认为是人类文明社会中最为重要的一种规则或制度，是每一个作为潜在交易者的个人享受充分的财产权和经济自由的方式。①也可以说，产权就是用来改造野蛮的一种文明制度。

（一）产权的界定

从政治学和法学的角度来看，产权（property right）是权利与义务的有机统一。一般来说，产权总是指资源的产权，是对人们根据一定规则处置某种不可再生的稀缺资源，并从中获得一定收益的权利及其由此应尽义务的确定，它规定了权利行为主体与其他利益主体之间必须遵守的规则。也就是说，产权是人们在享有财富收益的同时，必须要承担与这一收益相

---

① David Friedman: *The Machinery of Freedom*, part two, in defense of property, New York, 1973。

关的成本或者所获得的许可，它不是有形的东西或事物，也不是物品，而是抽象的社会关系①。由此可见，资源产权反映的不是人与资源的关系，而是人们占有、使用资源的规则，并从中获得一定收益的权利，以及在两种平等的所有权之间建立的权、责、利关系。也正是在这个意义上，马克思认为所有权关系反映的不是人对物的关系，而是人与人之间的关系。②从这一点来看，经济学者也普遍认同马克思关于产权的这一政治视角的解释，尽管经济学者都比较一致地把产权作为经济学的一般范畴，但他们同时也认可产权的政治学意义，普遍认为产权是一种通过人对物之间的关系反映人与人之间的关系。

从以上分析可以看出，尽管政治学者和经济学者都认同"产权作为一种人对物的关系实际上反映的是人与人之间的关系"的理论。但是，如果分别从政治学的视角和经济学的视角来看产权的话，人们关注的重点是完全不同的。政治学视角的产权，特别重视的问题就是如何通过人与物之间的关系建立人与人之间的关系，也就是公平和正义的问题。政治学者普遍认为：产权是用来决定谁在什么条件下能够得到什么、凭什么能够得到等问题，主要解决的问题是人们占有和使用不可再生的稀缺资源的合法性问题。而经济学对产权的理解则更加注重效率和利益的问题，认为产权所体现的形式及实现的原则、方式和途径，对经济效率和人们的利益关系都有着决定性的影响，它主要解决的问题是采取什么方式和手段能够实现效益最大化的问题。从这一点来说，人们看问题的角度不同，对产权的理解和解释就有所不同。③但无论是政治学视角的产权，还是经济学视角的产权，产权主要讲的都是人们在拥有使用不可再生的稀缺资源的权利时，必须要承担相应的责任和义务，这里的责任不仅要有法律规定的责任，而且要有道德习俗的责任，还要有国家主流意识形态的责任，要求使用稀缺资源的人们自觉承担使用稀缺资源带来的一切负外部成本。也就是说，国家需要通过建立清晰的权、责、利关系，确保权利主体在获取利益的时候不会使他人利益遭受损失。

---

① ［南］平乔维奇：《产权经济学——一种关于比较经济体制的理论》，经济科学出版社2000年版，第28页。

② 《马克思恩格斯选集》第1卷，人民出版社1995年版，第144页。

③ 唐贤兴：《产权、国家与民主》，复旦大学出版社2002年版，第26页。

（二）马克思主义的产权理论

马克思主义的产权理论是以资本主义私有制为基础的，认为产权在商品交换中占据非常重要的地位，随着市场的发展而发展。而且，商品货币关系之所以能够发生的重要原因之一，就是在一定所有制基础上所形成的不同利益主体之间彼此独立的财产关系，"为了使这些物作为商品彼此发生关系，商品监护人必须与作为有自己的意志体现在这些物中的人彼此发生关系，因此，一方只有符合另一方的意志，就是说每一方只有通过双方共同一致的意志行为，才能实现让渡自己的商品和占有别人的商品的目的。可见，他们必须彼此承认对方是所有者"。① 同时，马克思主义的产权理论还进一步得出了这样的结论：产权不仅是生产力发展的结果，而且还要随着生产力的不断发展而发生变化。正如恩格斯所说："私有财产的形成，到处都是由于生产关系和交换关系发生变化，都是为了提高生产和促进交流——因而都是由于经济的原因。"②

但是，经济利益必须要有政治上的法律保障，否则就不是实际拥有的经济利益或事实上的合法占有。按照马克思主义的观点，"私有财产的真正基础，即占有，是一个事实，是不可解释的事实，而不是权利。只是由于社会赋予实际占有以法律的规定，实际占有才具有合法占有的性质，才具有私有财产的性质。"③ 因为随着生产力的不断发展以及由此产生的人与人之间关系的变化，私有财产的实际占用情况会不断发生变化，甚至暴力"可以改变占用情况"④。这就是说，稀缺资源的所有权，在法律上的占有与实际占用并不是完全一致的。也正是在这一基础上，恩格斯提出了所有权和占有权分离的理论，认为财产所有权与财产的实际占有情况经常处于不稳定的状态之中。

按照恩格斯提出的所有权和占有权分离的理论，拥有资源所有权的人不一定是实际占用资源的人；反过来，实际占用资源的人也并不一定就是资源所有权人。因为不具有资源所有权的人，既可以通过合法的渠道实际

---

① 《资本论》第 1 卷，人民出版社 2004 年版，第 103 页。
② 恩格斯：《反杜林论》，人民出版社 1999 年版，第 169 页。
③ 《马克思恩格斯全集》第 3 卷，人民出版社 2002 年版，第 137 页。
④ 恩格斯：《反杜林论》，人民出版社 1999 年版，第 169 页。

占有和使用资源，也可以通过非法手段甚至暴力强取的方式实际占有和使用资源。由此可见，所有权只是合法占用资源的依据，而占有权是由所有权延伸出来的一种权利，是对资源的实际占有和使用。

马克思主义关于所有权和占有权分离的理论，反映了两个层次的问题，一是发生在生产过程之外的法律上的所有权和实际上的占有权的分离；二是发生在生产过程之内的法律上的所有权和实际上的经营权之间的分离。以我国矿产资源的产权为例，《宪法》规定矿产资源属于国有，即全国人民共同所有，所有权属于全体人民，全国人民拥有法律上的矿产资源所有权，但矿产资源实际上由企业通过法律程序占有和开采，占有权属于资源企业，企业拥有实际上的占有权。

从以上分析可以看出，所有权不仅可以派生出占有权，还可以派生出使用权、收益权、转让权和处置权等。所以，产权包括所有权及其由此延伸出来的各种权利，是一个由各种权利组合而成的统一整体，人们只要拥有了对于某种资源的所有权，便可以拥有所有权延伸出来的占有权、使用权、收益权、转让权和处置权等"一揽子权利"（这里的"一揽子权利"就是学术界所说的资源"权利束"），而不可能是其中的一种单项权利。这个"权利束"主要包括资源的所有权、占有权、使用权、承包权、经营权、收益权、转让权、处置权及其受到一定约束的权利，这些权利共同构成了产权的基础。

在资源的"权利束"中，所有权是最高的物权，是"一揽子权利"的核心和基础，是最本质意义上的产权关系。[①] 因为所有权是确定产权归属的合法依据，是用来解决谁占有、凭什么占有稀缺资源这一问题的法律依据，其他权利都是由所有权派生出来的，拥有了所有权，就拥有了其他权利；占有权是人们通过法律或合约实现对不可再生资源的实际占有，占有权是行使使用权、收益权、转让权和处置权的基本条件，拥有了占有权，就拥有了使用权、收益权、转让权和处置权；使用权是资源所有人在法律和合约允许的范围内，可以采用各种方式使用资源的权利。没有资源所有权的人也可以通过合法或非法甚至暴力手段获取资源使用权；收益权是资源所有人在不损害他人利益的前提下享受资源使用过程中各种利益的

---

① 唐贤兴：《产权、国家与民主》，复旦大学出版社 2002 年版，第 27 页。

权利，也是资源占有人和使用人享有的取得资源经营利润的权利；转让权是资源所有人在法律和合约允许的范围内，享有的通过出租、出售或其他方式把资源让渡给他人的权利。当然，拥有资源所有权的人在享有资源的占有权、使用权、收益权、转让权和处置权等权利的同时，必须承担相应的责任，他们的行为要受到法律和经济规定的约束，绝对不能使他们因拥有资源所有权而对资源为所欲为。

马克思主义的产权理论从整体上对资本主义产权关系作了深层次的剖析，揭示出产权现象背后的本质，得到了学术界的普遍认可。即使是西方产权理论研究的代表人物诺思也对马克思的产权理论作出了高度评价："在详细描述长期变迁的各种现行理论中，马克思的分析框架是最有说服力的。这恰恰是因为它包括了新古典分析所遗漏的所有因素：制度、产权、国家和意识形态……这是一个根本的贡献。"[1] 诺思对马克思主义产权理论的这一评价，说明马克思主义的产权理论及其分析方法，对现代西方产权理论和制度经济学都产生了重大影响。

（三）西方现代产权理论

西方现代产权理论的代表人物主要有罗纳德·H. 科斯（Coase）、威廉姆森（Williamson）、斯蒂格勒（Stigler）和德姆塞茨（Demsetz）。

德姆塞茨的产权理论特别关注产权的受益人与受损人双方的权利，即市场运行的外部性问题，他认为，"产权包括一个人或其他人受益或受损的权利"[2]，当一个人获取自身利益的行为导致他人利益或公共利益遭受损失时，外部性就自然产生。所以，产权不仅要关注资源受益人的权利，同时也要关注因资源开采和使用而遭受损害的他人利益和公共利益，也就是要关注受益人承担外部性的责任。此外，西方现代产权理论的其他代表人物也大都承认市场经济存在外部性的问题，认为外部性是由于私人成本与社会成本的不对等而产生的，承认由于社会成本大于私人成本，从而导致了社会福利的损失或低效。

---

[1] 道格拉斯·C. 诺思：《经济史中的结构与变迁》，上海三联书店、上海人民出版社 1994 年版，第 68 页。

[2] H. 德姆塞茨：《关于产权的理论》，载科斯等：《财产权利与制度变迁》，上海三联书店、上海人民出版社 1994 年版，第 97 页。

　　罗纳德·H. 科斯的产权理论是从制度分析的视角提出来的，主要包括两个方面的内容：一是产权结构的模糊和不完善会导致市场机制运行的摩擦，消除市场机制运行摩擦的途径是明晰企业产权和完善产权结构[①]；二是产权制度不科学和产权结构不合理，会导致企业的社会成本增加和负外部性等市场失灵现象，需要通过调整产权结构和完善产权制度等方式来解决市场失灵的问题，从而使产权制度为实现资源配置的有效性提供保障[②]。这就是说，产权界定和资源合理配置在市场运行的过程中占有十分重要的地位。

　　西方现代产权理论的核心是"效率中心论"，认为能够有效实现外部性内部化的产权制度安排是最有效率的产权形式，私有产权能够很好地将外部性内部化，因而也是最有效率的产权形式。因为私有产权就是将资源的支配、使用与转让以及收入的享用权界定给一个特定的人，他可以不受任何约束、采取任何一种他认为合适的方式来支配、使用或者转让这些资源。同时，私人在支配、使用和转让资源时，必须自觉负担因其行为而造成的负外部成本，进而实现外部性的内部化，因而是有效率的产权形式。相反，公有产权就意味着任何成员都有权分享这些权利，这样就消除了产权的排他性和可让渡性。这种产权难以消除"搭便车"现象和共同体内成本和收益的不对称性，因为在公有产权的共同体内部，所有者众多且利益多元化，共同体成员都会最大限度地利用资源获取利益，而不承担因获取利益而造成的负外部成本，结果必然导致共同体成员相互之间要达成一个最优的行动选择、实行公共利益最大化的谈判成本非常高。也正是在这个意义上，西方产权理论认为公有产权导致了很大的外部性，因而是无效率的产权形式。

　　马克思主义产权理论的核心是"生产中心论"，把商品生产作为研究产权问题的基础，把产权归结为生产力与生产关系矛盾运动的结果。按照马克思主义的观点，生产力水平的提高必然会引起生产资料所有制关系的变化，而生产资料所有制关系演变的具体表现就是产权形式的差异和演变，从而把产权范畴奠定在科学的基础之上。而且，马克思在《资本论》

---

①　罗纳德·H. 科斯：《企业的性质》，载伦敦经济学院学报《经济学家》1937 年版。

②　罗纳德·H. 科斯：《社会成本问题》，载《法与经济学杂志》1960 年版。

中还全面系统地论述了生产要素的多种产权状态与生产成果的多种分配状态及其相互关系，这一结论启发我们从国民收入初次分配的角度可以概括出多产权分配说，即多种产权关系决定了按资分配和按劳分配等多种分配方式，通过多种分配形式的宏观调控，削弱贫富分化的程度。无论是资本主义市场经济，还是社会主义市场经济，其多种分配形式都直接取决于生产要素的所有权或产权。① 而西方经济学的理论核心是"交换中心论"，它把交易作为研究产权理论的基础，着重从人们从事交易活动的动机出发，超脱于现实的生产过程之外，研究经济活动所呈现出的人们之间的权利和利益的交换关系。

　　西方现代产权理论与马克思主义产权理论的最大不同表现在：西方现代产权理论最看重的不是资源的所有权问题（也就是资源在什么条件下归谁所有的问题），而是如何在稀缺资源的使用中获取利润最大化的权利问题（也就是与资源的使用和配置密切相关的使用权、收益权和转让权等问题）。按照西方现代产权理论的主要观点，产权就是对一定形式的资产的所有和占有给所有者和占有者带来的收益权和剩余索取权，也是对物品或劳动根据一定目的加以利用和处置以从中获得一定收益的权利②，还是一个社会所强制实施的选择一种经济品的使用的权利③。《新帕尔格雷夫经济学大字典》对产权概念的界定，也特别注重产权的使用权，认为"产权是一种通过社会强制实现的对某种经济物品的多种用途进行选择的权利"④，这些权利主要包括使用权、收益权和转让权。阿尔奇安（Alchian，1969）因资源的稀缺性和不可再生性，在界定产权时特别注重产权的使用权，强调人们使用资源的权利或适当规则。

　　从以上分析我们可以看出，西方学术界关于产权的界定，主要关注的不是资源的所有权，而是由资源使用权、收益权和转让权构成的一套完整

---

① 《马克思恩格斯选集》第3卷，人民出版社1972年版，第13页 。

② 樊纲：《市场机制与经济效率》，上海三联书店1992年版，第126页。

③ A. A. 阿尔钦：《产权：一个经典的注释》，载科斯等：《财产权利与制度变迁》，上海三联书店、上海人民出版社1994年版，第166页。

④ 约翰·伊特韦尔等：《新帕尔格雷夫经济学大字典》第3卷，经济科学出版社1992年版，第1101页。

的财产私有权，是人们实际使用和处置资源的权利。所以，西方现代产权理论完全建立在产权私有化的基础之上，把自私看成人唯一的本性，认为人的一切行为都是以自我利益为出发点的。也正是在这个意义上，西方现代产权理论认为，只有私有产权制度才是最完善的经济制度，私有产权是一种成本最低、效益最高的产权制度，只有私有产权才是推动经济发展的最重要因素，而公有产权是一种不利于经济发展的成本最高而效益最低的产权制度。

　　然而，西方现代产权理论主要是通过所有人之间的市场交易方式实现产权外部性内部化的目标，这种经济增长，完全建立在损害后代人发展权利的基础之上，造成了后代人必须被动接受的生态危机、环境危机和资源危机，也就是诺思范式的发展悖论，这一结果充分说明私有产权不能保证公共物品的外部性减到最低程度，不能保证经济健康长期有效增长，也无法解决具有强公共物品属性的自然资源产权问题。同时，私有产权通过产权交易实现经济外部性内部化的实质，是将内部化的社会成本均摊或隐性转移给了尚未明确规定产权的"公共领域"，暂时缓解了外部性压力，并不能导致任何外部性的实质性消除，而且还掩盖了外部性累积造成的长远社会损害，其目的在于维护和完善资本主义私有制。由此可见，在实际的经济运行过程之中，财产所有权并不是无足轻重或可有可无的，而是与使用权、收益权和转让权互相作用的。社会主义初级阶段的经济制度是公有主体型产权结构＋劳动主体型分配结构＋国家主导型市场结构的"三主制度"，这种经济制度体现了有中国特色社会主义的本质特征，是解决公有与私有、公平与效率、计划与市场三大世界性基本经济矛盾的最佳模式，操作得法，可以优于西方的经济及其制度；在国家调节主导作用发挥得较好的社会里，公有产权可以比私有产权更适合现代市场经济，产生更高的整体效益。[①] 而且，人类的任何活动都会产生效率问题，对于社会或者其中的一个企业来说，最高的效率就意味着资源配置处于最优状态，其重要的表现就是人们在特定范围内的需要能够得到最大满足，或者福利能够得到最大增进，或者财富能够得到最大增加。社会主义公有制能够使资源在

---

　　① 程恩富：《产权、经济发展与社会主义：与张五常先生商榷之一》，《学术月刊》1995年第6期。

全社会范围内得到合理配置、物尽其用、人尽其才，最大限度地降低交易费用，提高经济效益。① 由此可见，西方现代产权理论不能作为中国产权制度改革的理论依据，中国的产权制度改革必须以马克思主义的产权理论为依据。

从以上分析我们可以看出，尽管马克思主义产权理论和西方经济学产权理论的视角和侧重点完全不同，但它们之间存在着一种可以互补的关系。这种互补关系表现在生产力各要素中，最主要的是生产工具和生产技术，生产工具和生产技术进步了，人们的劳动方式和劳动组织状况就必然发生变化，产权制度和所有制关系也就随之发生改变。例如，在中国的计划经济时期，无论是何种形式的产权（国有产权或集体产权），矿区农民大都可以通过下矿劳动参与煤矿利益分配。但是，在改革开放后的社会主义市场经济条件下，由于科学技术的发明与利用，煤矿开采需要的劳动力大大减少，矿区农民无法通过下矿劳动参与煤矿利益分配，这就需要通过参与对煤矿收益的监督和利益分配获得应有利益；否则，他们的利益就要遭受损害。

二 产权功能

通过对产权与产权制度的分析，我们可以得出这样的结论：产权是随着现代市场经济发展而出现的一种经济范畴，这种经济范畴是以财产所有权为主体的一系列财产权利的总和，包括所有权及其衍生的占有权、使用权、经营权、收益权、处置权、让渡权等"一揽子权利"形成的"权利束"。为了使不同产权主体分别支配相应的权利，我们需要将财产权分离为多种功能，包括保护功能、交易功能、激励功能和约束功能。这种功能划分不仅可以发挥财产的社会功能和价值增值功能，而且还可以为所有人带来更多的选择和收益。

（一）产权的保护功能

人们对其资产所拥有的权利（所有权）并不是一成不变的，而是随

---

① 程恩富：《公平与效率交互通向论》，《经济纵横》2005 年第 12 期。

着自己对资产的直接保护程度、别人对该资产的觊觎程度以及政府对公民财产的保护程度等条件的变化而变化。① 所以，有必要通过产权的制度安排保护所有人对资源的所有权及其派生的承包权、经营权、收益权、处置权等权利，这就是产权的保护功能。马克思主义认为，"在那些阶级对立中运动的社会里，财富只要包含着对人的支配，它就主要地、几乎完全地依靠和通过对物的支配来进行对人的支配。…… 只有通过对物的支配，……才能获得对人支配。"② 这里的"物"主要是指人类社会赖以生存的生产资料，而占有和控制生产资料的政治意义，就在于生产资料是社会统治的基础，谁占有了生产资料，谁就在事实上拥有了控制社会的权威基础。而且，伴随着所有权和控制权的分离，权利的作用就不在于行使权利者的财富，而在于他们在生产组织中的地位，必须依靠他们的工作职位所掌握的控制权。③ 由此可见，明确且独立的产权是保护资源所有者自主参与市场竞争的前提，失去了产权的保护功能，所有权就失去了其应有的意义。这就是说，产权的保护功能是产权的首要功能，产权如果失去了其保护资源所有者的作用，其他功能也就无从谈起。

保护产权的任务依靠个人力量是无法完成的，必须采取集体行动才能实现。也就是说，任何个人都不可能依靠自己微薄的力量和能力来确保自己的劳动所得归自己所有，人类只有依靠协作、分工和互助才能提高保护自己劳动所得的力量、能力和安全。人们之所以能够组成社会，关键就在于他们能够从中感觉到或觉察到其中的利益。④ 从本质上说，民主制度就是一种以公益为重的集体行动的制度，其目的就是让人们热衷于公共事务，并参加到公共事务中来。它是出于限制私欲无限膨胀（人人私欲的膨胀最终将导致人人都不能实现自己的利益）的考虑，从而增进社会的公共利益。⑤ 为了防止人们在追求个人利益最大化时损害他人利益，或暴力劫取他人财产，以及由此引发的财产占有的不稳定性和社会动荡，政府

---

① Y. Barzel, *The Firm, the Market and Law*, The University of Chicago Press, 1989, p. 2.

② 《马克思恩格斯全集》第 3 卷，人民出版社 1995 年版，第 529 页。

③ 弗雷德里克·L. 普瑞尔：《东西方经济体制比较》，中国经济出版社 1989 年版，第 29 页。

④ 休谟：《人性论》下册，商务印书馆 1980 年版，第 525—527 页。

⑤ 唐贤兴：《产权、国家与民主》，复旦大学出版社 2002 年版，第 114 页。

必须依法规范人们追求利益的行为，督促并帮助人们签订维护共同利益的协议，并保护和监督这种协议的实施，根据正义的原则判断和裁判利益纠纷，引导人们热心公共利益，进而实现公共利益和个人利益的统一。[①]

产权保护功能的发挥，必须建立在强化产权的激励功能和约束功能的基础之上。一方面，通过产权激励功能的有效发挥，能够激励产权所有者在平等的市场竞争中理性选择追求自身利益最大化、实现收益预期的行为，进而保护他人利益和公共利益不会因自己的获利行为而遭受损失。另一方面，通过产权约束功能的有效发挥，在产权交易者之间或同产权权项的委托者和代理者之间建立约束监督机制，进而使产权主体的权力受到约束，确保产权主体把行使权利的界区限定在自己所拥有的权力的范围内，同时确保产权主体获取收益的限度同自己所拥有的权项相适应，进而保障国有资产的保值增值和公共利益不受侵害。

（二）产权的交易功能

产权与市场交易密不可分，任何市场主体只要有了明确的、独立的产权，才可能自由地在市场中转让或交易，真正意义上的市场交易也才可能发生。这就是说，产权的可转让性和可交易性是产权的两个自然属性，产权如果失去了可转让与可交易的自然属性，也就失去了自身存在的意义。这里讲的产权的可转让性和可交易性，指的就是产权的交易功能。

产权的交易功能，是指在市场经济条件下，自己拥有资源但没有能力运用资源或者不愿意支配自己资源的人，能够通过市场交易的方式把自己拥有的资源转让给他人。或者自己不拥有资源但有能力和愿望运用资源和支配资源的人，能够通过市场交易的方式，获取资源的占有权、使用权和经营权，并产生其行为预期。同时，随着人们的经济活动日趋社会化，拥有单项产权是无法进行经济交易活动的，必须通过产权的交易使拥有资源单项产权的人或者拥有单项资源的人能够通过市场交易获得资源的多项产权，或者把多项资源结合起来进行市场交易，以获得经济利益，充分发挥资源效用。

产权要交易就必须有进行交易的规则，产权的交易规则是产权实现其

---

① 休谟：《人性论》下册，商务印书馆 1980 年版，第 574—578 页。

权能的方式，是用来决定谁获取资源使用权利的准则。按照马克思主义的产权理论，产权交易必须按照产权所有者的意志行为来进行交易，"为了使这些物作为商品彼此发生关系，商品监护人必须与作为有自己的意志体现在这些物中的人彼此发生关系，因此，一方只有符合另一方的意志，就是说每一方只有通过双方共同一致的意志行为，才能让渡自己的商品，占有别人的商品。可见，他们必须彼此承认对方是私有者……在这里，人们彼此只是作为商品的代表即商品所有者而存在"①，"这种交换的唯一前提是每个人对自己产品的所有权和自由支配权"②。也就是说，产权关系是商品交换关系赖以发生的前提，商品交换的主体只有彼此承认对方的产权，双方才有可能发生交换行为，商品交换的行为才得以发生。产权关系之所以能够成为商品交换的前提，是因为它保证了交易双方在交换中的平等地位，使交易双方的意志行为都能够在平等、自愿、互利的基础上进行，并在交易过程中得以实现。

在西方现代产权理论中，产权的交易规则包括产权制度和市场竞争规则两个方面的内容。其中，产权制度是确定市场竞争规则并由此降低市场交易费用的制度性安排。科斯最早引入了"交易费用"（Transaction Cost）这一概念，他认为交易费用的存在是现实经济生活的常态，试图通过考察经济运行背后的产权结构来分析经济现象，并在此基础上阐述隐含在这些现象背后的经济运行规则及决定这些规则的制度基础。③ 威廉姆森进一步发展了科斯的"交易费用"理论，他明确指出："交易费用的发生、影响和扩展已在新制度经济学中先声夺人。组织经济活动而不计交易费用，显然是不合理的，因为一种组织形式较之另一种组织形式的任何优势都会因不计成本的缔约活动而消失殆尽。"④ 这就是说，任何一种体制或组织制度在其运行过程中都会产生或多或少的交易费用，交易费用的高低是衡量各种体制或组织制度优劣的尺度和决定性因素。

从以上分析我们可以看出，产权是市场交易的基础，如果没有明确且独立的产权，商品交换或市场交易就会变得模糊不清。产权的交易功能是

---

① 《资本论》第 1 卷，人民出版社 2004 年版，第 103—104 页。
② 《马克思恩格斯全集》第 30 卷，人民出版社 1995 年版，第 450 页。
③ 罗纳德·H. 科斯：《社会成本问题》，载《法与经济学杂志》1960 年版。
④ 同上。

产权最为重要的自然属性，失去了这一属性，产权也就失去了存在的意义。从这一点来说，产权交易功能的发挥对我国正在推行的产权改革尤其是资源产权改革意义重大，资源产权的市场交易不仅是资源价格的形成基础，而且也是决定产权的资源配置是否有效的重要条件。所以，我国资源产权改革能否成功的关键，最终取决于产权是否能够实现市场交易。目前，尽管我国已经花费巨大成本在很多领域推行产权改革，但改革效果却不尽如人意，关键在于我国的市场交易机制还不完善，如何完善市场交易机制是保证改革成功的关键因素。

（三）产权的激励功能

任何市场主体只要拥有了明确、独立的产权，就会产生产权行为的收益预期，形成利益激励，促进效率提高，这就是产权的激励功能。[①] 产权的激励功能是由其交易功能延伸出来的一种功能，它的作用主要在于激励产权所有者在市场竞争中追求自身利益最大化，实现其预期收益目标。所以，产权激励功能的发挥与产权交易费用是负相关关系，产权的激励功能发挥得越好，产权的交易费用越低，收益就越高。反之，产权的激励功能发挥得越差，交易费用也就会越高，收益就越低。

按照马克思主义的产权理论，在资本主义国家，资本家就是因为有了资本作为其产权基础，才能利用人格化的资本去执行追求剩余价值的职能。也正是在这种情况下，资本家的行为动机就是通过把货币转化为资本的方式，占有越来越多的财富。正如马克思在分析资本家把货币转化为资本时的行为动机时谈道："这种流通的客观内容——价值增值——是他的主观目的；只有越来越多地占有抽象财富成为他的活动的唯一动机时，他才作为资本家或作为人格化的、有意志和有意识的资本执行职能。"[②]

同时，西方现代产权理论也非常重视产权的激励功能，它把明晰产权作为促进效率提高的一个非常重要的手段，其核心就是通过界定、变更和安排所有权来降低或者消除市场运行中的交易费用，目的在于提高资源配置的效率。科斯早在 20 世纪 50 年代末 60 年代初，就系统地论述了产权

---

① 　杨娅婕：《马克思产权理论的现实意义》，《经济研究导刊》2011 年第 8 期。

② 　《马克思恩格斯选集》第 2 卷，人民出版社 1995 年版，第 168 页。

的经济作用，分析了产权的激励功能，还特别考察了产权结构在降低社会成本、克服外部性等解决市场失灵问题中发挥的关键性作用，说明产权的激励功能是保障资源配置有效性的必要条件。① 产权的外部性是产权所有人在利用产权获取自身利益时产生的对公共利益和他人利益的损害，进而造成了社会治理成本的加大和私人成本的相对降低。也就是说，产权外部性的产生主要在于私人成本与社会成本的不对等，也就是社会成本大于私人成本，并由此造成了社会福利的损失或低效。从这一点来说，西方现代产权理论把激励功能看成产权最重要的功能，认为能够有效实现外部性内部化的产权制度安排是最有效率的产权形式，认为产权的激励功能就是实现产权外部效应内部化的关键因素。

也正是在这个意义上，德姆塞茨（1989）把产权界定为一种社会工具，认为产权之所以有意义，就在于它使人们在使用资源与别人进行交换中形成了交换的合理预期。而产权的这一重要功能就是通过激励为实现外部效应的更大程度的"内部化"提供行动的动力。……谁拥有产权，他人就会允许他以某种方式行事。② 按照西方的现代产权理论，在公有产权形式下，控制权和收益权处于分离状态，控制权在国家，而收益权却在个人，每个个体都想分得公有产权的收益而不愿意多付出努力或成本，因此在激励方面存在很大的外部性，自己获取利益却由社会为其支付成本。但在私有产权形式下，收益和成本都由产权所有者个人来承担，因而是一致的或对称的，只要个人想获取利益，就必须为自己获取该利益付出相应的成本，这种收益和成本的对称性消除了公有产权之下的外部性，保证了激励机制的有效性。按照西方现代产权理论的这一逻辑，只有在私有产权的形式下，收益权和控制权才能有机地结合起来，并由此产生有效的激励机制，实现经济的实质性增长。他们也由此得出这样的结论：只有私有产权才是边界清晰、最有效率的产权形式，而公有产权是一种产权不清、低效率或无效率的产权形式，难以实现实质性的经济增长。

其实，国有产权中虽然存在着"搭便车"的风险和产权不清、效率

---

① 罗纳德·H. 科斯：《社会成本问题》，载《法与经济学杂志》1960 年版。

② H. Demsets（1967），"Toward a Theory of Property Rights", American Economic Review, Vol, 57, p. 347.

低下等问题，但这些风险和问题并不是公有制制度本身的必然产物，而是政策失误或工作失误而导致的。社会主义的本质特征是生产资料公有制，公有制是避免两极分化、实现共同富裕的经济保障，只要我们保持以公有制和按劳分配为主体，贫富差距就不会恶性发展到两极分化太严重的程度，可以控制在合理的限度以内，最终向共同富裕的目标前进。[①] 也正是在这个意义上，邓小平坚信："只要我国经济中公有制占主体地位，就可以避免两极分化。"[②] 所以，产权的激励功能也是社会主义公有制体制下推进实质性经济的重要功能。

（四）产权的约束功能

任何产权及其权能的作用空间都有一定的界区，其预期收益也有一定限度，这种界区和限度就是产权的约束功能，产权的约束功能决定了产权主体只能在一定的界区和限度内行使权利并获取收益。[③] 按照西方现代产权理论，产权的约束功能在于，当产权把不可再生的稀缺资源的支配权、使用权、转让权、收益权等都界定给一个特定的人时，并不标志着这个特定的产权所有者就可以不受任何约束地采取任何一种他认为合适的方式来支配、使用或者转让这些资源，而是要把产权所有者获取利益的行为及其获取利益的额度都限制在一定的范围之内，进而确保产权交易双方在利用产权追求自身利益最大化的同时，不会造成对对方利益、他人利益或公共利益的损失。产权的约束功能就是通过在产权交易者之间建立有效的监督机制，规范人们在使用稀缺资源时如何受益、如何受损以及受益人如何向受损人补偿等行为，保障使用稀缺资源的人能够在获取产权利益的同时，自觉承担资源使用产生的负外部成本[④]。产权的这一约束功能充分说明，产权是实现资源收益权和控制权有机结合的规则，这一规则用来界定人们在经济活动中如何受益、如何受损以及他们之间如何进行补偿的相关规则。

---

① 程恩富：《坚持公有制经济为主体与促进共同富裕》，《求是学刊》2013 年第 1 期。

② 《邓小平文选》第 3 卷，人民出版社 1993 年版，第 149 页。

③ 杨娅婕：《马克思产权理论的现实意义》，《经济研究导刊》2011 年第 8 期。

④ H. 登姆塞茨：《关于产权的理论》，载《财产权利与制度变迁——产权学派与新制度学派译文集》，上海三联书店、上海人民出版社 2002 年版，第 97—99 页。

按照马克思主义的产权理论，完备的产权允许产权所有者在权利所允许的范围内享有使用权、收益权、决策权和让渡权等权利，因为物品的交易实质是物品的所有者的一组权利的交换，而不是某个单项权利的交易。但是，产权的交换是个复杂的过程，可以分解为不同的人所拥有的不同权利的交换。由此，拥有所有权并不代表所有者可以为所欲为，所有者使用、处理、让渡、改变财产的权利都要受到一定的约束。① 产权的约束功能决定一个人能够行使其财产的程度和范围，要求产权主体必须把自己的意志行为约束在权利边界之内。说明资源所有人不能以个人意志任意支配稀缺资源，任何任意支配自己对稀缺资源的产权实际上都是对权利的滥用，产权所有者如果越权或者侵权，就必然要付出资源损失的代价，甚至有失去自己所拥有的产权的危险。

三　产权制度

产权制度（property right system）是"一系列用来确定每个人相对于稀缺资源使用时的地位的经济和社会关系"② 的规则，它是决定一定社会中谁有权支配和运用资源，并因此获得相应经济利益的一种准则，这种准则包括成文的法律、合约制度以及社会认可的习惯、伦理、道德规范等。也就是说，产权制度是通过一定的产权关系和产权规则而结成的社会关系，并且能够对产权关系实行有效的组合、调节和保护，进而实现对稀缺资源的合理使用和有效配置的制度安排。

从学界对产权制度的界定，我们可以看出，产权制度应该是一种良好的、适应市场经济发展需要的、能有效地规范各经济主体行为和活动方式的制度安排，这种制度安排能够促使产权所有人在行使自己的权利获取合法利益时，不损害他人利益或公共利益，或者产权所有人在同他人进行交易、合作以及竞争时，能够尊重或者保护他人的权利。也就是说，产权制度是通过界定、变更和赋予所有权以降低或者消除市场运行所产生的交易

①　张军：《现代产权经济学》，上海三联书店、上海人民出版社 1994 年版，第 27 页。

②　E. G. 菲吕博腾，S. 配杰威齐：《产权与经济理论：近期文献的一个综述》，该文收录于 R. 科斯，A. 阿尔钦，D. 诺斯等：《财产权利与制度变迁》，刘守英译，上海三联书店、上海人民出版社 1994 年版。

费用，提高资源配置效率的一种制度安排。科学的产权制度对于实现经济主体的经济行为以及产权交易的规范化、有序化等都有最直接的影响。正如邓小平所说："制度问题带有根本性、全局性、稳定性和长期性"，"制度好可以使坏人无法任意横行，制度不好可以使好人无法充分做好事，甚至会走向反面。"①

不同的产权制度有明显的优劣之分，在收益、成本、效率等方面存在着很大的差异性。而交易费用的存在是现实经济生活的一种常态，所以，交易费用的高低就成了评价产权制度优劣的决定性因素。也就是说，衡量一个国家产权制度是优是劣，评价一个国家的产权制度是否合理，主要是以交易费用的高低为标准，产权制度的优劣与交易费用的高低呈负相关，交易费用越高，产权制度就越劣；交易费用越低，产权制度就越优。同时，交易费用在国民生产总值中所占比重的大小，是决定一个国家富裕还是贫穷、发展还是停滞的重要因素。也正是在这个意义上，张五常认为社会的进步在于人们有可能认识和选择可以降低交易费用的产权制度，不同的产权制度是构成一个国家社会经济制度的主要方面。一般来说，优胜劣汰，谋求更高的制度效率是选择特定产权制度的"需求"与"供给"的决定因素，也是推动不同产权制度的替代和变迁的基础，而产权制度的变迁又是社会制度整体结构的产物。

马克思主义的产权理论与西方新制度经济学的产权理论都是以产权制度为研究对象的，而且马克思经济学关于生产关系的研究在方法论上或多或少对西方新制度经济学的研究方法产生了直接和间接的影响。因此，马克思主义产权理论和西方现代产权理论在许多方面有共同之处：一是二者都强调产权制度在经济发展中的重要作用，都把产权结构和制度安排看作影响经济绩效的重要因素。都把产权关系看成是人与人之间的经济关系，把利益问题当作产权关系的核心问题；二是二者都着重研究了所有权问题，以及所有权与支配权相分离的产权现象；三是二者都研究了不同商品所有权之间的等价交易关系，都承认产权关系是商品交换关系赖以发生的前提。

同时，马克思主义产权理论与西方现代产权理论在许多方面也存在着

① 《邓小平文选》第 2 卷，人民出版社 1993 年版，第 333 页。

不同之处，其中最大的不同就是马克思主义的产权理论明确指出产权不只限于私有产权，也可以是公有产权，而且，无论什么性质的产权，都必须是交换双方彼此承认的明确的独立的产权。产权之所以既可以私有也可以公有，就是因为产权不是一种纯粹的私人之间的合约，而是与特定的政治控制结合在一起的，不同的政治制度必然会产生不同性质的产权制度，如资本主义的政治制度需要私有产权制度，而社会主义的政治制度需要公有产权制度。而且，产权必须由国家强制界定和实施，国家是产权安排的一个重要条件（Cooter and Ulen，1988），这是由于国家是所有组织中唯一的享有合法暴力的机构，不仅如此，产权的强度还依赖于国家保护的有效性（Alchian，1977）。所以，国家所有制性质的不同决定了产权制度安排的不同。在私有制体制下，不同的财产所有制度满足了不同的人占有财产的欲望，有的满足的是个人占有财富的欲望，而不考虑团体和组织占有财产的意愿；有的满足的是官员占有财产的欲望，而不考虑民众占有财产的意愿。在公有制体制下，作为主要生产资料的财产实行全体国民共同占有的所有制，其归属就是制度安排的公有制，这种制度安排把可以产生收益的财产都归国家所有，是避免两极分化实现共同富裕的制度基础。但在权力得不到监督和约束的前提下，公有制也存在使公民个体丧失占有生产资料的主体资格，存在着国有资源被个人以权力或资本的形式剥夺的风险。

　　按照西方现代产权理论，私有产权是一种最能推动经济发展且很少产生负外部性的最有效率的产权形式，公有产权却是一种不利于经济发展且容易导致负外部性的最无效率的产权形式。西方现代产权理论认为，产权安排的目的，在于通过预期影响人们的经济行为，私有产权是通过制度安排把资源的支配权、使用权与转让权及其由此带来的收益的享用权都界定给一个特定的人，这个享有资源利益的特定的人可以不受任何约束、采取任何一种他认为合适的方式来支配、使用或者转让这些归属于自己的资源。而公有产权则意味着任何成员都有权分享资源的支配权、使用权与转让权及其由此带来的收益享用权，这样就消除了产权的排他性和可让渡性，同时又必然产生共同拥有难以排除利益的"搭便车"现象和共同体内成本和收益的不对称性。在公有产权的共同体内，所有者众多，利益主体多元，需要很高的谈判成本才能达成一个最优的集体行动。也正是在这一意义上，西方现代产权理论认为公有产权是必然导致很大的负外部性的无效率的产权形式。

　　按照西方现代产权理论，要想推进经济社会发展，就必须改变公有制度，将公有财产私有化。然而，一个真正有效率的产权安排不仅会推进经济社会发展，而且会推动社会的政治结构作出重大变革，而要使这种影响变成民主成长、发展和完善的社会条件，产权制度就必须采取可以把个人利益最大化和社会利益最大化进行有效统一的制度安排。西方现代产权理论所倡导的私有产权，是一种建立在纯粹个人主义的个人利益最大化基础上的政治结构，不可能是真正的民主政治，它也无法化解这种产权制度安排的内在矛盾及其与民主理想原则之间的冲突。① 所以，国家在赋予个人或企业拥有资产和交换的权利时，必须为尊重和保护这种权利提供保障机制，如果这种保障机制缺失的话，不仅个人或企业利益不能保障，国家利益或公共利益也就无从获得。

　　从以上分析可以看出，西方现代产权理论注重资源配置的效率问题，而忽视了维护社会公正的公共利益和国家利益，最终可能导致有效率无公平的"无增长的发展悖论"。而公有产权在关注社会公平的同时，面临着共同体成员"搭便车"的问题和资源配置成本高、收益低等问题，处理不好就会导致经济社会发展成本高、效率低的结果。所以，公有制体制下的产权制度，着重需要解决集体成员的"搭便车"问题和降低市场运行成本的问题，最终实现资源配置的有效性和收益分配的公正性的统一，也就是效率和公平的统一。

四　我国煤矿产权制度的历史演变

　　根据上述分析我们可以看出，产权制度是通过一定的产权关系和产权规则的结合实现对稀缺资源的合理使用和有效配置的制度安排，即通过制度安排的产权关系和产权规则，影响人们的经济行为，维持资源配置的效率与公平。煤矿产权及其制度安排主要是通过一定规则解决煤矿资源归谁所有，由谁占有、谁使用、谁经营，如何占有、使用、经营，收益如何分配等问题。煤矿资源是人类赖以生存和发展的物质基础，其储备量的多少

---

① 唐贤兴：《产权、国家与民主》，复旦大学出版社 2002 年版，第 14 页。

及其开发效益的高低是决定一个国家或地区经济社会发展的一个至关重要的因素。

在我国，矿产资源是经济社会发展和可持续发展战略实施的重要的能源保障，根据 2002 年国土资源部《全国矿产资源储量通报》公布的数据显示：我国煤炭基础储量为 3340.88 亿吨，居世界第一；可开采储量达 2040 亿吨，居世界第二。而且，我国是一个矿产资源非常丰富但分布极不平衡的国家，必须通过国家的宏观调控实现矿产资源的合理使用，所以，矿产资源国有化是必要和正确的选择。煤炭在我国能源产业和消费结构中占 70% 左右，是我国首屈一指的战略性能源，中央自新中国成立以来对煤矿等矿产资源的产权进行过多次改革。在煤矿产权改革的过程中，不同的产权制度必然会形成不同的资源经营方式，不同的资源经营方式进而形成不同的利益格局。然而，我国至今没有建立起一套完善的资源产权制度，也没有形成合理的利益格局，且由于市场经济和资源升值带来的巨额利润，致使资源产权中的利益关系更加复杂。

（一）人民公社时期的国营垄断

中华人民共和国成立之初，国家把煤矿等矿产资源确定为国家社会主义工业化建设的物质基础，实行矿产资源归属于全体国民共同所有的国有制度，对原来属于私人开办的煤矿通过接管、改造和整顿等方式，逐步把私有煤矿转变为国有煤矿。到 1952 年，国营煤矿占 80.7%，公私合营煤矿占 3.5%，私营煤矿占 11.2%，个体手工业煤矿占 4.5%，合作社营煤矿占 0.1%，基本上实现了由以私有煤矿占主导地位的局面向以国营煤矿占据主导地位的转变。1954 年，国家为了保证国营经济的优先发展，通过《宪法》以法律形式赋予了国营经济的主导地位，要求建立"统一领导、分级管理"的计划管理体制，对煤炭等主要的生产资料实行计划调拨、无偿使用的制度，由国有企业垄断经营，并规定资源的开采利用、产品价格和利润分配由中央统一规定[①]。此后，我国实行完全由国家计划配置资源的经济管理体制。

人民公社时期，我国实行单一的公有制经济，国家经济形式包括国营

———————————

[①]　《中华人民共和国宪法》（1954 年）第六条。

经济和集体所有经济两种形式，其中国营经济是国家经济的主要成分。这一时期，我国煤炭资源的经营形式主要有国有重点煤矿、地方国有煤矿和社队集体煤矿三种类型。以煤矿资源丰富的山西省为例，山西全省在人民公社时期开办的国有重点煤矿有 8 座，地方国有煤矿 340 多座，社队集体煤矿的开办根据国家工业化发展对煤炭需求的不同而不同，有时国家对社队集体煤矿开办条件要求不严（如在"大跃进"时期，由于大炼钢铁和社队企业发展对煤炭的大量需求，社队集体煤矿大量出现），有时国家对社队集体煤矿的开办要求非常严格（如在集体小煤矿出煤很少且对生态环境破坏严重时，国家就立刻叫停社队集体小煤矿，并根据社队集体开办的工业企业对煤炭资源的需求予以严格审批），这一时期的社队集体煤矿开开办办，关关停停，数目不太确定，有时急剧增加，有时急剧减少，甚至全面叫停。

人民公社时期的煤矿经营，在资源使用、规模大小、投资形式、机械化程度、收益分配等方面都有所不同。国有重点煤矿是煤矿生产的最主要单位，而且实力强，生产规模大，机械化程度高，煤矿投资、日常运营和职工工资所需资金由中央财政支付，收益由中央统一支配，主要用于满足国家重大工业发展的需求。地方国有煤矿的生产量仅次于国有重点煤矿，其规模相对较小，机械化程度相对较低，煤矿投资、日常运营和职工工资所需资金由地方财政支付，收益除上缴中央利税外，其余由地方统一支配，主要用于满足地方工业发展、企事业发展和地方单位燃料的需求。社队集体煤矿由公社或生产大队集体经营，其生产量占全国煤炭生产的极少部分，而且规模小，机械化程度很低，基本上是铁镐挖掘、人背马运的人工操作，社队集体煤矿开采的煤主要用于满足集体工业发展、企事业发展和社员家庭燃料的需要。

总之，人民公社时期的煤矿资源完全由国家通过国有煤矿和集体煤矿的经营方式垄断开采，煤矿资源的使用也完全由国家按计划在全国范围内无偿调拨，主要用于满足国家工业化发展的需求。

（二）改革开放初期的"有水快流"与县乡村利益凸显

1978 年，党的十一届三中全会作出改革开放的决策后，乡镇企业在全国各地建立并发展起来，迅速达到全面开花的状态，乡镇企业的迅速发展造成了市场对煤炭资源需求量的迅速增加。然而，人民公社时期以国有企业为主的煤矿经营模式已经远远不能满足乡镇企业发展对煤炭燃料的需求，如我国 1980 年和 1981 年的煤炭产量都只有 6.2 亿吨，远远不能满足工业发展的需要，造成煤炭严重短缺，大大阻碍了乡镇企业和经济社会的发展。在这一背景下，为了加快煤矿资源开采，解决煤炭资源紧缺的问题，国务院于 1983 年出台了《关于积极支持群众办矿的通知》，对煤炭资源管理实行放开政策（即所谓的"有水快流"政策），允许私人从事煤炭开采，要求各级政府"在一切可能的地方、利用一切可能的形式"鼓励私人从事煤矿开采。

中央"有水快流"政策的出台，再加上乡镇企业对煤炭资源需求量的急剧增长，刺激了乡村集体煤矿的快速发展。地方政府尤其是县级政府紧抓中央政策机遇，纷纷以开办乡村集体煤矿（人民公社解体前的"社队集体煤矿"）的方式发展地方经济，有煤矿的县在全县范围内对乡村集体煤矿进行全面规划和统筹安排；没有煤矿的县集中人力和财力，有组织地与有煤矿的县搞联营煤矿。到 20 世纪 80 年代中期，乡村集体煤矿迅速成了煤矿生产的主体力量，大大缓解了煤炭紧缺的问题，也得到了中央政府一定程度的认可："我国个体采煤有了一定的发展，全国每年个体采煤四千多万吨，对缓和煤炭供求紧张局面以及解决部分农村劳动力就业起了一定的积极作用。"[1] 山西省在 8 大国有重点煤矿接受中央管理后，集中精力支持地方国有煤矿和乡村集体煤矿的发展。在这一背景下，地方国有煤矿和乡村集体煤矿很快就成了山西煤矿生产的主体力量，全省煤炭增长量 70% 以上都是地方国有煤矿与乡村集体煤矿完成的，乡村集体煤矿多达 3000 多座。[2] 除此之外，大量的国有企业单位和集体所有制单位也纷纷通过开办煤矿拓宽企业经营范围，增加企业经济收入。

为了规范煤炭管理，1986 年 3 月 19 日，第六届全国人大常委会第十六次会议通过了《中华人民共和国矿产资源法》，并于当年 10 月 1 日颁布实施。该法规定了探矿权和采矿权的有偿取得制度，并授权地方政府监

---

① 1991 年 7 月 11 日，国务院发出《国务院关于清理整顿个体采煤的通知》。

② 《1991 年："有水快流"的硬币两面》，《中国煤炭报》2009 – 09 – 28，http：//www.ccoalnews.com/zt/103003/103018/117554.html。

管，严格限制探矿权、采矿权的转让，禁止采矿权的买卖、出租和抵押。① 该法对规范煤矿资源管理发挥了一定作用，但该法仍然是计划经济的产物，矿产资源仍然由国家处置，采矿权主体仍然是国有企业和集体所有企业，而且继续以国家计划配置资源，难以解决煤炭市场上出现的供不应求和私下交易等问题，也没有明确不同资源的合理的补偿标准，导致煤矿资源管理仍然处于混乱状态。一些集体或个体企业公开在国营煤矿周围开办小煤矿，国有企业负责人和地方监管者或为地方财政考虑，或为个人利益考虑，对国有煤矿的资源损失视而不见，权力寻租现象普遍存在，导致小煤矿利益凸显和国家利益受损的局面。正如 2000 多年前古希腊的政治家亚里士多德所说："凡是属于最多数人的公共事务常常是最少受人照顾的事务，人们关怀着自己的所有，而忽视公共的事务。对于公共的一切，他至多只留心到其中对他个人多少有些相关的事物。"② 在这一背景下，国家为了规范煤矿资源管理不断进行机构改革，1988 年，撤销煤炭部、石油部、水利电力部，成立能源部。1992 年，国家决定放开国有重点煤矿统配价格，取消补贴。1993 年，撤销能源部，重组煤炭部、电力部。到 1994 年 7 月，除电煤价格，其余煤炭价格都全部放开。

　　然而，迅猛发展的乡镇企业对煤炭的需求量持续增长，而国有煤矿的供应却严重不足，在这一背景下，乡镇企业只能私下与乡村集体煤矿签订高价供应协议，造成了煤炭价格的恶性竞争，严重扰乱了煤炭市场秩序。国家为了控制煤炭价格，在省一级成立煤运公司，专门负责煤炭定价和运销，并从煤炭利润中收取管理、维检、服务等费用，从而使地方政府在煤炭利润中多了一部分收入。而且，乡村集体煤矿的大量出现，严重影响了国家对煤矿采矿权的控制，出现了私下转让采矿权的现象，进一步加大了国家在煤矿开采和使用中的利益损失。再加上个体采煤也暴露出许多问题，主要表现在：多数没有取得采矿许可证，乱采滥挖现象比较普遍；回采率很低，国家煤炭资源遭受比较严重的破坏和浪费；有的不具备起码的安全生产和劳动保护条件，事故频繁，伤亡严重；有的偷税漏税，损害国家利益。③

---

① 《中华人民共和国矿产资源法》（1986 年）第三条、第五条、第六条。
② 亚里士多德：《政治学》，商务印书馆 1983 年版，第 48 页。
③ 1991 年 7 月 11 日，国务院发出《国务院关于清理整顿个体采煤的通知》。

在这一时期，地方政府以发放采矿许可证的方式行使煤炭管理的监督权，小煤矿经营者以金钱贿赂或官员私下入股等方式获取采矿许可证，地方官员与小煤矿经营者结成了利益共同体。地方政府为了增加其煤矿使用权收益，采取地方政府入股或降低申办条件等方式为小煤矿经营者办理许可证，地方政府与小煤矿也结成了利益共同体。在小煤矿与国营煤矿争夺资源、地方政府与小煤矿共谋利益和地方官员权力寻租的同时，国家驻地单位也通过各种途径开办小煤矿，与国有煤矿争夺资源。据煤炭部统计，1993 年，全国 103 座重点国有煤矿周围大约有 10000 多座小煤矿[1]，1994 年增加到 14557 座，其中 70% 的小煤矿属于无证非法开采[2]。这种现象的存在是对国有煤矿的极大破坏和国有资源的极大浪费，大量的无证小煤矿的出现也为煤炭市场的规范管理埋下隐患。

（三）20 世纪末期的"无偿转让"与个体煤商利益凸显

20 世纪 90 年代中后期，由于上述各种原因，没有形成市场主导的资源价格机制，煤炭价格持续走低，再加上煤矿开采成本加大，小煤矿大都因缺乏资金无力开采，地方财政收入迅速下滑，地方政府只好通过改制、托管、承包等行政审批方式实行煤矿无偿转让。在这一背景下，除了部分煤矿还继续由集体或国有企业经营之外，绝大多数的中小煤矿都通过改制、托管、承包等方式转为个人经营。个人获取煤矿的方式基本都是通过行政审批，无偿获得采矿资格。

为了规范煤矿转让行为，中央于 1994 年出台《矿产资源法实施细则》，明确了不同主体申请采矿权的资格条件。1996 年 8 月 29 日，第八届全国人大第二十一次会议通过了《关于修改〈中华人民共和国矿产资源法〉的决定》以及与之配套的《矿产资源勘察区块登记管理办法》《矿产资源开采登记管理办法》《探矿权、采矿权转让管理办法》《矿产资源补偿费征收管理规定》等多项法规和规章。并于当年 12 月 1 日将修订后的《矿产资源法》颁布实施，该法确立了采矿权有偿取得和特定情形下可依法转让的法律制度，进一步明确了 1986 年《矿产资源法》中规定的

---

[1]　李俊杰：《运用产权机制保护和合理开发煤炭资源》，《煤炭经济研究》1995 年第 10 期。

[2]　王立杰等：《矿产资源损失浪费的根源与解决对策》，《中国矿业》1996 年第 7 期。

"探矿权、采矿权有偿取得制度"，并做出了"矿产资源开采必须缴纳资源税和资源补偿费"的规定，允许矿业权有条件地流转，要求禁止矿业权交易中的倒卖牟利行为，该法为煤矿产业的市场化提供了法律保障。1998年，中央又相继颁布了《矿产资源勘查区块登记管理办法》《矿产资源开采登记管理办法》和《探矿权、采矿权转让管理办法》等多项法规，为新修订的《矿产资源法》的实施提供政策支持。按照这些政策规定，探矿权和采矿权不再仅仅是一个行政特许权，还是一个财产权，这个变化是中国煤矿产权制度改革中的本质变化，属于本质性的体制变化。当年4月，中央成立了国土资源部，专门负责矿产资源的管理，国土资源部的成立为新修订的《矿产资源法》的实施提供了机制保障。

然而，在煤矿经营的具体实践中，由于地方政府监管不力和管理失控，大量掌握资本的个体商人利用大量小煤矿无力经营的机会，纷纷投资煤炭行业，在煤矿的改制、托管、承包中通过各种手段获取煤矿经营权，导致乡镇小煤矿迅速增加，到1998年，乡镇小煤矿多达8万多座，它们的产量占全国总产量的43%还多，而且出现了小煤矿乱采滥挖、破坏资源和生态环境、人员伤亡等严重问题，扰乱了正常的煤矿生产和经营秩序，对国有大煤矿造成了严重威胁。为此，国务院决定从1998年11月开始对小煤矿实施关井压产，并于1998年12月3日颁发了《国务院关于关闭非法和布局不合理煤矿有关问题的通知》，要求到1999年底之前，关闭25800座小煤矿。实际上，到1999年底，全国共关闭33220座小煤矿。

而且，大量的乡村集体煤矿和层层转包的个体煤矿，为了与国有煤矿争夺市场，随意降低生产成本和煤炭价格，又一次造成了煤炭市场的无序竞争。国有重点煤矿由于经营成本高、价格低，大多濒临破产的境地，如1998年，全国94个矿务局，足月发放工资的只有3个，山西大同矿务局欠发职工工资高达10多亿元。在这种情况下，中央只好把国有重点煤矿转归省政府管理，很多地方国有煤矿和集体所有煤矿也把采矿权转让给个体煤商。

这一时期，个体煤商是最大的获益主体，煤炭市场的持续疲软也带来了矿业权的疲软，一座年产10万吨的煤矿矿业权只需要10余万元就能够买到，个体煤商成了煤炭资源领域的最大获益者，国家利益严重受损。地方政府及其政府官员也是较大的获益主体。一方面，负责煤炭定价和运销的煤运公司是当时一个非常重要的获益主体。山西省煤运公司在2000年前后，对山西煤炭每吨收取 20 元能源基金、10 元生产补贴款和 5 元专项维检费，出省煤还要加收 4% 的服务费和管理费，每年的营运收入就多达十几亿元。该公司在各地市设立分公司，分公司又在各县（市）设立煤检站，仅在全省设立的煤检站就有 200 多个，员工人数多达 10 余万，该公司连续多年都是山西省百强企业。另一方面，负责采矿权流转的地方政府及其官员也是当时一个非常重要的获益主体。在煤炭市场不景气的情况下，由于煤矿企业经营困难，多数煤矿因无力经营被迫停产，急需转让采矿权，这就为政府相关部门领导在批准煤矿转包、托管、租赁、联营等方面提供了较大的权力寻租空间。

（四）21 世纪初期的"有偿使用"与多元利益格局形成

2002 年，随着全球能源危机和国内市场对煤炭需求的增加，煤炭市场迅速转好，煤炭价格持续上涨，煤炭行业出现多种现象：一种是掌握巨额资本的商人纷纷承包或购买煤矿，国有煤矿为摆脱困境借机面向社会转让股权，例如山西柳林县在这一年就把全县 5 座国有煤矿的股权全部面向社会公开转让，股金收入高达 6.47 亿元；另一种是名义上是国有煤矿，实际上却是私人注资建设，如梁家河煤矿是国家级贫困县隰县的地方国有煤矿，2000 年，由于该县无力投资煤矿技术改进，由孝义人李 XX 注资建设，后来又有其他人投资开采，产权构成异常复杂，包括两个通风井在内的 4 个矿井各有"老板"，各自开采，层层转包，煤矿管理混乱不堪。很多乡村集体所有煤矿也都承包给私人经营，成为集体挂名、个体经营的小煤矿，以临汾市为例，在全市 530 座煤矿中，就有 470 座煤矿属于"集体挂名、私人经营"的小煤矿；还有一种是煤炭资源的高额利润诱使煤矿经营者疯狂采煤，忽视了煤矿资源保护和安全生产，导致煤矿安全事故频繁发生和煤矿资源严重浪费。再加上煤矿层层转包造成的产权关系混乱，进而导致矿难问责混乱和矿难处理非常困难。因此，要解决煤矿回采率降低和资源浪费严重的问题，明晰产权迫在眉睫。

这一时期，我国关于产权问题的理论研究和实践探索不断深化。2003 年，党的十六届三中全会通过的《中共中央关于完善社会主义市场经济体制若干问题的决定》，面对我国经济结构不合理、分配关系尚未理顺、农民收入增长缓慢、就业矛盾突出、资源环境压力加大、经济整体竞争力不强等问题，明确提出"建立归属清晰、权责明确、保护严格、流转顺畅的现代产权制度，有利于维护公有财产权，巩固公有制经济的主体地位；……要依法保护各类产权，健全产权交易规则和监管制度，推动产权有序流转，保障所有市场主体的平等法律地位和发展权利。"[①] 2004 年 1 月，为了解决煤矿安全生产和资源浪费的问题，山西省委省政府首次在全省范围内进行煤矿资源整合，出台了《关于深化煤矿安全整治的决定》，提出对全省煤矿按照"资源整合、能力置换、关小上大、有偿使用"的原则进行整合，整合标准为 9 万吨/年，交费标准为主焦煤 2.5 元/吨、配焦煤 1.8 元/吨、动力煤 1 元/吨。

此次改革以临汾市为试点，因为临汾市是山西省的煤炭大市，而且因产权模糊引发大量安全事故和资源浪费。临汾市经济研究中心 2004 年的调查显示：全市 530 座煤矿中，乡镇、村办的集体制煤矿达 470 多座，80% 以上的煤矿为"集体挂名、个人经营"，这些煤矿的采矿权归乡镇政府或村委会，实际出资人却是个人。所以，山西省以临汾市为试点，强力推动煤矿产权改革，并在得到中央肯定后逐步向全省铺开。在这一背景下，大量的乡村集体煤矿承包者通过买断集体煤矿成为了乡村集体煤矿的所有者。2005 年 6 月和 2006 年 2 月，山西省政府又相继出台了《关于推进煤炭企业资源整合有偿使用的意见（试行）》和《山西省煤炭资源整合和有偿使用办法》，对参与改革的煤矿开采范围、价款的收缴、分配、用途和各级政府应承担的法律责任等做了具体规定，其中规定省、市、县之间的采矿权价款分配比例是 3∶2∶5。

2006 年 4 月，中央下发的《关于加强煤矿安全生产工作规范煤炭整合的若干意见》规定：到 2007 年底，山西、内蒙古、陕西的煤矿整合为 30 万吨/年，这一规定意味着山西刚刚整合而成的 9 万吨/年的煤矿又面临着严峻的停产整顿任务。2006 年 9 月，中央又相继发布了《关于探矿权采矿权价款收入管理有关事项的通知》和《关于深化煤炭资源有偿使用制度改革试点的实施方案》，确定中央和地方在探矿权、采矿权出让价款收益分配比例为 1∶4，并将山西煤炭资源有偿使用的做法推向内蒙古、

---

① 《中共中央关于完善社会主义市场经济体制若干问题的决定》，2003 年 10 月 14 日中国共产党第十六届中央委员会第三次全体会议通过。

黑龙江、安徽、山东、河南、贵州、陕西7个煤炭主产省区，规定这些省区煤炭资源探矿权、采矿权除特别规定外，一律以招标、拍卖、挂牌的方式实行有偿转让。时任国务院副总理的曾培炎在2006年11月16日国务院召开的电视电话会议上强调，要深化煤炭资源有偿使用制度改革，落实矿业权有偿取得制度，建立健全矿山环境治理、生态恢复和安全生产责任机制，合理调整资源税费政策，加强资源开发管理和宏观调控，促进煤炭资源合理有序开发和可持续利用。

通过以上几方面的努力，中央政策逐步规范了煤矿的经营行为，明确了各级政府在矿业权价款收益中的分配比例，在一定程度上缩小了官员权力寻租空间，增加了地方财政收入。据统计，山西省的财政收入在全省煤矿明晰产权后可增加2600亿元，临汾市的财政收入在改制当年就增加了8.36亿元。① 而且，煤矿整合与产权改革也大大降低了煤矿安全事故发生率，提高了煤矿回采率。临汾市的煤炭百万吨死亡率从2002年的3.12下降到2005年的0.93，远低于当时全国平均水平的2.81；回采率从2002年不到20%上升到2005年的70%以上。但煤矿整合导致小煤矿利益严重受损，很多煤矿老板因此债台高筑。

（五）2008年后的"兼并重组"与利益整合

改革开放以来，煤矿产权进行了多次改革，但农村衰败、矿难频发、资源浪费等问题始终难以解决，山西省委省政府领导择时这些问题归结于"有水快流"政策形成的"多、小、散、乱"格局。所以，要想从根本上解决问题，就必须从调整产业结构入手，优化办矿体制，扩大办矿规模，提高产业集中度，通过兼并重组形成若干个亿吨级生产能力的大型煤炭企业和企业集团。于是，在山西开启了大规模的煤炭企业兼并重组活动。

2008年，山西省相继出台了《关于加快推进煤矿企业兼并重组的实施意见》《山西省煤矿企业兼并重组整合规划方案》及相关政策，提出"规划先行、稳步推进、整合为主、新建为辅和以大并小、以强并弱、扶优汰劣"的煤矿改革原则，建立以大型煤矿企业为主的办矿体制。2009年4月，山西省

---

① 肖兴志等：《煤矿资源产权制度的战略思考》，《辽宁师范大学学报》（社会科学版）2008年第6期。

又出台《关于进一步加快推进煤矿企业兼并重组整合有关问题的通知》，要求"到 2010 年底，全省矿井数量控制目标由原来的 2500 座调整为 1000 座，整合后煤企规模原则上不低于 300 万吨/年，矿井生产规模原则上不低于 90 万吨/年"。在这一背景下，全省煤矿停产整顿。

从山西煤矿兼并重组的成果来看，2010 年底基本达到煤炭整合的目标。一是形成了以大型煤矿企业为主的办矿体制。煤炭企业主体由 2200 家减少至 130 家，其中年产亿吨的特大型集团 4 个、年产 5000 万吨的大型集团 3 个；二是形成了以国有、民营、股份制多种成分并存的办矿体制，其中国有企业占 20%、民营企业占 30%、股份制企业占 50%；三是矿井规模扩大，全省矿井由 2500 多座压减到 1053 座，平均单井规模提高到 100 万吨/年以上。至此，资源回采率低的小煤矿全部关闭，资源浪费问题基本解决，煤矿安全系数大大提高。

然而，煤矿兼并重组对矿区农村和农民利益的关注仍然不够。从目前来看，此次改革不仅没有解决因煤矿开采和利益分配不均而激化的社会矛盾，且引发了一系列新问题、新矛盾，如煤矿企业的利益损失与补偿问题、资源依赖型地方的转型发展问题、以煤为生的农民就业问题等，同时还有因煤矿停产整顿在煤矿企业与地方政府、村集体、农民个体之间引发的大量矛盾纠纷。所以，煤矿兼并重组必须明确煤矿企业应该承担的社会责任和义务，必须解决矿区农民的生产生活问题及其由此引发的矛盾纠纷。否则，煤矿企业的经营就不会得到矿区农民的支持，资源整合的结果仍然是一种无发展的增长。

五　煤矿产权与乡村治理

我国自古就是一个以农立国的农业大国，土地是农民最主要的生产资料和生活保障，农民问题尤其是农民土地问题是决定中国命运的根本问题，中国近代以来的历史反复证明了这样一个道理："谁赢得农民，谁就赢得中国。谁能解决土地问题，谁就会赢得农民。"[1] 然而，当中国农民原有的生存方式和生产生活方式被资源开发行为打破后，资源就取代土地

---

[1]　洛易斯·惠勒·斯诺：《斯诺眼中的中国》，中国学术出版社 1982 年版，第 47 页。

成了维持人们生存和生活的根本保障，解决好农民与资源的关系问题就成了推进资源型农村发展的关键问题。

我国矿产资源丰富但分布不均衡的特征，决定了解决好矿产资源如何开发和利用的问题，对实现社会良好治理至关重要。矿产资源属于国家所有，煤矿产权能否与民主政治发生有利于乡村善治的互动关系，主要看国家或政府的作用，需要有国家的连接机制。[①] 山西作为中国煤炭第一大省，其乡村发展的历史，反复证明了这样的一个道理：煤矿产权与乡村治理关系密切，产权与治理得当，矿山资源就可以造福于民，形成矿区乡村的和谐与发展；反之，矿山资源则祸害于民，导致乡村治理危机四伏。真可谓"成也矿山，败也矿山"。

改革开放以来，我国煤矿产权经历了多次改革，每一次改革都解决了煤矿领域面临的重大问题，在一定程度上促进了经济社会发展，但每次改革都在农村集体资产处置、资源管理和收益分配、村矿村企关系、村内权力系统运作、生态环境和生产生活条件等方面引发大量问题和冲突，而且新旧矛盾纠缠、连接、聚合并不断激化，严重影响着矿区乡村的稳定与发展。正如邓小平同志所说："中国十二亿人口怎样实现富裕，富裕起来怎样分配，这都是大问题。解决分配问题比解决发展起来的问题还困难，分配不公，会导致两极分化，到一定时候问题就会出来。"[②]

山西省的 119 个县（市、区）中有 94 个产煤县，而且产煤县财政收入的 40% 都来自于煤炭，村集体收益的 45% 来自于煤炭企业。调查表明，矿产资源型农村在为山西经济发展作出贡献的同时，也付出了沉重的代价，包括资源成本代价、生态成本代价、社会成本代价和发展成本代价等。在乡村治理方面引发了一系列问题，主要表现在：农村集体资产处置、资源管理和收益分配不规范、不公开，生态破坏和环境污染严重，村矿、村企矛盾凸显，对乡村煤矿的监管不力、安全生产事故频发等方面。山西省社会科学院的一项研究表明：从改革开放至今，煤炭资源开发仅仅带给山西的生态环境直接损失高达 4000 多亿元，给矿区农民生产和生活

①　唐贤兴：《产权、国家与民主》，复旦大学出版社 2002 年版，第 14 页。
②　中共中央文献研究室编：《邓小平年谱（1975—1997）》下卷，中央文献出版社 2004 年版，第 1364 页。

方面造成的损失就更是难以用数据统计。

　　总之，山西不同时期的煤矿产权制度，由于资源分配的不公在政治、经济、社会、文化等多方面对乡村治理产生影响，并由此引发了村庄政治结构、经济结构和社会组织结构等方面的变化，严重影响乡村治理的延续性。所以，我们有必要梳理我国煤矿产权制度改革的历程，分析不同类型的煤矿产权及其运作对乡村治理的影响，从根本上解决资源型地区乡村治理的困难，推进地方经济社会发展。

第二章 改革开放前的国家垄断与乡村治理

新中国成立初期至改革开放前，我国煤矿资源的开采和煤矿企业的发展，由中央政府根据国家工业发展的需求统一安排，煤矿资源的经营模式主要包括三种类型：一是为中央工业企业供应原煤燃料的国有重点煤矿；二是为地方各级工业企业提供原煤燃料和民用燃料及农业需求的地方国有煤矿；三是为社队企业提供原煤燃料和社员民用燃料及农业需求的集体所有煤矿。由于不同类型煤矿的经营模式和服务对象都不同，因而与矿区农村的关系也不同，对当地乡村治理的影响也就不同。

一　国有煤矿及其对乡村治理的影响

（一）国有煤矿的形成与发展

1. 国有煤矿的形成

早在中华人民共和国成立之前，党中央和毛泽东就已经确立了新中国成立后的发展道路，提出了把党的工作重心由农村转移到城市，把中国由农业国家转变为工业国家，走适合中国的工业化发展道路。1949 年，中华人民共和国成立后，中共中央立即将煤矿建设纳入了国民经济建设计划，下大力度发展煤矿工业。

新中国成立初期，我国发展煤矿工业的基本路径是：根据国家"全面恢复、重点建设"的方针，在集中财力、物力投资恢复改造旧矿井建设和有重点、有计划进行新井建设的同时，鼓励民间采煤业恢复生产，扩大规模，增加产量。这一时期，煤矿资源的产权主要包括私营（私有）和公营（国有）两种模式，其中私营煤矿主要是外国资本家在中国开办的煤矿、中国官僚资本家开办的煤矿和私人资本家开办的大型私营煤

（不包括民间大量存在的小煤窑），公营（国有）煤矿就是由国家投资新建或改造的煤矿。

国家在投资建设新矿井和改造旧矿井的过程中，不断与私营煤矿在资源边界等方面发生纠纷，出现了公营煤矿与私营煤矿之间的矛盾和斗争。为了解决公营煤矿与私营煤矿之间的资源纠纷，中央在新中国成立之初就出台了《煤矿区公私营纠纷问题之处理原则与办法》，对煤矿等主要生产资料的所有制性质问题作出明确规定："一切矿山为国家所有，地下资源为国家财产，不论祖传世袭曾向阎伪反动政府及以前一切政府取得之采矿权，在向人民政府登记备案允准采矿时，方为有效。"[①] 首次明确把煤矿资源的开采权归于人民政府。1951 年 4 月，政务院颁布《中华人民共和国矿业暂行条例》，这是新中国成立后中央政府颁发的第一个矿业法规，其中第一条就作出了"全国矿藏均为国有"的明确规定。[②]

山西省是全国煤矿资源最为丰富的省份，也是国家进行煤矿资源开发的重点基地。也正是由于这一优势，山西省人民政府在新中国成立后，根据中共中央指示迅速将煤矿建设纳入本省国民经济建设计划，首先恢复改造旧矿井，并在此基础上有重点地进行新矿井建设。山西省在恢复改造旧矿井和建设新矿井的时候，不断与民间已有的小煤窑发生资源纠纷。1949年 11 月 9 日，山西省人民政府为了解决太原西山矿区煤窑纠纷，提出了"保护矿山有计划的开采煤藏，进行长期经济建设，大矿区禁止小窑挖煤，以防破坏。"但大矿之外的边角地区，允许小窑土法开采，以解决群众燃煤需要。1950 年 4 月 1 日，山西省政府颁发了新中国成立后的第一个矿业法规《山西省矿业开采管理暂行办法》，规定："本省境内一切矿山、矿藏为国家所有，非依本办法之规定，经本省人民政府核准取得开采权并领取正式执照者不得开采。在开采期间，须受人民政府监督与指导。"[③] 这一规定进一步规范了煤矿资源的开采和利用，减少了小煤窑土法开采对煤矿资源的破坏和浪费。

在 1949—1952 年的三年国民经济恢复时期，国家通过接管、改造和

---

① 时洪才：《山西通志·煤炭工业志》，中华书局 1993 年版，第 85 页。

② 《中华人民共和国矿业暂行条例》，《群众日报》1951 年 5 月 8 日。

③ 时洪才：《山西通志·煤炭工业志》，中华书局 1993 年版，第 85—86 页。

整顿等方式，逐步把私营煤矿转变为公营煤矿，到1952年，在所有的煤炭产量中，公营煤矿生产的煤占80.7%，公私合营煤矿占3.5%，私营煤矿占11.2%，个体手工业煤矿占4.5%，合作社营煤矿占0.13%，基本上实现了公有制煤矿占主导地位的目标。山西省根据国家"全面恢复、重点建设"的方针，集中人力、物力和财力对收归国有的煤矿进行恢复建设，如对大同、阳泉、潞安3个中央直属煤矿和西山、富家滩两个省营煤矿进行了重点建设和恢复，增加了这些煤矿生产能力。[①]

1953年，国家采取公私合营的方式，开始对资本主义工商业进行社会主义改造，通过在私营煤矿中增加公共财政的股份、派驻干部作为公方代表负责私营煤矿企业的经营管理方式，把私营煤矿改造为公私合营煤矿。1954年，政务院颁布《公私合营工业企业暂行条例》规定：公私合营企业由人民政府核准，必须由社会主义成分居于领导地位，但要保护私人股份的合法权益。要求公私合营煤矿遵守国家计划开采煤矿。[②] 当年颁布的《中华人民共和国宪法》第六条规定：矿藏、水流，由法律规定为国有的森林、荒地和其他资源，都属于全民所有。国营经济是全民所有制的社会主义经济，是国民经济中的领导力量和国家实现社会主义改造的物质基础。国家要保证优先发展国营经济。[③] 至此，煤矿等矿产资源作为主要的生产资料是实现国家工业化的重要物质基础，也是保证国民经济增长的主要能源之一，其开采和使用完全由中央政府按照国家工业化建设的需求统一规划。

1953年—1956年期间，国家对资本主义工商业进行了社会主义改造，逐步把外国资本家、中国官僚资本家和私人资本家开办的私营煤矿转变为社会主义成分占主导地位的公私合营煤矿，进而再转变为完全社会主义的国营煤矿。至此，在煤矿资源领域形成了以国营企业占主导地位的经济形式。

2. 国有煤矿的管理模式

1954年9月2日，政务院发布《公私合营工业企业暂行条例》，要求

---

①　时洪才：《山西通志·煤炭工业志》，中华书局1993年版，第96页。

②　1954年9月2日政务院第223次政务会议通过《公私合营工业企业暂行条例》第二条、第三条、第四条。

③　《中华人民共和国宪法》（1954年）第五条、第六条。

把公私合营企业分别划归中央、省、直辖市、县（市）人民政府主管业务机关领导，确立了煤矿资源属于国家所有、由各级人民政府分级管理的资源管理模式。① 同年 9 月 20 日，国家颁布的《中华人民共和国宪法》明确规定："中华人民共和国的生产资料所有制主要包括国家所有制（全民所有制）、合作社所有制（劳动群众集体所有制）、个体劳动者所有制和资本家所有制四种类型"。同时规定："国营经济是全民所有制的社会主义经济，是国民经济中的领导力量和国家实现社会主义改造的物质基础。国家要保障优先发展国营经济。"并明确了国营企业在国民经济中的主导地位。②

为了确立国营经济在国民经济中的主导地位，国家建立了"统一领导、分级管理"的计划管理体制，对煤炭等主要的生产资料实行"计划调拨、无偿使用"的制度，由国营企业垄断经营，资源的开采利用、产品价格和利润分配等都由中央统一规定，原则上禁止民间个体经营。煤矿等主要矿产资源的产权性质属于全民所有，由国务院（新中国成立初期叫政务院）代表全体国民行使所有权，煤矿管理权由国务院下放给各级人民政府。国有煤矿作为国家的代理人，完全按国家计划经营着几乎所有的煤炭资源，劳动群众集体所有煤矿是国有煤矿生产的重要补充，但非公有制企业完全被排斥在煤炭行业之外，不能参与煤矿资源的经营，所以这一时期基本上不存在煤炭行业的产权交易。

实际上，早在新中国成立之初，国家就在煤矿工业领域实行了中央和地方分级管理的模式。一方面，属于中央直属的国有重点煤矿由中央燃料工业部管理，中央燃料工业部管理国有重点煤矿的模式，是在东北、华北、西北等大行政区分别设立专门的煤矿管理总局，对煤矿资源进行分区管理，如山西境内的国有重点煤矿主要由华北煤矿管理总局管理；另一方面，属于地方政府管理的地方国有煤矿由省、地、县三级政府职能管理机构分级管理，并授权专门机构，严格按照中央制定的"统一领导、分级管理"的原则，分别对省营、专（市）营、县营等国有煤矿进行管理。

① 1954 年 9 月 2 日政务院第 223 次政务会议通过《公私合营工业企业暂行条例》第二十三条。
② 《中华人民共和国宪法》（1954 年），第五条、第六条。

早在 1950 年，山西省政府就确定了矿业管理的主要任务，包括划分矿区、确定开采权（审批煤矿）、保护矿山、扭转历史上遗留下来的混乱局面等内容，授权山西省工业厅为全省煤矿管理职能机构，并在工业厅内设工矿行政处，工矿行政处内设矿业行政管理科，具体承办煤炭资源管理的业务，主要管理省营的地方国有煤矿。在省以下的地市一级，各地区设立专门的煤炭工业管理局，管理本地区的煤炭资源管理业务，如 1950 年 11 月，阳泉市成立煤炭工业管理局，这是山西省最早的地市级煤炭管理专属机构。[①] 地市级的煤炭工业管理局主要管理专（市）营的地方国有煤矿。在县一级，各县设立煤炭管理局专门管理县营煤矿和社队集体煤矿，并按本县资源储存情况在工商科内设立矿业管理股或组，具体承办本县的煤炭资源管理业务。

　　在国有煤矿的生产和经营中，国有煤矿的管理机构和煤矿级别，也是随着煤矿规模和国家工业化发展的总体需求，处于不断变化中。1952 年 6 月，山西省在工业厅内设立了煤炭生产管理处，在基本建设处内设立了矿井改造办公室，并把原来 4 个属于市营性质的煤矿转变成属于省工业厅直管的省营煤矿，其生产和基本建设等业务分别由煤炭生产管理处和基本建设处管理。1954 年 8 月，中央政府为了进一步加大国有重点煤矿建设，撤销了东北、华北、西北等大行政区的煤矿管理总局，并在撤销华北煤矿管理总局的同时，把华北煤矿管理总局的人力抽调到山西省，组建了太原煤矿管理局，作为中央煤炭工业部设立在山西的派出机构，直属国务院煤炭部管理，该机构的设立加大了对山西、内蒙古境内的国有重点煤矿的管理和地方国有煤矿的管理。1956 年 1 月，中央又将原山西省工业厅管理的两个地方国营煤矿——西山煤矿和西铭焦炭厂合并成立西山矿务局，将富家滩煤矿和义堂煤矿筹备处合并成立汾西矿务局，然后又把这两个矿务局划归中央直属的煤矿企业，由煤炭部太原煤矿管理局管理，中央试图通过这种方式加强对山西焦炭基地的开发和管理。1957 年，山西省工业厅按照中央"行业归口管理"的原则，撤销了其下辖的各地区专属工业处，设置了山西省工业管理局，统一管理全省各地方国有煤矿的生产、安全、基建、矿业管理等各项业务，并在煤矿资源丰富的长治、雁北、榆次、忻

<hr/>

① 时洪才：《山西通志·煤炭工业志》，中华书局 1993 年版，第 491 页。

县等专区派驻工业指导小组，指导管理各专区煤矿。

1958 年 8 月，山西省撤销工业厅矿业管理局，在太原煤矿管理局内成立山西地方煤矿局，管理全省的地方煤矿业务。同年 10 月，煤炭部下发的《关于煤矿企事业单位下放地方管理的通知》，对煤矿管理体制进行了重大改革，撤销了太原煤矿管理局，把中央直属的大同、阳泉、西山、汾西矿务局和轩岗、潞安煤矿筹备处等单位的管理权下放归山西省领导，组建了山西省煤矿管理局，进行统一管理。随后，山西省政府把属于省住房直管的大仁煤矿、东山煤矿和白羊墅煤矿等省营煤矿的管理权，下放给煤矿所在地的地市级政府直接管理，省煤矿管理局对这些煤矿只保留业务领导职能，不直接进行管理。与此同时，各专（市）、县一级也逐步完善了本级的煤炭工业管理机构。

至此，山西省形成了由省煤矿管理局直接管理的 7 个矿务局、1 个煤矿筹备处与各专（市）、县管理的各类地方国营、社队集体煤矿协调发展的格局，由山西省煤矿管理局统一对全省煤矿实行行业归口管理，山西这一煤矿管理体制对全省煤田的统一规划和合理开发等发挥了积极作用。

1959 年 10 月，中共中央、国务院下发了《关于若干煤矿企业实行以中央为主、双重领导的决定》，对省煤炭工业的行政管理机构（厅、局）实行以中央领导为主、煤炭部和省人民委员会双重领导的管理体制，中央直属的国有重点煤矿以煤炭部领导为主，地方国有煤矿以省人民委员会领导为主。1963 年 3 月，山西省煤矿管理局改名为中华人民共和国煤炭工业部山西省煤炭工业管理局，实行煤炭部和山西省人民委员会双重领导的体制，该机构实行"一班人员、两块牌子、两个公章"的管理办法。此后，中央虽然逐步下放了一些国有煤矿的管理权，但煤矿的建设、产、供、销一直由国家统一规划和统一调配，煤矿的生产、建设等具体业务接受山西省煤炭工业管理局指导。

"文化大革命"开始后，中央对山西省煤炭工业管理局及其下属的各矿务局实行军管，并成立了革命委员会，对煤炭行业进行专门管理。1967年 11 月，成立山西省煤炭系统领导小组，领导全省煤炭工业。1969 年 8月，山西省煤炭系统领导小组与电力、化工合并，组建了煤电化办公室，管理全省煤炭、电力和化工行业。同年 9 月，中央撤销了省地方煤矿工业管理局，把属于地方煤矿管理的业务也交给煤电化办公室统一管理。

1970—1971 年间，煤炭部把一些山西省与中央共同管理但所有权属于省营的煤矿企业管理权下放给地市一级。1973 年，又把一些地市级管理的煤矿企业管理权上收到省级。1975 年 10 月，山西省又把 1971 年下放给地（市）管理的其余一些煤矿企业全部上收到省级，归山西省煤炭工业管理局管理，其基本建设、生产计划、财务、销售、物资供应都由山西省煤炭工业管理局统一管理，党务工作接受所在地（市）的领导；局级干部的任免以山西省煤炭工业管理局为主，与所在地（市）党委协商，经省委任免。

3. 山西国有煤矿的发展

矿产资源作为自然的、有限的、不可再生的稀缺资源，在财产价值上具有其他生产资料不可替代的优势。而且，矿产资源属于国家所有，国家为了有效利用矿产资源，就必须设定采矿权，作为从事矿业开发企业不可缺少和替代的经营条件和财产权益。不过，在计划经济体制下，采矿权只是一个行政特许权，是一种完全由国家按照工业化发展的需求有计划配置资源的方式，国家设立煤矿企业完全与工业企业相配套，也就是说，每一个煤矿企业都必须有至少一个与之对应的工业企业，而且不同规模和不同层级的煤矿相对应的是不同级别的工业企业，隶属于不同的行政级别。当时的国营煤矿包括直属中央管理的国有重点煤矿和地方政府管理的地方国有煤矿两种形式。

直属于中央的国有重点煤矿，包括中央政府直接管理的国有煤矿和中央与地方共同管理但所有权归中央的国有煤矿。国有重点煤矿是为中央工业企业和国家重大工业企业供应原煤燃料的煤矿企业，由中央财政投资建设，煤矿领导由中央任命，煤矿工人按照煤矿规模和要求面向全国招收。国有重点煤矿的建设、煤矿开采和运销等都由中央政府统一安排，供应国有工业企业使用。在煤矿经营中，国有重点煤矿规模大，机械化程度高，煤矿投资、日常运营和职工工资所需资金等都由中央财政支付，收益由中央统一支配。到改革开放前，山西省内隶属于中央的国有重点煤矿总共有 8 座，包括中煤集团、西山煤矿、晋城煤矿、潞安煤矿、霍州煤矿、阳泉煤矿、大同煤矿和汾西煤矿。

地方国有煤矿包括地方政府管理的国有煤矿和地方与中央共同管理但所有权归地方的国有煤矿，主要包括三种类型：一是供应省级工业企业原煤燃料的属于省级政府管理的煤矿，简称省营煤矿；二是供应地市工业企业原煤燃料的属于地（市）级政府管理的煤矿，简称专（市）营煤矿；三是供应县级工业企业原煤燃料和地方居民民用燃料的属于县级政府管理的煤矿，简称县营煤矿。其中省营煤矿由省级财政投资建设，煤矿领导由省委省政府任命，煤矿工人按照煤矿规模和要求面向本省各地市招收，并以地市为单位进行名额分配；专（市）营煤矿由地（市）政府投资建设，煤矿领导由区委区政府任命，煤矿工人按照煤矿规模和要求面向本地区各县招收，并以县为单位进行名额分配；县营煤矿由县级财政投资建设，煤矿领导由县委县政府任命，煤矿工人按照煤矿规模和要求面向本县招收，并以公社或生产大队为单位进行名额分配。地方国有煤矿的开采和运销等都由省级政府统一规划，地方国有煤矿与国有重点煤矿相比较，规模相对较小，机械化程度相对较低，煤矿投资、日常运营和职工工资所需资金由地方财政支付，收益除上缴中央利税外，其余由地方统一支配。到改革开放前，山西省内隶属于各级地方政府的地方国有煤矿总共340多座。

　　而且，地方国有煤矿的所属也随着工业化需求的变化处于不断的下放或上收的变化之中，并由于下放或上收引发了许多矛盾。如沁源县沁新煤矿筹建于1967年，是与沁源电厂配套生产的煤矿，原属地营企业，1973年下放给县管。最初设计年产15万吨，定员620名，计划投资310.799万元。但由于资金缺额，造成部分主要设备未安装、主要工程未扫尾等问题，直接影响了煤矿的生产与煤矿职工的生活。由此，沁源县革命委员会文件沁革发〔1976〕第30号向地区计委、煤炭局提出《关于解决沁新煤矿基本建设超支和未完工程资金问题的请示报告》，申请基建缺额858 313.93元和工程扫尾30万元的资金。

　　从以上国有煤矿管理机制的变化和发展历程来看，从新中国成立初期到人民公社时期，煤矿资源作为国家工业化发展的重要生产资料，其管理一直是国家调整中央与地方关系的重要筹码，也是我国工业化建设的调节器，反映了国家工业化发展的方向，中央在煤矿资源的生产经营中始终发挥主导作用。

　　在计划经济时期，我国实行高度集权的计划经济体制，政府官员是资源配置的主体，行政权与产权完全融合在一起，无法在资源配置中形成市场交易。煤矿作为国民经济发展和国家工业化建设的重要的战略性资源，属于国家所有，由国务院代表全体国民行使管理权。在煤矿资源的管理中，还采取中央集权与地方分权相结合的管理手段，根据不同类型的工业企业的发展需要，授权各级地方政府监督管理资源的开采和使用，无论是国有重点煤矿，还是各级地方国有煤矿，以及社队集体所有煤矿，实际上都是国家控制，按照国家工业化发展的需求进行有计划的开采和使用。

在国家垄断经营的资源产权制度下，煤矿企业的领导和管理机构完全由政府组建，受政府管理，由政府控制。所以，在煤矿资源领域不存在市场交易及其由此引发的官商勾结和利益分化，煤矿开采的主要目标是为国家的工业化发展提供燃料。一是各级行政官员掌握着资源配置的重要权力，资源配置完全按照国家工业化建设和居民生活用煤进行有计划的开采和无偿使用，开采出来的煤大都有相对固定的供应对象。二是国有重点煤矿和地方国有煤矿的领导都只是煤矿生产的组织者，其行为动机就是完成国家计划的开采任务，而不进行煤矿的经营和运销活动，所以在煤矿资源领域不会形成特殊的利益集团。三是煤矿企业的领导和煤矿工人的工资收入都与煤矿生产的任务挂钩，行政官员与煤矿企业领导的关系也与煤矿生产的任务密切相关。煤矿企业生产任务能否完成，直接关系到工业化目标能否实现，也是决定政府官员、企业领导和职工成绩和工资的关键因素。四是煤矿建设由公共财政投资，煤矿开采由国家委托国营企业、地方国有企业和社队集体企业进行，煤矿生产任务由国家根据企业规模和技术条件确定，煤炭价格由中央统一规定，不会出现煤矿资源掠夺式开采的现象。从以上四个方面，我们可以看出：在人民公社时期国家垄断经营的产权制度下，煤矿资源领域基本上不存在官员权力寻租的空间，也不会出现官商勾结谋取私利和官员腐败的现象，更不会因资源开采而出现特殊的利益集团和贫富分化现象，不会出现市场竞争和掠夺式开采的现象及其由此引发的资源浪费等问题。

在人民公社时期，国有煤矿的发展极大地推动了国家工业化的发展，我国仅用了20多年的时间，就从一个传统农业国变成了一个以工业为主的国家。到1975年，我国工业产值就占到了国民经济的72%，而农业产值只占国民经济的28%，中国跃居世界第6工业大国。而且，在这一时期，中国特别注重区域性的地方工业企业的发展，尤其是基层社队企业的发展，逐步把许多中央部委企业的管理权和财权下放给地方政府。到

1978 年，属于中央管辖的中央企业只有 3%，而社队企业就多达 34.8 万个，基本上形成了中央—省—地区—县—社队自成一体的金字塔式的工业体系，这一工业体系的形成是中央逐步向地方放权的结果。

（二）国有煤矿对乡村治理的影响

新中国成立后，由于国家很快通过公私合营的方式逐渐把私营煤矿转变成了国有煤矿，国有煤矿又是国家按计划进行开采，而非掠夺性开采，矿区农民因煤矿开采遭受利益损害的情况不是很多，煤矿开采对生态环境的破坏也相对较小，政府加强灾害治理的力度相对较大。所以，在这一时期的国有煤矿与矿区农民的关系，没有太大的矛盾和冲突，煤矿开采对乡村治理的影响也是正效应大于负效应，至少没有成为矿区农村和农民生存与发展的障碍。国有煤矿与地方农村和农民的关系主要表现在以下几个方面：煤矿的占地补偿问题、解决被征地农民的就业问题、增加农民和村集体收入问题、改善农村生产生活条件问题等。

1. 煤矿建设征地注重被征地农民利益

自新中国成立到人民公社时期，地下的煤与煤上的土地没有直接关系，煤矿开采只需要支付土地使用费。在煤矿占地补偿方面，最早煤矿占地补偿依据政务院 1953 年 12 月 5 日颁发的《国家建设征用土地办法》，这是新中国成立后的第一个全面规范土地征收行为的法律文件。该法第二条规定：凡兴建国防工程、厂矿、铁路、交通、水利工程、市政建设及其他经济、文化建设等所需用之土地，均依本办法征用之。第三条规定：国家建设征用土地的基本原则是：既应根据国家建设的确实需要，保证国家建设所必需的土地，又应照顾当地人民的切身利益，必须对土地被征用者的生产和生活有妥善的安置。而对土地被征用者一时无法安置，则应在安置妥善后再行举办，或另行择地举办。第五条规定：用地单位协同当地人民政府和中共党委向当地人民进行解释工作，宣布对土地被征用者补偿安置的各项具体办法，并给群众以必要的准备时间，使群众在当前切身利益得到适当照顾的条件下，自觉地服从国家利益，服从人民的长远利益，然后始得确定征用，进行施工。如征用大量土地，迁移大量居民甚至迁移整个村庄者，应先在当地人民中切实做好准备工作，然后召开人民代表大会讨论解决之。第六条规定：在农民土地上进行测量、钻探等工作时，必须征得农民同意。测量或钻探等工作使当地人民蒙受损失时，亦须予以适当补偿。第八条规定：农村被征用土地的补偿费由当地人民政府会同用地单位、农民协会及土地原所有人（原使用人）或推出代表评议商定。一般土地以其最近三年至五年产量的总值为标准，特殊土地得酌情变通处理之。如另有公地可调剂，亦须发给被调剂土地的农民以迁移补助费。对被征用土地上的房屋、水井、树木等附着物及种植的农作物，均应根据当地人民政府、用地单位、农民协会及土地原所有人和原使用人（或原所有人和原使用人推出之代表）会同勘定之现状，按公平合理的代价予以补偿。第十二条规定：已征用的土地，如在农作物的生长时间一季以上暂不修建，并为了有利生产，在不妨碍建设用途的条件下，应仍准农民暂时继续耕种。

从 1953 年颁布的《国家建设征用土地办法》可以看出，当时国家建设征用农民土地有以下特点：一是特别注重对被征地农民的生产和生活进行妥善安置，为失地农民再就业提供保障。其基本原则是先安置，后征用，在被征地农民不能得到妥善安置的情况下，不能征用农民土地。二是特别注重尊重被征地农民的意愿，要求征地单位必须在农民同意的前提下进行勘探、探测或施工，否则不得开展任何工作。三是特别注重被征地农民的知情权和参与权，要求当地政府向被征地农民宣传土地征用补偿安置的各项具体办法，确保被征地农民的知情权。对被征用土地及地上附着物的补偿费的确定，需要被征地农民和作为农民组织的农民协会共同参与协商，确保被征地农民的参与权。四是特别注重为被征地农民利益着想，要求征地单位在被征用土地暂时不用时，由被征地农民继续使用，确保耕地充分利用。

1953 年颁布的《国家建设征用土地办法》的施行，对于国家建设征用土地和处理被征地农民的生产、生活问题发挥了积极作用。然而，随着工业化的迅速发展和农村组织的重大变化，该办法的实施不能适应形势发展的需要。一是到 1956 年后，由于社会主义改造已经完成，高级农业生产合作社在全国各地普遍建立，农村多数土地已由农户的私有土地转变为农业生产合作社的公有土地，农村土地所有权发生重大变化，原土地征用办法已不能适应实际需求。二是国家建设土地征用中出现了许多问题，如多征少用、早征迟用甚至征而不用等浪费土地的现象比较严重。以太原市为例：当时太原市 22 个建设单位征用土地 1 万多亩，荒芜土地就多达5000 多亩，高达所征用土地的 50%。当时大量土地征而不用的原因，既与大规模进行社会主义建设经验不足有关，也与土地征用办法对于节约用地、防止土地浪费等方面的规定不够具体细致有关，特别与缺乏明确的监督检查制度有很大关系。三是国家为了促进工业的快速增长，确定了农业为工业提供积累、向工业（尤其是重工业）倾斜的发展格局，出现了工业化建设速度远远低于土地征用的速度的现象。所以，中央 1953 年制定的土地征用办法已经不能适应形势的需要，必须加以修正。

在这一背景下，1957 年 10 月 18 日，国务院全体会议第五十八次会议对 1953 年颁发的《国家建设征用土地办法》进行了修正，1958 年 1 月6 日由全国人民代表大会常务委员会第九十次会议批准，并由国务院公布施行。修正案第八条规定："征用农业生产合作社的土地，土地补偿费或者补助费发给合作社；征用私有的土地，补偿费或者补助费发给所有人。土地上的附着物和农作物，属于农业生产合作社的，补偿费发给合作社；属于私有的，补偿费发给所有人。"第九条规定："征用农业生产合作社的土地，如果社员大会或者社员代表大会认为对社员生活没有影响，不需要补偿，并经当地县级人民委员会同意，可以不发给补偿费。"第十三条特别规定，对因土地被征用而需要安置的农民，当地乡、镇或者县级人民委员会应该负责尽量就地在农业上予以安置；对在农业上确实无法安置的，当地县级以上人民委员会劳动、民政等部门应该会同用地单位设法就地在其他方面予以安置；对就地在农业上和在其他方面都无法安置的，可以组织移民。组织移民应该由迁出和迁入地区的县级以上人民委员会共同负责。移民经费由用地单位负责支付。第十五条规定，在原办法"种植一季农作物的期间暂不使用的被征用土地，在不妨碍建设用途的条件下允许农民继续耕种"规定的基础上，增加了"对有农作物正在生长的土地，应该尽可能等到收获以后动用"的内容。

1958 年修正的《国家建设征用土地办法》，在妥善安置被征地农民、尊重被征地农民意愿、保障被征地农民经济利益和政治权利的基础上，又有了进一步的发展。一是针对土地所有制形式的变化，按照土地性质进行补偿，以确保不入社的被征地农民也能够获得合理补偿，使不入社农民能够得到平等待遇。这一规定在绝大多数农民入社的情况下，特别注重保护少数不入社的被征地农民的利益。二是以农业安置为主，对不能进行农业安置或被征地农民不愿意继续从事农业生产时，国家要为被征地农民提供非农就业岗位。这些规定说明土地征用办法修正案更加尊重被征地农民的自主选择愿望，非农就业岗位在当时是中国农民梦寐以求的工作，这样的土地征用既可以保障被征地农民原有的生产生活方式不被破坏，同时也可以保障被征地农民的生活不会低于土地征用前的水平。

从1958年修正的《国家建设征用土地办法》中，我们还可以看出：在计划经济时期，当国家为了公共利益而征收农民集体所有的土地时，征地单位和被征地农民之间没有明显的利益冲突。当时虽然补偿费比较低，但被征地农民大都能够在土地被征用后获得妥善的安置，或者重新获得土地，或者由政府、征地单位或协助单位提供工作岗位。不管是哪种安置，都能够使得被征地农民在生产和生活方面获得有效的保障。当时采取的是一种重安置、轻补偿的征地补偿安置办法，这种征地补偿办法在实践上不仅不会损害被征地农民的利益，而且也不会使被征地农民因为征地而降低生活水平或失去就业机会，被征地农民的生活不会因为国家建设征用土地而有所下降或陷入困境。而且，当时对农民所采取的征地补偿安置措施与当时的制度相适应，对保障国家经济建设、加快国家工业化和城市化进程发挥了巨大作用。

人民公社时期，国有煤矿征用农村集体土地，大都根据征用土地的数量，按照一定的比例解决农村一定数量的农民就业和转变农民身份问题（如山西古交市国有煤矿征地按照每征1.5亩地招收1个男劳动力为正式煤矿工人，每征3亩地招收1个女劳动力为煤矿正式工人），一些农民因土地征用而转变了身份，由农民户口转变为城镇户口，把一些农村劳动力转变为城市企事业单位的职工，进而使这些农民的命运发生了根本的变化：从农村到城市，由农民变成工人，由挣工分变成挣工资，由吃口粮变成吃公粮，被征地农民的医疗、养老、住房、子女教育等问题都由国家解决，没有了后顾之忧。这一时期通过国家建设用地的方式转移农村劳动力的城镇化速度尽管很慢，但非常实在，不会引发很多的社会问题和矛盾。所以，人民公社时期的土地征用是农民改变命运的重要途径之一，也是农民改变命运的重要机会和最大愿望，农民大都希望土地被征用，一般不会因征地而发生矛盾。由此可见，这一时期的被征地农民明显能够从土地转变用途中享受到土地增值带来的公共福利。

2. 煤矿企业的用工有利于增加矿区农民收入

在煤矿企业的劳动用工方面，新中国成立之初，我国煤炭企业的用工制度及劳动力招收调配制度是在废除雇用劳动制度的基础上建立起来的。1950 年，山西省国营煤矿企业在废除"把头制"以后，学习苏联经验，初步建立了固定工、合同工、临时工 3 种用工形式，其中固定工占职工总数的 80% 左右，是煤矿生产和经营的主体力量，临时工是煤矿雇用的临时劳动工，由煤矿领导在煤矿所在地的农村就近招收。1952 年，煤炭企业根据国家有关规定，对原有的和新招的临时工统一签订劳动合同，从此有了合同工制度。[①] 合同工就是在这种制度背景下产生的，是煤矿雇用的长期劳动工。

1956 年，国家通过接管、改造和整顿的方式，逐步把私有煤矿转变为国有煤矿，在煤矿资源领域形成了国有煤矿占主导地位的格局。此后，国有煤矿招收工人就成了那个时代中国农民改变命运的重要机遇。当时，国家实行以固定工为主、合同工和临时工为辅的劳动用工制度，国有煤矿严格按照国家规定和煤矿需要招收固定工、合同工和临时工。其中，国有重点煤矿面向全国招收煤矿工人，省营煤矿面向本省各地市招收并以地市为单位进行名额分配，地（市）营煤矿面向本地区各县招收并以县为单位进行名额分配，县营煤矿面向本县招收并以公社或生产大队为单位进行名额分配。固定工主要面向城市招收，按照要求在农村招收的技术工人和管理人员也属于固定工，合同工和临时工按国家下达指标面向农村就近招收，许多农户由此获得增加经济收入的机会。

煤矿开采是一种劳动强度很大且严重损害身体健康的工作，为了保证矿工的年轻化和身体健康，减轻企业负担，劳动部于 1964 年出台文件，要求对煤矿工人实行轮换制。也就在这一年，山西煤炭企业根据煤炭部文件精神，全部实行了"亦工亦农"轮换工的用工制度。这一政策的出台，使得更多的矿区农民能够有机会参与煤矿生产，增加家庭经济收入。而煤矿招收工人一般都会采取就近招收的原则，只有在大规模招工而矿区农村人力不够时，煤矿企业才会去矿区之外的农村招收工人，这样就为矿区农

---

① 时洪才：《山西通志·煤炭工业志》，中华书局 1993 年版，第 398 页。

民提供了更多的机会进入煤矿企业，被招进煤矿的农民不仅能够通过煤矿劳动增加家庭收入，而且还可以成为合同制工人，尽管只是合同工，那也是当时农民非常向往的职业身份。

1970 年，因国营企业长期大量使用合同工和亦工亦农的轮换工，许多合同工和轮换工都掌握了生产技术，成了国营企业的骨干，为了使他们发挥更大作用，国家出台政策，要求把符合条件的合同工和轮换工转为固定工，给他们应有的福利待遇。1971 年，山西省根据国家规定，把全省国有煤矿中符合条件的合同工全部转为固定工。① 这对当时的农民来说，从农民到工人的身份转变，是最大的梦想，因为具有了工人身份，不仅使本人具有了城市居民的福利待遇和社会保障，而且也会带来家庭的根本变化，他们的子女也因为可以接替父母的职业，自出生就具有了工人身份以及工人身份带给他们的福利待遇和社会保障。所以，在那个时候，农村年轻人都愿意脱离农业而进入煤矿当工人。但是，固定工使用不久，煤矿企业就由于煤矿工业的迅速发展而出现了井下工人短缺的现象，国有煤矿又相继开始在农村招收合同制的采掘工人。

当时，国有煤矿招收合同工和临时工，一般由县或乡统一组织或指定委派（县或乡指派合同工时一般都会优先考虑矿区农村），国有煤矿招工名额的分配是以生产大队为单位，由各生产大队党支部组织社员统一推荐，村党支部书记为每个被推荐的社员写推荐信，再通过人民公社逐级向上推荐，被推荐的社员需要携带村党支部书记的推荐信及煤矿企业要求的其他相关材料到煤矿接受面试和审查，面试和审查合格者被录用。这些程序完成后，最后由煤矿企业同生产大队、被录用社员三者共同订立劳动合同，被录用社员要按照规定向生产大队缴纳公益金。

农民被招进国有煤矿成了煤矿工人，哪怕只是合同制工人，其家庭生活条件也会迅速发生变化，其身价也会立刻提高，这对于农村家庭来说，是一种很光荣、很有面子的事情，被录用的煤矿工人找对象、娶媳妇的条件都比以前好了许多。据山西兴县的胡柱则老人回忆：1974 年，国营性质的车家庄煤矿由于井下工人短缺，在全县范围内招用临时工。当时，他

---

① 　时洪才：《山西通志·煤炭工业志》，中华书局 1993 年版，第 398 页。

只有 20 来岁，正处于年富力强的好时光，且根红苗正（指家庭成分好，属于贫下中农），得到了村民及村党支部的一致推举，他拿着村党支部书记为他写的推荐信，很顺利地通过了煤矿企业的资格审查和面试，成为了令当地人羡慕的煤矿工人。与胡柱则同时被招进煤矿的刘之旺的老伴也回忆道：她当时就是因为老伴是工人才嫁给他的，而且，由于刘之旺在煤矿上班，家庭收入比其他农户高了许多，他们当时的生活非常幸福。刘之旺在煤矿上班的时候，一天工资大概一块九毛一，再加每天四分钱的上下井补贴，一天下来能拿到一块九毛五，这在当时是非常不错的收入，比本村农民收入高出很多。而且，煤矿企业每个月还给每个矿工发 56 斤粮食，其中白面 36 斤，粗粮 20 斤。① 这样的收入和生活在当时的农村是非常好的。

除此之外，矿区农民还能够采取捡煤的方式补贴家用或谋生，他们每天利用参加生产劳动之外的休息时间，到矿上捡煤球，不仅能够解决家庭的生活和取暖用煤，还可以通过卖煤补贴家用。据一些老人回忆，没有煤矿资源的农村，农民一年辛苦参加集体劳动，到年底分红时收入很少，甚至人口多、劳力少的家庭都是欠款户，而自己村里因为可以捡煤换钱，家家户户都有钱花，生活相对要好很多。这一时期矿区农民大都能够享受煤矿开采带来的公共福利，矿区农民的生活水平大都相对较高于非资源型地区的农民。

3. 国有煤矿增加了矿区农村的集体收入

在农业合作社时期，矿区农村的农业合作社或生产大队大都有机会和条件利用其位于矿区的地理优势，组织村庄共同体内部一部分强壮劳动力，组成专门的副业生产队，到国有煤矿从事常年或季节性生产劳动，如工程建设、挖煤、装煤等。煤矿年终根据各村副业队的生产劳动状况，为农业合作社或生产大队集体统一支付工资，收入归农业合作社或生产大队集体所有，再由农业合作社或生产大队按照社员的出工情况和劳动情况给予分红。当时，农业合作社或生产大队本身就是一个分配单位，到煤矿参加劳动的副业队成员的工资按劳动日记工，年终到自己所在的合作社或生

---

① 《山西兴县：53 名煤矿老职工的生存博弈》，中国煤炭新闻网 http：//www.cwestc.com/newshtml/2011 - 11 - 02/220826.shtml。

产大队按工参加分红。人民公社时期，一般以生产小队为生产单位和分配单位，但村集体的副业队属于生产大队，由生产大队组织各生产小队的强壮劳动力组成，生产大队组织的副业队的劳动收入，先由煤矿企业交给生产大队，再由生产大队根据各生产小队的参与人数和生产状况，把部分收入分配给各生产小队，其余部分用于生产大队的公共开支。到煤矿参加劳动的副业队成员平时按劳动日记工，年终到自己所在的生产队按工参加分红。

农业合作社或生产大队利用副业队在煤矿得到的农业以外的经济收入，购买大型农业生产工具，用于扩大农业再生产和提高农业生产力。大型农业生产工具的使用又使得农业合作社或生产大队有了更多的农业剩余劳动力，进而有更多的劳动力参加煤矿生产，获得更多农业以外的经济收入，进一步增加农业合作社或生产大队经济收入，从而使矿区农村的经济发展处于良性循环状态。

1973 年，山西省为适应加快煤炭基本建设的需要，除按国家规定招收季节性临时工（即合同工）外，还允许各煤炭企业招收使用农村包工。该规定出台以后，矿区生产大队或生产小队纷纷组织懂得工程建设技术的青壮年劳动力，组成工程队，到煤矿承包井巷土建工程。到 20 世纪 70 年代后期，农村工程队除了承包地面建设工程以外，还可以承包井下开拓、掘进等工程。这些工程的承包为村集体提供了快速增加集体收入的渠道，一些资源型农村因此而摆脱了贫困落后逐步走向富裕。

除此之外，国有煤矿还会通过向煤矿所在的村缴纳土地征用费、地上附着物补偿款等，增加农村集体收入；煤矿职工、矿工的生活消费也会为增加矿区农村集体收入提供条件。总之，这一时期矿区农民多多少少能够从煤矿开采中获取一定的经济收入，农村集体经济也能够依托煤矿得到一定程度的发展。与此同时，人民公社时期，国有煤矿的生产和经营还对农村经济社会发展产生一些消极影响，如煤矿基础设施建设和煤矿开采引发的地质灾害、生态环境破坏等都对农业生产造成影响，但由于当时国有煤矿的生产造成的负外部性相对较小，而且补偿也较合理，所以，总的来说，人民公社时期国有煤矿的开采对农民生产生活的影响相对较小。

二　社队集体煤矿及其对乡村治理的影响

社队煤矿也叫集体所有制煤矿，这种类型的煤矿是人民公社制度建立后，以人民公社或生产大队为单位由集体出资开办，或者由人民公社与生产大队联合开办，或者由两个或两个以上的生产大队联合开办的煤矿。社队煤矿的主要职能是为社队企业提供原煤燃料、为农村居民提供民用燃料及农业生产用煤，社队煤矿是国有煤矿的重要补充，为社队集体企业和农业生产的发展提供了条件。社队煤矿的生产和经营由人民公社和生产大队的干部负责，社员共同参加集体煤矿的生产劳动，共同参与集体煤矿的收益分配。当时，农村基层社会的管理体制是政社合一的人民公社体制，实行人民公社、生产大队和生产小队三级所有、队为基础的管理、生产和分配制度，农民都是人民公社的社员，在生产小队的单位内在生产队长的统一安排下从事生产劳动。

（一）社队煤矿的形成与发展

社队煤矿一般规模较小，生产技术相对落后，类似于新中国成立以前和新中国成立初期民间存在的小煤窑，尽管社队煤矿的性质与小煤窑有所不同，但社队煤矿大都是在原来民间小煤矿的基础上发展起来的，与以往民间的小煤窑有一定的渊源。所以，我们这里首先需要梳理新中国成立以前民间开办的小煤窑的形成与发展历程。

1. 新中国成立初期的小煤窑

我国煤矿资源丰富，民间土法采煤的小煤窑早在新中国成立以前就非常普遍。所以，新中国成立初期，煤矿资源丰富的地区都有大量的土采小煤窑，小煤窑的生产在满足农村居民民用燃料中发挥了重大作用。但小煤窑的生产缺乏规划和管理，多属于乱采滥掘，使矿区较大的煤炭资源遭受破坏，而且小煤窑的生产技术落后，导致煤矿安全事故频繁发生。在这一背景下，为了保护煤矿资源和减少煤矿事故，我国燃料工业部于1951年12月，连续颁发了《公私营煤矿暂行管理办法》《土采煤窑暂行处理办法》和《公私营煤矿安全生产管理要点》三个文件，要求各级地方政府根据中央政策，严格对当地的小煤窑进行整顿和处理。

在燃料工业部发布的整顿小煤窑的三个文件中,《公私营煤矿暂行管理办法》的第一条规定:"全国煤矿的主管机关,在中央属于燃料工业部,在大行政区属于工业部或重工业部,在省属于工业厅或工商厅及其授权之机关,在市属于工业局或工商局,在有矿区政府的地方属于矿区政府。"这一规定明确了各级政府是主管煤矿资源的责任主体。第二条规定:"煤矿资源属于国家,必须依法呈请核准,始得开采。"[①] 这一规定进一步明确了煤矿资源的国家所有权和地方政府的管理责任。其余两个文件进一步对严禁土采煤窑的开采、规范公私营煤矿的开采行为做了规定。中央制定这些办法和规定的目的,在于保护煤矿资源并为煤矿安全提供条件。

山西省政府为了加强矿业管理,专门设立了工商行政管理局,并在工商行政管理局内设矿业管理科,专门负责有关矿业及资源管理工作,并按照中央的政策要求,对大量的不合格民间小煤窑进行关闭。在山西省的示范效应下,其他煤矿资源型省份也按照中央要求对小煤窑进行了整顿。中央整顿小煤窑的政策在地方的实施,在一定程度上减少了小煤窑对国有煤矿煤田的破坏,减少了小煤窑安全事故发生的频率。但是,大量小煤窑的关闭造成了矿区农业生产和民用燃料的供应严重不足,因为在这一时期,国有和地方国有煤矿的生产量非常有限,只能供应工业、交通运输业、城市居民对煤炭的需要,一般不供应农业生产和地方民用燃料的需要,农业生产和地方民用燃料的供应主要依靠小煤窑。

而且,随着国民经济的迅速发展和工矿企业、交通运输业和城市需煤量的不断增加,尤其是农业合作化后农业发展对煤炭的大量需求,国有重点煤矿和地方国有煤矿的生产远远不能满足国民经济发展和人民生活对煤炭的需求。在这种情况下,时任国务院总理的周恩来于1957年4月12日,签发了《关于发展小煤窑的指示》,提出"在有煤炭资源的地区,根据需要,有领导地积极地恢复和开办一些小煤窑,就地解决民用燃料的供应是很必要的。"为了恢复和开办小煤窑,增加煤炭生产量,满足城乡用煤,特别是广大农村用煤的需要,周恩来总理还在指示中提出了六点要求:

一是要求各地暂时停止执行1950年前燃料工业部所颁布的《公私营

---

① 《公私营煤矿暂行管理办法》,《山西政报》1951年第4期。

煤矿暂行管理办法》《土采煤窑暂行处理办法》及《公私营煤矿安全生产管理要点》，根据本地区的具体情况拟定发展小煤窑的管理办法。

二是要求各地根据统筹兼顾、适当安排的方针，凡煤炭供应不足，而又有煤炭资源的地区，应该根据自产自销的原则，由县（市）人民委员会、农业合作社或手工业合作社就地开办小煤窑，以解决当地的民用和工业用煤。但在煤炭资源丰富、有发展前途的矿区内建设小煤窑的时候，省、自治区、直辖市人民委员会必须会同煤炭工业部所属的地区管理局作出规划妥善安排，以便与长远发展相结合。

三是对现有中央国营和地方国营矿区内正在生产的小煤窑，亦应该加以规划，划定范围进行开采，如确实对中央国营或地方国营煤矿的发展影响较大的，省、自治区、直辖市人民委员会应该和煤炭工业部的地区管理局研究解决，采取有限制的开采，不得轻易封闭。

四是为了在充分利用煤炭资源的同时，避免引起自然灾害，要求各地区加强对小煤窑的指导，尽可能地提高煤矿回采率，注意防止将粉煤碎煤遗弃在井下，禁止只采厚煤不采薄煤等现象发生。

五是要求各地注意小煤窑开采的组织经营工作。各省、自治区、直辖市人民委员会应该对开采地区内乡与乡、社与社之间的关系问题妥善安排。

六是要求各地高度重视小煤窑的安全生产问题。每个小煤窑必须有两个出口，在生产过程中，尽可能地采取必要的安全措施，并加强对工人的安全教育工作。凡有季节性生产的小煤窑，在停止生产的时候应该做好井口密闭工作，在恢复生产的时候应该采取防止窒息事故的措施。

周恩来为了达到增加煤矿生产和安全生产的目的，对管理小煤窑的各级工业主管部门提出了严格要求，如加强指导、定期检查小煤窑的安全情况及其他具体措施，对恢复小煤窑的生产非常重要。[①] 此后，山西省政府根据周总理指示和山西地方煤矿发展需要，在工业厅内设立了专门的矿业管理局，并在矿业管理局内设立了矿业管理科，省辖各专署和县也设立了相应的机构，矿业管理科的主要任务是管理地方煤矿、划分矿区、审批矿权、解决矿界纠纷和煤矿安全生产、监督煤炭资源的合理开发及有关矿业

---

① 《中华人民共和国国务院公报》1957 年第 16 期。

法规的执行情况等。此后，小煤窑如雨后春笋般地发展起来了。

2. 社队煤矿的形成

人民公社制度实行后，为了实现工业化目标以及改善国民经济的目标，国家鼓励和支持以农村工副业为经营内容的社队企业发展，并将社队企业纳入整个国家的宏观规划中，服务和服从于社会主义建设。1958年12月，中共八届六中全会通过的《关于人民公社若干问题的决议》，肯定了公社工业化的发展，提出公社工业是逐步实现农村工业化的道路，公社工业的发展将加快国家工业化的过程和缩小城乡差别，可以"促进全民所有制的实现"，要求"人民公社必须大办工业"。同时，要求全国继续实行工业与农业并举、重工业与轻工业并举、中央工业与地方工业并举、大型工业与中小型工业并举、洋法生产与土法生产并举的方针，实行两条腿走路，要求全党全民必须一致努力，局部利益必须服从整体利益。社队企业就是在这一背景下出现的具有历史意义的新生事物，也是人民公社时期实现国家工业目标的重要选择。

然而，中央发展社队企业的政策在一开始并没有得到农村干部和农民群众的理解和支持，许多农村干部都认为"办工业、建厂子"需要大量的资金投入和技术力量，只有国家的力量才能做到，在经济落后、科技文化水平低的农村根本办不起来。当时，农村干部和群众大都抱着"等、要、靠"的态度，提出了"靠国家、办大厂、要机器、盖洋房"的发展理念，与中央要求大相径庭。一些农民群众认为公社办工业是"屋子里面跑马——蹩打不开"；也有人认为"农村办企业是鸡毛上青天——一辈子也办不到的事情"；还有人把公社办企业比喻为"孙悟空大闹天宫"，认为人民公社办企业就是让落后的农民"大闹天宫"，农民根本没有孙悟空的本事，所以不能"大闹天宫"。

在这种情况下，公社干部只能深入到农民群众中去，大力宣传人民公社发展生产的方向和社办工业的深远意义，使广大农民群众明白公社工业对地方经济社会发展的重要作用，真正认识到只有公社大办工业，才能稳扎大富之根，才能实现公社工业化和农业机械化，才能促进农业和其他事业的飞快发展，也能从根本上改变农村贫穷落后的面貌。同时，使广大农民群众一致认识到人民公社必须依靠自己，自力更生，不能依靠国家。而人民公社要依靠自己的力量发展，就必须采取工业和农业"两条腿走路"的方式，也就是在积极发展农业生产的同时大办公社工业，只有这样，才能走出中国自己的工业化路子。

社队煤矿就是在国家大力发展社队企业的背景下，为县域经济和社办企业的发展提供原煤燃料和民用燃料而开办的。当时，国家要求每一个社队煤矿必须有与之相对应的一个或多个社队企业，为社队企业提供服务是开办社队煤矿的必要条件。所以，在社队企业和社队煤矿的关系中，社队煤矿是社队企业的重要组成部分，也是促进社队企业发展的重要生产资料，社队企业的发展反过来又需要更多的煤矿资源的燃料供应，进一步促进社队煤矿的发展。社队煤矿的形成，多数是人民公社成立之前的小煤矿转化而来的，也有的是人民公社或生产大队新开办的煤矿。

在"大跃进"时期，为了满足全民大炼钢铁对煤炭资源的需要，在全国范围内掀起了大办社队小煤矿的热潮，社队小煤矿的数量急剧增加。在1958年下半年，不到2个月的时间内，全国就办起了10万多座小煤矿，有的地方甚至一个晚上就建起几十座小煤矿。在煤矿资源型地区，广大农民在公社或生产大队的组织下挖洞找煤。不过，这一时期开办的社队小煤矿大多产量不高，也有很多小煤矿压根就没有出煤。

在大办社队企业的热潮中，国家为了保证农业对工业的支持，防止煤矿资源型农村重煤矿工业轻农业生产，规定社队煤矿的开采必须以社队企业的煤炭需求为依托，否则不得开办小煤矿。在这一背景下，煤矿资源型地区的农村为了开办小煤矿，纷纷开办煤炭依赖性较高的社办企业，然后以社办企业为依托，到县、地（市）、省三级政府及相关部门申请开办社队煤矿。当时，社队煤矿在本县和本地（市）办好手续之后，还必须到山西省煤矿管理局申请办理，据煤矿资源丰富的老窑头村的老人回忆，他们村的老书记曾经自带干粮，步行近四百公里到省城太原为村集体煤矿办手续，至今老窑头的村民都非常感谢这位为了村民和村集体利益而不顾劳苦的老书记。

3. 社队煤矿的管理与发展

在人民公社时期的"大跃进"和人民公社化运动中，中央提出了"大中小并举"、"两条腿走路"和"全民办矿"的工业化发展道路。山西按照中央指示，在全省各地大力发展社队煤矿，导致社队小煤窑急剧增加。

为了加强对社队小煤矿的管理，中央将煤炭部太原煤矿管理局改为由中央部委和省政府双重领导的山西省煤矿管理局，并将原来的矿业管理局从工业厅归口到煤矿管理局，改称为地方煤矿局，重点管理地方国有煤矿和社队煤矿。1961 年，山西省人民委员会在省、专（市）、县分别设立三级矿业管理机构，对社队煤矿实行自上而下的"一条鞭法"的管理体制。社队煤矿的管理，在县一级由县委副书记、副县长各 1 人主管的工业建设委员会领导，在公社一级由公社党委专设的主管工业的书记领导，由公社党委和公社管理委员会设置的专门工业管理机构工业部暨工业办公室管理，社队煤矿由此在农村经济中有了相对独立的产业地位，不再是附属于农业的副业了。社队煤矿生产的煤炭价格由煤矿所在的地区一级来定，后来下放到县一级来定。①

煤矿资源既是最基础的工业原料，也是工业发展的主要食粮，同时又是国家统一管理的重要物资。所以，国家在推动社队煤矿快速建设的同时，也对社队煤矿的开办做了一些严格限制，要求社队煤矿只能为社队企业和社员民燃及农业发展供应燃料，不能炼焦，也不能向外运输和销售。然而，社队煤矿的数量多少和规模大小，直接关系到本县社队工业企业和农业的发展，所以，资源型地区的地方政府都有以各种理由开办社队煤矿的积极性和主动性。在这种情况下，随着社队企业的发展，社队煤矿的开办数量也迅速增加。

随着社队煤矿数量的增加，社队煤矿的生产量出现了剩余，随之也出现了社队煤矿暗地向外运销煤炭和炼焦的现象。针对社队煤矿发展中存在的问题，1964 年，山西省煤炭管理局向山西省人民委员会提交了《关于我省社队煤矿当前存在几个问题的报告》，要求各级政府从有利于农业发展的目的出发，整顿社队小煤矿，并提出了本次社队小煤矿整顿必须坚持的基本原则，那就是：以解决本公社或生产大队用煤为主，以供应外公社

---

①　根据沁源县革命委员会文件沁革发〔1976〕55 号沁源县革命委员会《关于社、队煤窑煤炭价格的通知》，根据地区革委 1975 年东革发 84 号文件的通知"关于调整地管煤炭价格及其他有关问题的通知"精神，经请示地区计委，社、队煤窑煤炭价格由县定价。

和生产大队用煤为辅。

同时，社队煤矿的大量发展，也使得国有煤矿的煤田遭受破坏，在一定程度上影响了国有煤矿的生产。在这种情况下，中共中央国务院、中央革委、中央文革小组于 1967 年 12 月 22 日联合下发了《关于加强煤炭资源保护，严禁乱开小煤窑的通知》，对准许开采煤矿的单位、安全条件和开采计划等进行了严格限制，要求公社开办的煤矿布局必须合理，不能影响国有煤矿的生产，而且经营方向要面向农业，服务于民燃。要求生产大队经营的小煤窑一律不准炼焦外销。坚决反对社队煤矿增人、加班、回采、挖壁等现象发生，如有发生，要按照破坏国家矿山罪严肃处理。各级地方政府根据中央这一精神，也相继制定地方法规。山西省革命委员会于1968 年 4 月 27 日，向全省发出《关于新开小煤窑审批问题的通知》，决定"凡新开小煤窑一律由开采单位提出申请，逐级审查，签署意见，报山西省煤矿管理局、地方煤矿局提出审批意见，由省革命委员会批准"，进一步提高了社队小煤矿的申办条件，加大了社队小煤矿的审批难度。1969 年，晋东南地区向全区发出了东革生工字第 32 号文件，该文件作出了"为了全面落实全国计划会议精神，进一步加强管理，以适应工农业生产迅速发展的需要，社队煤窑的产品方向，必须是以供应当地的工需民燃为主，不能炼焦外销"的规定。

1969 年 11 月 7 日，山西省革命委员会发出了《关于进一步贯彻执行中共中央、国务院、中央军委〈关于加强煤炭资源保护，严禁乱开小煤窑的通知〉的规定》，采取划分责任区域的办法加强全省煤炭资源的管理，规定"沁水煤田由南而北分别由晋城、潞安、阳泉矿务局负责，西山煤田由西山矿务局负责，大同煤田由大同矿务局负责，霍西煤田南部由霍县矿务局负责、北部属汾西矿务局负责，宁武煤田由轩岗矿务局负责，河东、五台、平陆煤田直接由省革命委员会生产组煤电化办公室负责"。要求"在这些责任区域开采小煤窑，必须征得矿务局同意，再报省革命委员会批准"。目的在于保护国家矿产资源和有计划开采，杜绝社队小煤矿对国有煤田的侵蚀。

中央政策的落实主要在县一级，县政府根据中央文件精神和省政府的政策，并按照地区政府的要求对本地小煤矿进行整顿。以山西省资源丰富的沁源县为例，该县按照中央和省政府的要求，根据晋东南地区革命委员会生产组（69）东革生工字第 42 号文件精神，对全县正在开采的 51 座社队小煤窑进行了认真审查和严格规划，要求对于布点合理、不影响国有重点煤矿和地方国有煤矿开采的 29 座小煤窑给予保留，并为了农业发展和民燃方便的需要，对于保留的 29 座煤矿进行了重新规划，其中，1 座由县手工管理局经营，5 座由公社经营，3 座由公社和生产大队联合经营，其余 20 座分别由生产大队联合经营或生产大队单独经营。对于那些布点不合理、影响国有煤矿开采、不符合开采条件的 22 座社队小煤矿，要坚决予以关闭。并规定：需要移交或接受小煤窑经营的单位，必须以临战的姿态迅速办理相关手续，在煤矿交接中，双方都应本着顾全大局、增强团结的精神互相协商；准予开采小煤窑的单位必须保证安全的基础上，按照开采条件有计划地进行开采。经营方向是：面向农业，服务于民燃。队营小煤窑一律不准炼焦外销；要求停止开采的小煤窑必须在接到通知后立即停止开采。小煤矿停止开采时，必须将井口密闭。坚决反对在停止开采之前增人、加班、回采、挖壁等抓一把的现象发生，如发现破坏国家矿山，要严肃处理。①

在国家整顿社队煤矿的过程中，由于很多公社和生产大队尤其是生产大队，过度注重经济效益较高的煤矿生产，轻视甚至忽视农业生产的发展，违背了国家提倡的"以粮为纲、全面发展"的方针，特别是大量由生产大队开办的小煤矿，由于布局不合理严重影响了国有煤矿的生产。在这种情况下，国家又一次出台政策要求取缔生产大队开办的小煤矿，只允许公社开办小煤矿或社队联办小煤矿。1970 年，山西省革命委员会核心小组根据中央政策发布（70）94 号文件规定：要加强煤炭资源管理，严防随意破坏国家资源或影响国营矿井开采，要求关闭布局不合理、影响国有煤矿生产的队办小煤矿（生产小队开办的小煤矿），把小煤矿的申办条件提高到规定公社以上的单位，不准生产大队、生产队开小煤矿，但在特别需要的情况下生产大队可以和公社联合开办煤矿。但是，由于很多领导干部追求公有化程度，认为公社最发达，公社煤矿比联营煤矿更进步，更能发挥社办企业的功能。所以，在执行政策的过程中，只允许公社经营小

①　1969 年 12 月 26 日出台了沁源县革命委员会、沁革字〔1969〕84 号文件《关于审查规划社、队小煤窑的通知》。

煤矿，而不允许公社与生产大队联合办矿。由此，各地为了支持社办企业的发展，在关闭布局不合理、影响国有煤矿生产的社队小煤矿的同时，把一些布局合理，规模较大，且不影响国有煤矿生产的生产大队的煤矿，通过作价划归公社管理，转为社办煤矿。

到 70 年代中期，由于国有煤矿的生产能力不高，无法满足国家工业化发展的需求，国家在打击对国有资源破坏较大的社队小煤矿的同时，继续采取措施对小煤矿的发展实行有计划的扶持，在一定程度上促进了小煤矿的发展。据统计，全国地县、社队小煤矿 1976 年的产量为 1.6 亿吨，比 1965 年增加了 2.8 倍。1978 年 7 月 21 日，国务院批准煤炭工业部《小煤矿管理试行办法》后，山西省煤炭工业管理局在山西境内的大同等 7 个国家统派矿务局的国有煤田范围内有违规社队小煤矿 658 座，开采量约占资源 20 亿吨。说明大量被关闭的社队煤矿实际上并没有关闭，或者在严查过后又重新开办。1978 年 10 月出台的《国务院批转煤炭工业部小煤矿管理办法》，要求有煤炭资源的县都要开办社队小煤矿，但严禁私人开办煤矿。

（二）社队煤矿对乡村治理的影响

与国有煤矿比较，社队煤矿对乡村治理的影响相对要大。社队煤矿生产的煤不仅为社队工业企业和农业发展提供燃料，促进人民公社和生产大队的集体经济发展，而且社队煤矿的经营所得还可以为人民公社和生产大队供给公共产品，提高社员的公共福利。同时，社队煤矿由人民公社或生产大队的社员共同劳动、共同参与分配，在解决农民就业、增加农民收入等方面发挥了积极作用。

1. 社队煤矿解决了农民的就业问题

社队煤矿是专门为支持社队企业和当地农户民燃及农业发展而开办的小煤矿，其经营和管理主要包括公社单独经营、公社与生产大队联合经营、生产大队单独经营、生产大队和生产大队联合经营四种模式。在社队煤矿建设资金的筹集方面，公社开办的煤矿由公社筹集资金，生产大队开办的煤矿由生产大队筹集资金，公社和生产大队联合经营或者生产大队联合经营的煤矿分别由二者共同筹集资金。

第一，在煤矿用工及收益分配方面。对于公社独立开办的社办煤矿来说，煤矿用工由公社按照下属各生产大队人口与劳力比例，以生产大队为单位进行名额分配，由各生产大队抽调强壮劳动力到煤矿从事生产劳动，年终以生产大队为单位，按各生产大队的劳动量参与社办煤矿的集体分红。到社办煤矿参加煤矿生产的社员，平时按劳动日计工，年底到生产大队按工分红。

对于公社与生产大队联合开办的社队煤矿来说，煤矿用工主要由与公社联合开办煤矿的生产大队安排本村的劳动力，不足部分由公社在其下属的其他生产大队抽调，抽调办法是以生产大队为单位，按照人口与劳力比例进行名额分配，年终各生产大队按劳动量参与社办煤矿集体分红。与公社联合开办煤矿的生产大队年终除了按劳动量参与煤矿集体分红外，还要参与煤矿的利润分红。到社办煤矿上班的社员，平时按劳动日计工，年底到生产大队按工分红。

对于生产大队单独开办的队办煤矿来说，煤矿则由村集体统一经营，煤矿用工由生产大队按照下属各生产小队的人口与劳力比例、以生产小队为单位进行名额分配，由各生产小队抽调强壮劳动力到煤矿从事生产劳动，年终各生产小队按劳动量到生产大队集体分红。社员参加煤矿生产按劳动日计工，年终到所在的生产小队按工分红。

对于生产大队和生产大队联合开办的队办煤矿来说，煤矿用工由各生产小队按照下属各生产小队的人口与劳动力比例、以生产小队为单位进行名额分配，由各生产小队抽调强壮劳动力到煤矿参加生产劳动，年终先是由各个生产大队按照各自的生产状况进行利润分红，再由各生产小队按劳动量参与本生产大队的集体分红。社员参加煤矿生产按劳动日计工，年终到所在的生产小队按工分红。

第二，在煤矿工伤事故处理方面。社队煤矿的经营模式不同，处理工伤事故的方式也就不同，其责任划分也有所不同。公社独立开办的社办煤矿，在发生工伤事故后，由公社与受伤社员所在的生产大队协商解决，对其受伤社员本人及家属的生活问题，按照低于国家规定、高于当地一般社员生活水平的办法予以照顾，其中经济问题由公社负责解决，口粮问题由社员所在的生产大队负责解决。这样，就使得社员不会由于受伤导致社员家庭生活陷入贫困。社员在煤矿生产中死亡的，由生产大队为该社员尽赡养老人的义务和抚养子女的责任，所需费用由社办煤矿支付。

公社与生产大队联合开办的社队煤矿，在发生工伤事故后，由联合开办煤矿的公社和生产大队与受伤社员所在的生产大队共同协商解决，对其受伤社员本人及家属的生活问题，按照低于国家规定、高于当地一般社员生活水平的办法予以照顾，其中经济问题由联合开办煤矿的公社和生产大队共同负责，口粮问题由社员所在的生产大队负责解决。确保受伤社员及其家庭不会因煤矿事故而陷入困境。社员在煤矿生产中死亡的，由生产大队为该社员尽赡养老人的义务和抚养子女的责任，费用由煤矿支付。

生产大队独立开办的队办煤矿，在发生工伤事故后，受伤社员的治疗费用及其家属的生活费用全部由生产大队负责解决，生产大队要按照强壮劳动力的标准为受伤社员进行工分补助，如果受伤社员生活不能自理，还要按照女全劳动力的标准为其家属进行工分补助。社员在煤矿生产中死亡的，由生产大队为该社员尽赡养老人的义务和抚养子女的责任。

生产大队和生产大队联合开办的队办煤矿，在发生工伤事故后，受伤社员的治疗费用及其家属的生活问题全部由两个生产大队协商解决，其中经济问题由联合开办煤矿的两个生产大队共同负责，口粮问题由社员所在的生产大队负责解决。社员所在的生产大队要按照强壮劳动力的标准为受伤社员进行工分补助，如果受伤社员生活不能自理，还要按照女全劳动力的标准为其家属进行工分补助。社员在煤矿生产中死亡的，由生产大队为该社员尽赡养老人的义务和抚养子女的责任，费用由煤矿支付。

2. 社队煤矿增加了农民收入

人民公社时期，农民参与煤矿生产的收入远远超过参加农业生产的收入。社队煤矿完全由本公社和本生产大队的社员共同生产，煤矿利益由公社或生产大队的社员共同分享。凡是有社队煤矿的农村，不仅农民家庭的强壮劳动力可以参与社队煤矿的生产，年终参与煤矿集体收益的分红，而且农民家庭拥有的牲畜也能够参与煤矿劳动，并相当于一个强壮劳动力年终参与集体煤矿收益的分红。以山西老窑头村为例，按照当时村集体的规定，每户可以买牲畜1—2头参与村办煤矿生产，每头牲畜每日计工与一个强壮劳动力相同，由于经济困难买不起牲畜的家庭则由村集体垫付资金购买1头，村集体垫付的资金从该农户的年底分红中扣除。当时，老窑头村的农民收入非常高，在周围的村子一个劳动日只能分红 0.1—0.2 元时，老窑头村一个劳动日分红就有 1.8 元，有时高达 2 元，相当于其他村农民收入的 10 倍，当时村集体一般都是以支票的形式给村民分红，村民家家都有存款，万元户也不少，也正是由于老窑头村家家户户都有存款，银行还专门在老窑头村设了储蓄所。

农民收入增加后，生活水平也大大提高，按照农民自己的语言就是：盖新房，娶媳妇，过年过节唱大戏。在依靠农业收入的山区农村的农民家庭大都吃不饱饭、穿不暖衣的时代，社队煤矿经营较好的农村却是家家户户盖新房，如老窑头村在这一时期盖新房的家庭就特别多，第四生产小队共 27 户中就有 25 户盖了新房。在依靠农业收入的山区农民因贫困盖不起房、娶不起媳妇而打光棍的时代，而老窑头村无论什么样的男人都能找一个精明能干的好媳妇，当时人们戏称："老窑头的狗都娶媳妇。"民间流传的这句话就是当时煤矿资源型农村富裕情况的最好证明。

社队煤矿在增加农民收入的同时，还在农户用煤方面为本公社和生产大队社员提供方便。当时各地社队煤矿为社员供应煤炭方式有所不同，但一般都是以生产大队为单位，按人口统一供应，由生产大队统一制订用煤计划，煤矿按生产大队的供应计划印发煤票，由生产大队发给社员使用，社员平时用煤随时用煤票到社办煤矿领取，年终煤矿根据社员用煤数量统一与生产大队结算，生产大队又根据各户煤票使用状况与农户结算，结算方式是根据各户用煤情况在年终分红中扣除。社员用煤的价格一般按照煤矿对内销售的价格，低于国家统一征购价格，或者社员出低质煤价买优质煤。

3. 社队煤矿壮大了农村集体经济

人民公社时期，社队煤矿一般规模较小，生产技术落后，机械化程度较低，基本上是铁镐挖掘、人背马运的人工操作。以沁源县为例，全县 45 个社队煤矿中，半机械化生产的社队煤矿仅占十分之一，绝大多数的社队煤矿都是非机械化的手工生产，运煤工具以小平车为主，有的用牛拉，还有的人拉，劳动效率低，劳动强度大，尽管如此，社队煤矿仍然使有煤矿的社队集体经济发展远远超过没有集体煤矿的社队。

在没有开办社队煤矿之前，资源型地区由于新中国成立前的私人煤矿和新中国成立后国有煤矿长期的煤矿资源开采，对当地的农业生产条件造成了影响，只靠农业收入远远不能满足农民的基本生活，资源型农村的集体收入主要依靠到国有煤矿从事副业生产，每年的副业收入除了按劳动工分对参加煤矿生产的社员分配以外，村集体剩余很少。而且，国有煤矿招收工人又非常有限，多数农民难以进入国有煤矿，所以，在当时只有开办社队煤矿尤其是生产大队开办的队办煤矿，才是发展农村集体经济的最佳途径，也是矿区农村集体经济收入的主要来源，失去了社队煤矿也就失去了村集体经济的主要来源。比如，一些村集体收入主要依靠煤矿，生产大队在其煤矿被国家关闭后，村集体就失去了主要的收入来源，村级公共事务和村级治理立刻陷入困境。而且由于农业生产条件差，农民参与农业生产积极性也相对较低，导致农业收入很差，有的村集体的农业收入还不够向国家缴纳公粮，农民生活主要依靠国家的返还粮和救济粮。在这种背景下，出现了村干部到各级政府找相关领导以各种理由要求重新开办村集体煤矿的现象。以老窑头村为例，国家关闭村办煤矿后，村集体没有办法，时任的党支部书记就背上干粮步行近四百公里，到省城太原申请重新开办村办煤矿。而且，为了这个申请，村里还专门办起了瓷窑厂，以作为村办煤矿重新开办的必要条件，最终以"以窑养窑"的名义重新开办了村集体煤矿。

1970 年后，中央要求取缔布局不合理的生产大队开办的队办煤矿，同时要求把布局合理的生产大队开办的煤矿通过作价等方式转为公社所有的社办煤矿或社队联营煤矿。但是，在执行中央关闭队办煤矿政策的实践中，一些领导干部为了追求小煤矿的公有化程度，就把一些布局合理、不影响国有煤矿的符合条件的队办煤矿通过作价等方式全部转为公社所有的社办煤矿，而且在生产大队煤矿转为社办煤矿的实际操作中，还出现了公社平调生产大队煤矿的现象，使生产大队遭受了很大的损失，也由此出现了社员集体上访的现象。例如，沁源县王陶公社在根据山西省规定将公社内 5 座生产大队开办的煤矿全部转归公社所有，公社在对队办煤矿作价时，只考虑了这 5 座煤矿的生产工具和地面建筑物，而没有把煤矿开办中产生的生产投资作价，生产投资是煤矿建设投资最重要的部分，结果使得开办煤矿的生产大队遭受巨大损失，引发了生产大队的强烈不满，并由此激化了社队矛盾。① 这个案例说明了社队煤矿对农村集体经济的重要性。

由此可见，人民公社时期，社队煤矿的开办和经营对农村集体经济发展和村庄治理非常重要。一些社队煤矿搞得较好的农村，村集体经济就比较发达，村集体每年举办的公共事务和公益事业就相对较多，村庄公共产品也相对较为完善和先进，乡村文化也相对较为繁荣，村民素质也相对较高。以当时生产大队煤矿搞的较好的老窑头村为例，在中国农村普遍贫困的集体化时代，老窑头村是因村办煤矿而成为当地最富有的村子，村民家

---

① 王陶公社的白草、王陶大队的社员因公社对本村煤矿作价严重不公先后多次组织起来，集体到县、地区、省各级政府及相关部门上访，状告王陶公社在把大队小煤矿收归社办时作价太低，承办人有违法乱纪行为，而且煤矿归社办严重影响大队的集体经济收入和社员民燃需要，要求公社补偿由此给村集体和社员造成的损失，但问题始终得不到解决。在多次上访无果的情况下，社员们又组织起来到煤矿坑口阻拦煤矿工人进坑生产，造成煤矿停产。在这种情况下，王陶公社为了煤矿正常生产，积极组织力量对该事件进行了深入调查，并在调查的基础上召开了吸收各大队党支部书记参加的党委扩大会，县工交办公室领导也出席会议，并协助解决问题。会议讨论了小煤窑收归社办的过程及处理意见，并根据上级党委有关小煤窑经营生产问题指示及规定，对农民提出的问题和要求做出答复。会议肯定了小煤窑归社经营的做法，认为队办煤矿归社经营后，原煤和焦煤产量有了较大幅度的增长，为全社购置增设农机化肥等农用物资提供了条件，促进了农业生产的发展，进一步巩固、发展壮大了人民公社的集体经济，更好地贯彻了中央"以粮为纲、全面发展"的方针。同时，也承认了公社承办人在执行政策中有违法乱纪行为，在对大队煤矿作价时确有平调现象，不符合党的政策，并提出了解决办法：

一是公社要承认平调大队煤矿，应坚决纠正其错误行为并予以退赔。按照公社现在的经济力量，能退赔的立即退赔，一时难以退赔的作出计划分期退赔。二是具体问题具体对待，如"三合窑"因为旧坑口恢复生产时间较短，新坑口投产收益时间更短，其投资投工（折价）等应彻底退赔；王陶坑口归社办前，大队经营和受益过相当一段时间，应退赔其投工投资的60%左右；白草坑口原是1942年私人开办的，土改后由18股私营，1955年收归县手工业管理的煤业社后成为县营煤矿，1959年又下放给公社成为社办煤矿，1962年又下放给生产大队成为队办煤矿，1971年又收归社办，该煤矿30多年来多次变化，有无平调、平调多少、投资多少，一时还摸不清，由县主管单位组织技术人员认真检查鉴定提出处理意见，进行解决。益则沟、大峪两个坑口开采时间长，是季节性生产，应根据投资数量参照上述几个坑口的情况，给予适当处理。三是社办煤矿必须在保证贯彻执行"以粮为纲、全面发展"的方针前提下，加强管理，企业人员应根据中央（71）82号文件精神，按人口劳力比例，予以抽调统一安排。四是关于对内销售价格问题，为了不加重社员群众负担，应维持联办时的中等价格，即每吨按6元计算，为了方便群众用煤，应实行大队订计划，煤窑印发炭票，年终和大队一起结算的办法。五是关于工伤事故的处理，社办以来发生的由社队协商解决，对其本人家属的生活问题，应低于国家规定，高于当地一般社员生活水平，予以照顾。经济问题公社负责，口粮问题由大队分配。六是关于转归社办以来有关人员的违法乱纪问题，公社党委要责成专人深入调查，认真落实，按其严重程度提出处理意见，另题专报，严肃处理。

家都有存款，万元户也不少，而且，老窑头村的村民在这一时期从来就没有交纳过任何税费，村民用电、医疗、教育等费用都由村集体支付。每逢过年过节的时候，村集体都要出资举办各种文化活动，丰富村民生活，还为村民发面粉、粉条、白菜、肉等福利。

4. 社队煤矿对农村发展的影响

社队煤矿的经营所得除上缴国家的利税外，其余都归公社或生产大队集体所有。生产大队在煤矿经营中的收益分配主要包括四个部分：一部分用来给社员分配，大队以生产队为单位，根据完成任务情况给每个生产队分配利润，生产队主要遵照按劳分配的原则，根据社员的劳动日工分分红，辅助于一定的生产要素，比如农户大型的生产工具、牲畜等使用也参与分配；一部分用来植树造林，建设村庄的生态环境；一部分用于文化建设，丰富社员的文化生活，提高社员的生活水平和生活质量；一部分作为生产大队的集体资产储备起来，用于人民公社或生产大队的扩大再生产。由于当时的社队煤矿生产技术落后，主要依靠人工挖掘，对生态环境和居民生活影响较小，维护生态环境的成本较低，再加上经营煤矿收益与农业相比相对较高，所以，矿区农民的生活水平和质量比纯农业地区相对较高，资源明显造福于当地居民。

人民公社时期，社队集体煤矿会推进社队集体经济的发展，社队集体经济的发展又为农村社会的全面发展提供条件。在当时因集体煤矿的开办造就了一批共产主义明星村。以老窑头村为例：老窑头村遍地是乌金，这块富饶的土壤给予老窑头村人得天独厚的致富条件，老窑头村人在当时"人民公社化""集体主义大锅饭"的特定条件下，小小的老窑头村铸就了辉煌的业绩。20世纪六七十年代的中国，整个社会似乎有点单调、沉寂，许多人难以想象在一个贫穷落后的山区小村里竟然到处洋溢着文化的气息。这里的"文化"不是一般的民间小调，简单的吹拉弹唱，这里的"文化"是由全村人用自己的激情与智慧、财富与才干共同编织的"文化圈"。当时的老窑头村是远近闻名的文化村，村民经常自发组织唱戏，自娱自乐。各家的红白喜事在当时都要唱戏，所需的伙食、服装完全由村民自己解决，不仅如此，村里刚结婚的新媳妇的被面、绸缎等都得贡献出来，家家户户都是慷慨解囊。可想而知，在当时经济条件下，人们的温饱问题尚未解决，老窑头村人能有如此丰富的精神生活，实在让人惊叹不已。到 20 世纪 80 年代初，老窑头村花费 20 多万元盖起了全县最豪华的舞台和设施最齐全的村委会大楼，舞台上配备了整套幕布（共五层），购买了大提琴、小提琴、二胡、三弦等乐器，还从省城专门请回了舞蹈老师教村民跳舞。

三　结语

人民公社时期，国家对煤矿资源实行"统一领导、分级管理"的计划管理体制和"计划调拨、无偿使用"的资源分配制度，国有煤矿占据煤炭工业的主导地位，社队煤矿也一直是煤炭工业的重要组成部分，国有煤矿和社队煤矿的发展共同为国家工业化发展作出了突出贡献，也在矿区农村经济社会发展中发挥了作用。

国有煤矿的建设完全依靠各级政府的公共财政，按照国家的工业化需要有计划发展。国有煤矿对矿区农村治理的影响，主要表现在矿区建设的征地、煤矿面向农村招收工人等方面。总的来说，这一时期国有煤矿征地采取"重安置、轻补偿"的措施，尤其重视被征地农民的就业安置，也适当考虑被征地农民的就业意愿，这种以被征地农民利益为重的征地原则，较好地处理了煤矿企业与被征地农民之间的关系，使被征地农民在一定程度上享受到了煤矿建设带来的公共福利。这一时期国有煤矿面向矿区农村招工，为矿区农民实现身份转变和职业转变创造了条件，使矿区农村和农民享受到煤矿开采带来的公共福利。

社队煤矿的发展过程是政府间利益博弈的过程，也是中央政府为了工业化发展逐步下放煤矿资源管理权力中形成的利益分割的问题。一方面，国家制定的工业化发展路径离不开社队企业的发展，而国有煤矿的生产远远不能满足国家工业化发展的燃料供应，更无法满足农业生产和民用燃料的需求。所以，社队煤矿的存在与发展是国家工业化发展的必然选择。另一方面，社队煤矿的存在与发展又与地方利益尤其是基层政府的利益密切相关，存在着地方利益与国家利益的冲突，社队煤矿的开采经常会出现蚕食国有煤矿的现象，而且在利益驱动下经常会违背国家政策进行炼焦和外销，导致国家利益受损。所以，国家也经常性地对不符合条件或违规开采的社队煤矿进行关闭。

　　社队煤矿是在利益博弈中曲折发展的，尽管如此，社队煤矿在整个人民公社时期一直是地方工业化发展的物质基础和经济支柱，也对乡村社会的良好治理发挥了主要作用。以煤矿资源丰富的沁源县为例：该县社队煤矿在 1957 年有 6 座小煤窑，到 1969 年发展到 51 座，经过整顿关闭压缩到 29 座，到 1979 年底又增加到 45 座，在地方经济社会发展中占据主导地位，全县 45 座社队煤矿从业人员达到 1155 人，年产原煤 27 万吨，占全县原煤总产量的 70% 以上。广大群众用一首诗称颂煤矿资源对经济发展的作用："今日打开万宝山，千座工厂上了山，机器隆隆到处响，山上山下冒青烟，支援国家和市场，促进农业大发展，更喜增收无限量，幸福生活万万年。"但是，社队煤矿尤其是公社与生产大队联办的社队煤矿和不同生产大队联办的煤矿会在煤矿利益分配、煤矿产权变革等过程中产生矛盾和冲突，如公社与生产大队之间的矛盾、生产大队之间的矛盾等，这些矛盾的引发在一定程度上影响了农村社会的和谐与发展。

第三章　改革开放后的煤矿国有产权与乡村治理

一　国有煤矿的发展及其与乡村治理的关系

（一）国有煤矿的发展历程

人民公社时期，煤矿资源的开采和使用是根据国家的工业化发展的需求来制订计划的，国有煤矿是煤矿资源的生产和供给主体，社队集体煤矿是煤炭资源供给的重要补充。改革开放初期，国家为了让煤矿资源丰富的地区依靠煤矿富裕起来，就出台了"有水快流"政策，要求在资源领域，国有煤矿企业让出一部分资源让群众开采，由国有企业向他们提供技术指导，国家可以向他们收税。要求国有煤矿把国有煤田的边沿、外围、小矿脉等无法使用大机器开发的煤矿资源都让给当地农民开采。国家"有水快流"政策的出台，大力支持群众办矿，乡村集体煤矿和个体小煤矿迅速发展起来。

改革开放初期的经济发展不仅刺激了乡村小煤矿的发展，也推进了国有煤矿的开办与扩建。但是，由于地方政府不参与国有煤矿的利益分配，而乡村小煤矿却是地方财政的主要来源。因此，地方政府对开办乡村集体煤矿和个体小煤矿具有积极性和主动性，地方政府对国有煤矿和乡村集体煤矿的不同态度，使乡村集体煤矿得到迅速发展，国有煤矿的发展远远落后于乡村集体煤矿的发展。以煤矿资源丰富的乡宁县为例，该县在人民公社时期只有官王庙、西坡2座社办煤矿，而国有煤矿就有4座；改革开放后，该县大力开办社队集体煤矿，到1983年，该县开办的社队集体煤矿就由人民公社时期的2座增加到96座，而国有煤矿仍然是人民公社时期的4座。

山西省人民政府于 1984 年 8 月颁布了《关于进一步加快我省地方煤矿发展的暂行规定》，其中指出："我省地方煤矿的发展，要实行有水快流，大中小结合，长期和短期兼顾，国家、集体、个人一齐上的方针。"对山西煤矿资源的开发，要"广开渠道，多方筹集资金，鼓励群众集资联合办矿，允许个人投资办矿，允许无煤县、市、乡、镇到有煤矿资源的地方投资办矿，欢迎外省市、港澳同胞来我省投资办矿，积极吸收国外资金合资办矿和办交通运输业。"1984 年 9 月，中央把原先由山西省管理的八大矿务局的管理权统一上收归中央管理后，进一步强化了地方对煤矿资源的管理，山西省把发展小煤矿作为发展地方经济的政策，下大力气全面支持、鼓励群众办矿，导致小煤矿在山西经济中所占的比重越来越大，而国有煤矿在山西经济中所占比重却越来越小。据统计，1980 年，山西全省的乡镇煤矿仅有 1 万家左右，到了 1999 年就已经超过 10 万座，而国有煤矿占的比例却越来越少。

在这一时期，国家"有水快流"政策在刺激乡村小煤矿迅速发展的同时，也在多个方面对国有煤矿的发展造成了影响：一是由于大量的乡村集体煤矿和个体小煤矿在国有煤矿周围开办，蚕食国有煤矿的资源，致使国有煤矿的煤田遭受严重破坏。据煤炭部统计，1993 年，全国 103 座重点国有煤矿周围大约有 10000 多座小煤矿[1]，1994 年增加到 14557 座，其中 70% 属于无证非法开采[2]。这种现象的存在是对国有煤矿的极大破坏，再加上小煤矿开采技术相对落后，回采率很低，造成了煤矿资源浪费的现象非常严重。自新中国成立以来至 2003 年，我国累计产煤约 350 亿吨，煤炭资源消耗量超过 1000 亿吨。我国的煤炭回采率只有 30%，相当于采 1 吨扔 2 吨，不到国际先进水平的一半，小煤窑回采率不到 10%。而在"吃菜心"式的开采过程中，至少扔掉 650 亿吨的煤炭资源。为了改变这一状况，1994 年 12 月 20 日国务院令第 169 号《乡镇煤矿管理条例》，规定乡镇煤矿在国有煤矿企业矿区内开采边缘零星资源，必须征得该国有煤矿企业同意，并

---

① 李俊杰：《运用产权机制保护和合理开发煤炭资源》，《煤炭经济研究》1995 年第 10 期。

② 王立杰等：《矿产资源损失浪费的根源与解决对策》，《中国矿业》1996 年第 7 期。

经其上级主管部门批准。乡镇煤矿开采前必须与国有煤矿企业签订合理开发利用煤炭资源和维护矿山安全的协议，不得浪费、破坏煤炭资源，影响国有煤矿企业的生产安全。

在"有水快流"政策后的煤矿产权改革中，国有煤矿因遭遇市场挤压，几度面临困境，严重时负债累累，长期拖欠工人工资。在这一背景下，国有煤矿为了生存与发展，只好面向社会出卖股权。大量的乡村集体煤矿和层层转包的个体煤矿，为了与国有煤矿争夺市场，随意降低生产成本和煤炭价格，又一次造成了煤炭市场的无序竞争。国有重点煤矿由于经营成本高、价格低，大多濒临破产的境地，如 1998 年，全国 94 个矿务局，足月发放工资的只有 3 个，山西大同矿务局欠发职工工资高达 10 多亿元，阳泉矿务局工人为了抗议煤矿拖欠工资进行集体卧轨。

在这种情况下，中央只好把国有重点煤矿转归省政府管理，很多地方国有煤矿和集体所有煤矿也把采矿权转让给个体煤商。如山西柳林县在这一年就把全县 5 座国有煤矿的股权全部转让，股金收入高达 6.47 亿元，其中该县最大的国有煤矿——兴无煤矿，因资金困难无法经营，当时要以5000 万元的价格向山西省的重点国有煤矿公开转让，但无一家煤矿愿意接受。在这一状况下，该县的一位民营企业家以 8000 万元的价格接受该煤矿，同时还接受了该矿全部的煤矿工人，并保障工人工资和福利，还附带为县里建造一座中学。这是全国第一个国有煤矿私有化的典型案例。此外，还有许多国有煤矿名义上属于国有，实际上由私人注资建设，成为国家挂名、个体经营的私有煤矿。

（二）国有煤矿与乡村治理的关系

从国有煤矿与乡村治理的关系来看，国有煤矿的建设与经营，都必然会在多个方面影响着乡村治理，如果国有煤矿经营得好，且村庄能够处理好与国有煤矿之间的关系，那么，国有煤矿就能够在多个方面为村庄发展提供有利条件。反之，如果国有煤矿自身经营不好，或者村庄不能很好地处理与国有煤矿之间的关系，那么，村庄就会因为国有煤矿的影响而陷入治理困境。同样，如果村庄在国有煤矿建设和发展的过程中，能够在土地征用、煤矿建设等多方面为国有煤矿提供支持和帮助，国有煤矿就能够抓住市场机遇很快发展起来，也能够为村庄发展提供条件。反之，如果村庄不为国有煤矿的利益着想，而是过度关注国有煤矿支付的征地补偿，就可能使国有煤矿失去良好的市场机遇，很难发展起来，也就不能为村庄发展提供条件。

人民公社时期，许多村庄因为开办国有煤矿改善了生活条件，农民生活水平明显高于没有煤矿的村庄，有些村庄还因此成为当时的共产主义明星村。但也有许多开办社队集体煤矿的村庄并没有因此而富裕起来，而且因为开办煤矿影响了农业生产的发展，给村民造成了更多的困扰。在改革开放初期"有水快流"政策的执行过程中，资源型地区的一些村庄都通过开办乡村集体煤矿而迅速脱贫致富，以前有煤矿的村庄发展更快。但由于当时的煤矿利润太低，多数开办集体煤矿的村庄并没有因此而摆脱贫困走上富裕。虽然国有煤矿的开办和生产，从征地补偿、劳动力使用、煤炭运输等多个方面为矿区农村发展提供了条件，但不同的村庄对国有煤矿提供的资源和机会的使用方法不同，乡村治理的结果就大为不同，甚至截然相反。

从长期的资源开采实践来看，国有煤矿的发展与乡村治理的效果密切关联，如果村庄与国有煤矿建立合作共赢关系，村庄就能够在土地、劳动力等方面为煤矿企业的顺利开办和良好发展提供条件，煤矿企业也能够在资源、资金、基础设施、服务设施等方面为农村建设和实现乡村良好治理提供条件。反之，如果村庄和国有煤矿都只从自身利益出发，只为自身利益着想，而不顾及对方的生存与发展，甚至与对方发生利益冲突，那么乡村治理就会因此陷入困境，国有煤矿也难以顺利发展。而且，乡村治理的好与坏还在于民主制度和民主机制是否建立并有效运转，如果村庄共同体的民主机制能够建立并有效运转起来，农村公共资源的占有、使用和分配能够按照村民和村集体的利益由村民集体决策的话，农村经济及其他方面的发展就能够取得明显成就。反之，如果村庄共同体的民主机制没有建立或者不能有效运转，村庄公共资源的占有、使用和分配都按照村干部的意愿，由村干部进行决策的话，村庄就会出现贫富差距并迅速拉大，村庄政治、经济、文化等各项事业的发展也就会迅速衰败。本章内容主要通过两个典型案例的比较，分析国有煤矿因征地等行为对乡村治理造成的影响，说明国有煤矿产权与乡村治理的密切关联。

二　村企合作与村庄良好治理

村企合作是指国有煤矿与煤矿所在的村庄建立一种共存共荣的合作共赢机制，要求村企双方在谈判中能够关注对方的利益和要求，其中每一方的发展都必须建立在对方发展的基础之上，同时每一方的发展又能够给对方的发展带来利益。在这种合作共赢机制下，矿区农村和农民就会为煤矿企业的发展提供良好的社会环境，煤矿企业在煤矿开采中也会尽最大的努力减少地质灾害程度，保护矿区农村自然环境，为矿区农村和农民提供更多就业机会和收入来源。在这一部分，我们将通过一个国有煤矿企业与矿区农村合作共赢的典型案例，探索村企合作机制建立和运作的充分必要条件，为资源型地区发挥资源优势实现乡村良好治理提供借鉴。在这一案例中，国有煤矿企业在 XX 村建成并开始生产后，XX 村的发展就如鱼得水，快速腾飞并走向辉煌。

XX 村位于晋西北地区，该村是一个典型的家族村，是明朝洪武二年因先祖立有战功的朝庭恩赐之地，苗氏家族至今占全村人口的 90% 以上。新中国成立前，此地气候恶劣，风沙肆虐，十年九旱，且水土流失严重，粮食收成极低，好年景一亩地尚可收获三十几斤杂粮，遇上天旱则常常是颗粒无收，"糠菜半年粮、难以度饥荒"是 XX 村村民那一时期生活的真实写照。XX 村的生产生活条件非常艰苦，按照村民的说法是"鸟儿飞过不垒窝"的地方。新中国成立后，尽管苗氏家族在党和政府的领导下，团结一致，战天斗地，创造农业生产条件，但仍然解决不了全村人的温饱问题，长期以来，"粮食靠国家供应、花钱靠政府救济"一直是该村村民的生活方式。改革开放后，XX 村通过开办村集体煤矿摆脱贫困走向富裕。自 1997 年国有露天煤矿在该村开办后，该村不仅实现了经济腾飞，而且还形成了以煤为基、多元发展的经济结构，实现了政治、经济、文化、社会和生态的全面协调可持续发展。2010 年，全村实现生产总值达 12.06 亿元，人均收入达到 2 万多元，成为了名副其实的"塞外华西村"。

（一）XX 村由穷到富的艰苦历程

XX 村作为一个典型的家族村，村民之间尽管有着互帮互助的良好风俗.，但由于当地自然条件差，土地贫瘠，只能种一些高寒低产作物，村民一直过着吃糠咽菜的艰苦生活。在高级社和人民公社时期，村里一个20多岁的年轻人苗 ZZ 担任村里的青年突击队队长，他带领青年突击队成员，克服重重困难治沟排水，终于拓出了三亩滩涂地，并成功试种了蔬菜，使全村人都吃上了自己耕种的新鲜蔬菜。这一收获对于以土地为生的农民来说，应该是一件非常简单的事情，但对于农业条件很差的 XX 村的村民来说却是从来都不敢想的事情，他们对这个青年突击队队长刮目相看，也就在这一年，苗 ZZ 被吸收到党组织内，成了一名名副其实的共产党员。

在中国人的心目中，对 1960 年有着刻骨铭心的记忆，因为那一年是中国人的灾难年，但在 XX 村村民的记忆中，除了饥饿和灾难的记忆以外，还有一个美好的记忆，那就是苗 ZZ 成为村主任。这位在困难面前不低头的年轻人开始带领村民找活路，使得广大村民在灾难中重新燃起了对生活的希望。两年后，他担任了村党支部书记。"农业学大寨"期间，苗 ZZ 硬是带领村民战天斗地，又在沟壑中开出 180 多亩大寨梯田，并由此成为当年的县级劳动模范。

XX 村的村民尽管付出了巨大努力，但贫瘠的土地和恶劣的气候条件，决定了依靠农业生产无法养活这里的人。在这一情况下，苗 ZZ 苦思冥想，最终悟出了"靠山吃山、靠水吃水"的生存逻辑，决定带领全体村民开山寻矿，开办小煤窑。但在人民公社时期，私自开煤窑就会被扣上"走资派"的帽子，甚至会被当作"资本主义的尾巴"给割掉，更何况苗 ZZ 还是一名共产党员，如果公然违抗国家政策开办村集体小煤矿，就一定会受到处分。在得知他要带领村民开办村集体煤矿的消息后，村里的长辈们都为他担心，一些关心他的公社干部也都劝他不要为了村民富裕的事情葬送自己的政治前程。但他却没有退缩，而是坚定地认为："受苦受穷不是社会主义"，"要想在农业条件很差的地方生存与发展，单靠农业发展再有能耐也蹦跶不起来。"为了全村人民过上好日子，他开始了心惊胆战的寻窑之路。功夫不负有心人，1970 年，苗 ZZ 带领大家终于掘开了一口黏土窑和一口小煤窑。这两口窑的开办，都取得了很好的效益，不仅解决全村人的烧饭取暖问题，而且在为村民发了零用钱后，村集体还有 2 万元的盈余。村集体把这 2 万元全部用于购买化肥和农具，又大大促进了粮食产量的增加。

但好景不长，苗 ZZ 带领村民开矿的行为很快被政府部门发现，他被扣上了"重副轻农""反对以粮为纲""试图走资本主义道路"等帽子。随后，XX 村的小煤窑被查封，黏土窑被公社通过"一平二调"的方式，变成了 5 个村的联办企业，XX 村在黏土窑上班的村民也全部被辞退回村，苗 ZZ 在公社大会上被点名批评，并且做了全面检查。由于 5 村联办成本大，且人浮于事，黏土窑很快因成本高、收益低而难以为继，其他村庄自动撤出。XX 村在失去了黏土窑和小煤窑后，又陷入困境，村民经历了人生从大悲到大喜又从大喜到大悲历程，最终村民的生活还是一贫如洗。苗 ZZ 因私自开办煤矿受到批评后，被调离了 XX 村，公社党委又任命苗 Q 为 XX 村的党支部书记。

苗 ZZ 的行为在当时违背政策，但他的能力却被公社领导认可。XX 村的小煤窑被关闭后，公社领导立即把苗 ZZ 调到社办煤矿担任矿长。当时，该社办煤矿由于技术落后和管理不善，几乎处于倒闭状态，20 多名工人每天产煤不足 10 吨。苗 ZZ 上任该矿矿长后，立刻开始了大刀阔斧的技术改进，同时对井上、井下进行了大胆的技术改造。同时，苗 ZZ 还对煤矿管理体制进行改革，实行多劳多得的按劳分配制度，很快解决了煤矿利益分配不公的问题，并通过增加工人工资的方式，调动了工人的生产积极性。随后，他在征得公社同意的基础上，扩招工人，并利用生产利润实行滚动发展，终于在 1986 年使该社办煤矿出现了惊人的变化；在技术上，该矿第一次建起了出煤平井，从此以畜力小平车运输取代了人力背炭，煤矿工人从原来的 20 名增加到 100 多名，年生产原煤由原来的不足 4000 吨增加到 7 万多吨，成为了当时全县乡镇企业的状元。为此，他还多次获得县、乡两级政府的表彰和奖励。

（二）以集体煤矿走共同富裕之路

改革开放后，XX 村的党支部书记苗 Q 带领全体村民，抓住国家"有水快流"的政策机遇，于 1980 年与邻村投资 5 万元合作开办一个煤矿，其中 XX 村投资 3 万元，但由于发生地下透水事故，该煤矿还没有开始经营就被迫关闭。1981 年，XX 村经上级主管部门批准，单独开办了村集体煤矿，当时 XX 村开办村集体煤矿的资金来源是村集体自筹三分之一，银行贷款三分之二。矿长由村党支部书记苗 Q 担任。1985 年，XX 村的集体煤矿由于技术手段低下、经营管理不善、贪污腐败现象严重等问题，几乎濒临破产，村集体因此负债高达 23 万元，其中拖欠村民工资 6 万多元。更为严重的问题是，村集体开办的煤矿，村民却难以享受煤矿带来的福利，村集体每月给外来矿工每人发 300 公斤煤，而本村村民却不能享受这种待遇，村民想要用煤，只能到煤矿里偷，偷煤的村民被抓住后还要受到村干部的严惩。而且村民普遍认为，矿长和煤矿其他管理人员都有较为严重的贪污腐败、以权谋私的行为，集体上访告状的事件经常发生。

在这一背景下，经村民群众的再三要求和乡党委的再三考虑，最终决定让苗 ZZ 回村担任村党支部书记和村集体煤矿的矿长。1986 年 9 月，苗 ZZ 辞去乡办煤矿矿长的职务回村担任村党支部书记和村集体煤矿的矿长时，受到了村民群众的热烈欢迎。苗 ZZ 告诉我们：当时他看到村民欢天喜地欢迎他，实际上感受到的都是村民们对自己的殷切期望，感受到的是沉甸甸的责任和压力。一开始，由于村集体煤矿已经负债累累，乡政府建议由苗 ZZ 承包解决村集体负债的问题，村民们也都同意，但苗 ZZ 坚决不同意，他说："矿是村集体的矿，让乡亲们受穷，我个人发财，背后再让大家伙儿戳我的脊梁骨，这种事打死我，我也不干！"在担任村党支部书记和村集体煤矿的矿长后，苗 ZZ 连续做了几件让村民们都很佩服的事情：

一是利用私人信誉和关系，借款 20 万元，使村集体煤矿恢复生产。

二是对村集体只给外地矿工发煤，不给村民发煤的做法予以否定，作出了村集体煤矿每年为每户村民发 4 吨煤的决定。

三是村集体煤矿用工和干部管理都有严格规定，凡不遵守法律、不遵守村规民约、不孝敬老人的人一概不用。①

四是彻底清查村集体煤矿的账务，对治村能力不强且有贪污行为的村干部进行免职。②

---

① 据村民反映：有一个在村集体煤矿上班的村民，家里兄弟几个都很孝顺父母，但轮到他时，他就不管老人生活，故意耍赖，兄弟们拿他没有办法，父母很伤心，苗 ZZ 知道后，立刻将他辞退，理由是"连自己父母都不孝敬的人，怎么会对集体煤矿有责任心呢？没有责任心的人集体煤矿是不能用的。"还有一次将晚上在集体煤矿偷煤销售的工人抓住后，当场辞退。

② 矿上的会计怕过去贪污私分的钱漏了底，拖着不让苗 ZZ 看账本，苗 ZZ 说："你再不把账拿出来，你这个会计就不用再当了。"一些利益受到威胁的人放出谣言，"如果苗 ZZ 再改革就要把他灭了"，苗 ZZ 听到后轻蔑地笑笑说："那我就借他个胆让他来吧，但我还是要改，不论村里还是矿上，不对的要改，不公平的要改，群众有不满意见的更要改！"

五是为了从源头上堵塞漏洞，提高煤矿生产效率，他又和其他支部成员一起酝酿出台了各种规章制度，在矿上全面实行制度化管理。

在苗 ZZ 的领导下，XX 村的集体煤矿生产和经营迅速走上正轨，在他上任的第一个年头就取得了很好的成绩：在企业管理上，针对人浮于事、浪费较大等弊端，按照增产增收、厉行节约、勤俭办矿的原则，进行了全面改革。实行了制度化规范化管理，调整了一部分干部，充实了村集体煤矿的领导班子，加强了内部管理，要求村干部从"我"做起，人人不占集体便宜，在村集体食堂吃饭要付伙食费，起到模范带头作用。在厉行节约上，他更是坚持从自己做起，坚持和工人同吃同住同下井劳动。在食堂招待客人，不管是普通人还是哪一级领导，都是白面馒头、白豆腐山药蛋烩菜和高粱白酒，为此村民送给他一个"三同书记"和"三白矿长"的雅号。在技术上，将人力车改为畜力车，使村集体煤矿年产原煤产量由过去的 1 万吨增加到 3 万吨，村集体经济发展终于露出了勃勃生机。

（三）打虎亲兄弟，上阵父子兵

苗 ZZ 文化水平比较低，以前的成就全靠他在工作中的大胆实践和踏实肯干获得，但要取得更大的发展就要靠技术和知识，而不是胆量和踏实肯干了。1989 年，在 XX 村集体煤矿的技术改造进入到关键阶段后，煤区掘进回采提出的一系列有关技术难题困扰着他，缺少文化知识和技术成了他领导村民走向共同富裕的最大障碍。为了克服这一困难，苗 ZZ 一直都在物色能够助他一臂之力的人选，但真正有技术有能力的人都不愿意到农村工作，实在没有办法，他只好举贤不避亲了，做出了把自己的儿子调回村里帮助自己渡过难关、帮助村集体煤矿的技术改造取得更大进展的决定。

当时，苗 ZZ 的儿子是某高校煤炭专业毕业的大学生，大学毕业后分配到乡政府企业办工作，先后多次接受煤炭开采和管理专业的学习与培训，对于煤矿管理和矿山机电设备的安装维修都有颇深的造诣，且已获得工程师的技术职称和副科级别的职务，并兼任一个乡办煤矿的副矿长。所以，当时村民考虑更多的不是父子一起经营村集体煤矿是否会有贪污腐败和村民利益受损的风险，而是苗的儿子是否愿意放弃自己的身份和职位回村任职的问题，多数人认为苗的儿子不会回来发展村集体煤矿。让村民意外的是，他竟然接受父亲邀请，辞去了乡里的职务，回村担任了村集体煤矿技术副矿长的职务。

1989 年，苗 ZZ 在儿子的帮助下，重新规划了井下采掘方案，投资 120 万元对井下通风系统进行了合理改造，进一步把井下运输由畜力车提升改造为半机械化的串车提升，很快使村集体煤矿的原煤产量由上一年的 3 万吨/年提高到 9 万多吨/年。也就是在这一年，村集体煤矿的利润不仅还清了所有的贷款和债务，还有一笔数额不小的盈余资金，村集体利用盈余资金在村庄建设和村民福利方面做了大量的工作。

到 1991 年，XX 村的集体经济积累已达 1700 万元，人均纯收入一举突破 3000 元大关。在村集体经济发展势头很猛的情况下，苗 ZZ 辞去了村集体煤矿矿长的职务，由其儿子接任。此后，他专心致力于村庄治理，并协助儿子将村集体煤矿做强做大。因为苗 ZZ 长期以来对村集体事业的无私奉献，对村民利益的高度关注，已经在村民心目中有很高的威信，赢得了村民的绝对信任，村民对他做出的这一决定非常支持。

此后，苗 ZZ 与儿子一起带领全体村民，经过几年的努力，村庄各方面都取得了突飞猛进的发展。1997 年，村集体又投资 200 万元对集体煤矿进行技术改造，使村集体煤矿的年原煤产量由原来的 9 万吨猛增到 20 万吨，一跃成为当地的明星企业。当年秋天，村集体又一次引进多项新技术，投入 300 万元巨资，变井下串车提升为皮带提升，第一次实现了较为先进的机械化作业。技术改造工程完成后，村集体煤矿的原煤产量达到了 32 万吨/年，创历史最高，产量和效益均比过去提高 50% 还多。

（四）村企合作与村庄腾飞

1. "先让国企发展起来，我们才有机会"

1997 年，国家重点工程第二露天煤矿（以下简称"二露"）在 XX 村动工兴建，需要占用 XX 村和周围几个村庄的大部分土地，其中需要征用 XX 村的土地为 2392 亩。"二露"的办矿资金是日行贷款 20 个亿，建设经费非常紧张，如果按照正常规定，在全部支付征地补偿款后开工建设的话，按照当时国家规定的每亩地补偿 2400 元，仅 XX 村的 2392 亩土地就需要支付土地补偿款 574.08 万元，扣除各种手续及其他费用后，实际征地补偿是每亩地 800 元，2392 亩地共为集体支付土地补偿费 191.36 万元，面临巨大的资金困境。因为当时"二露"征地涉及 XX 村的土地面积最大、金额最多，"二露"就与苗 ZZ 谈判，希望通过以矿补矿的方式减轻"二露"的资金压力。苗 ZZ 代表 XX 村集体与"二露"签订征地方案：

一是双方协定坚持互惠互利的原则，村企合作，互惠共赢。

二是只征用 XX 村的耕地，不征用 XX 村的房屋、村庄和集体煤矿。

三是采取以矿补矿的策略，XX 村先让"二露"开工建设，当煤矿建成之后，再支付 XX 村 191. 36 万元的征地补偿款，条件是允许 XX 村在"二露"煤田内开办一个村集体煤矿。

四是采取外煤包销的策略，"二露"以每吨高出市场价 5 元的价格收购 XX 村集体煤矿生产的原煤。

五是采取就业安置与货币安置相结合的策略，"二露"为愿意到"二露"工作的村民提供工作岗位，对于不愿意在"二露"工作的村民，一次性给予 7000 元就业安置费。

对于国有企业"二露"提出的征地方案，XX 村的村民坚决反对，认为国有企业这样做对村民很不公平，要求村干部带领村民抵制"二露"开工。但苗 ZZ 不仅同意"二露"的征地方案，而且反复进家入户给广大村民做思想工作，希望村民能够以国家利益为重，支援国家建设。村民们对苗 ZZ 的这一做法很是不解，但碍于面子勉强同意。但是，令村民更不能理解的是，苗 ZZ 竟然允许"二露"付清其他村庄的征地补偿款，而不支付 XX 村的征地补偿款，一些村民甚至坚定地认为苗 ZZ 是在用村民利益和村集体利益与"二露"做交易，从中谋取个人私利。于是，村里骂声一片，骂苗 ZZ 出卖集体利益和村民利益。对于村民的不理解，苗 ZZ 不断说服他们，努力让村民明白：只要"二露"发展起来，村集体和村民就有更大的发展空间和机会。

"二露"负责人被 XX 村党支部书记苗 ZZ 的无私情怀和高尚境界深深感动，正是因为有了 XX 村的全力支持和配合，才使其在与外商合作中赢得了时间和主动，使建设资金按时到位，从而大大提前了工期。由此，XX 村也成了"二露"生死与共的长期经济战略合作伙伴。20 世纪 90 年代后期，煤炭市场很不景气，在全国多数煤矿都因为生产的原煤滞销而陷入困境不能自拔的情况下，在很多乡村集体煤矿因此负债累累，煤矿负责人因为欠债四处躲藏，连过年都不敢回家的情况下，XX 村却根本不存在煤矿销售的问题，在市场带给其他村庄挑战和困难时，带给 XX 村的却是机遇和财富，主要原因就是 XX 村有一个道德水平高、治理能力强的党支部书记。这时，村民们在为自己当初行为懊悔的同时，纷纷为苗书记的出色智慧而感叹。

2. 以煤为基多元发展

（1）煤矿产业发展

XX 村在原来一个村集体煤矿的基础上，在"二露"的支持和帮助下，继续强力发展煤矿产业。1999 年，"二露"给 XX 村集体支付了191.36 万元的征地补偿款后，XX 村根据协议投资 1800 多万元，在村西北的"二露"煤田内新建了一座村集体煤矿，新矿全部实行机械化操作，年产原煤达 45 万吨。同时，XX 村集体还投资 300 多万元对村集体原来的煤矿进行了技术改造。不久，XX 村又接收了位于村南的区乡镇局所属的年产原煤 20 万吨的一座煤矿。在"二露"的支持和帮助下，XX 村集体煤矿产业迅速发展壮大。

2001 年，XX 村集体出资 750 万元，兼并了一个当时负债累累、濒临破产的国营煤矿，经过技术改造和管理体制改革后，使得该煤矿不仅成了XX 村集体煤矿的骨干企业，而且还开了该区乃至全市农民集体企业兼并国有企业的先河，更重要的是使该国有煤矿中的 100 多名国企下岗职工，全部在 XX 集团实现了二次就业。当时，该国有煤矿因管理不善，负债累累，已经拖欠工人工资长达 3 年，无法继续经营，只得以公开招标的形式对外出售，当时有许多企业都愿意兼并该煤矿，但当地政府极力倾斜给XX 村兼并，原因是 XX 村的集体实力强大，能够解决该煤矿下岗工人的拖欠工资和就业问题，并且能够使该煤矿有较好的发展前景。同时，该煤矿的工人也大都愿意被 XX 集团公司兼并，理由是仍然该村经济实力强，集体企业发展较好，能够解决他们的工资、就业、养老等社会保障问题。XX 村在兼并该煤矿初期，对该煤矿进行整顿，当时因为没有那么多的岗位安排所有的工人，XX 村集体就先把这些工人供养起来。此外，XX 村集体还花费了 3 年多的时间偿还该煤矿拖欠工人的工资。

2002 年，XX 村集体又出资 1100 万元，托管了一座乡办煤矿，并通过技术改进和管理体制改革，把该煤矿的生产能力提高到年产原煤 30 万吨，成为全省五十座重点煤矿之一。随后，XX 村对该煤矿继续进行重点投资，通过技术改进最终使该煤矿的生产能力达到年产原煤 90 万吨的水平。2005 年，XX 村集体又出资购买了一座村办煤矿。2008 年，又投资 1800 万元对最早的村集体煤矿进行了技术改造，把一个村集体煤矿发展成为煤业有限公司，定义为"××能源集团有限公司"。

2009 年，山西省对全省煤矿进行兼并重组，XX 能源集团有限公司符合条件，成为煤炭企业兼并重组主体之一，兼并附近 6 座煤矿，成为当地能源集团的四大煤矿之一。总之，XX 村逐步做大做强煤炭主导产业，最终使全村煤炭年设计生产能力达到 540 万吨。

（2）非煤产业发展

XX 村在发展煤矿产业的同时，还采取多种措施发展非煤产业。一是组建 XX 村民营股份制经济实体，使全体村民都能够从中受益。苗 ZZ 根据"二露"建设对运输车辆的大量需求，与"二露"商议组建车队，承包"二露"建设中的所有运输任务，得到了"二露"的大力支持和帮助。1998 年，XX 村集体采取"公司搭台、村民唱戏"的模式，由村集体公司统一组织，党员干部带头，全体村民共同集资 200 万元，再加上部分征地补偿款，以村民入股的形式组建了一个股份制企业——永胜车队。该车队隶属 XX 煤矿有限公司，由村集体统一经营，年终按股给村民分红。该公司当年就获得了很大的收益，XX 村的村民都分到了万元左右的可观红利。车队成立初期，很多村民不理解，更有人担心赔了，等到第二年家家都分到了万元左右的可观红利时，村民们都笑了。1999 年，苗 ZZ 又根据"二露"土石方剥离工程对运输的大量需求，又一次发动村民集资 1500 万元，购买大、中型车辆 80 多辆，大大扩大了车队规模，让大部分村民从中受益。2000 年，为了照顾弱势群体，苗 ZZ 又出了新招，由村集体出资为村里在永胜车队中没有股份的老年人担保贷款入股，并在年终适当加大这些老人的分红比例。对此，全村人没提任何反对意见，第三年车队又给了村民数目不小的分红，那些由村集体担保贷款入股的老人们除了还清贷款，还分到了红利。他们高兴地说："苗 ZZ 的做法就是从天上往我们嘴里送馅饼。"2005 年初，苗 ZZ 为了清退通过各种关系进入车队的非本村人股份，先把车队的资产作价按股全部退给村民及非本村持股人，然后由村民重新入股重组，村民不分大人小孩，按人头重新入股，每股 3000 元。永胜车队在建立后的最初 7 年里，XX 村 290 户村民共分红利 1500 多万元，每户平均 5 万多元，村民们不得不佩服苗 ZZ 的经济头脑。如今车队已经成为一个拥有 80 多部大吨位车辆、固定资产达 1800 万元的大公司。永胜车队这一股份制公司的发展既壮大了村集体的经济实力，同时又实现了村民人人参股、个个获利的共同富裕目标。

二是兴办与煤炭生产相配套的服务产业。XX 村集体建立的 XX 能源集团有限公司，其煤炭产业的发展，经历了由小到大、由手工作业到机械化开采的发展变化，随着煤矿生产规模的逐渐扩大和生产技术的逐渐提高，逐渐显示出公司在矿山机械安装维修、煤炭销售、物资、电力供应等方面的薄弱。为此，该公司从 1997 年开始，先后投资 1000 多万元新建了多个主导服务产业。1998 年 3 月，XX 村集体投资 30 万元兴建了矿山机械修配厂，该企业属于"二露"服务公司的下属生产企业，由村集体统一经营，如今该企业产值已达 1600 多万元。就在同一年，XX 村集体又投资建设了一个专用煤站，通过该煤站把 XX 村煤矿生产的原煤装上火车，统一销往"二露"指定的销售地点——秦皇岛的煤运码头。煤站建成后，XX 村不断对设备进行更新改造，提升煤炭运送速度和规模，现已形成每小时 1000 吨的配煤输送系统。2008 年，XX 能源集团有限公司为了满足日益增加的煤炭运销需求，又在本市经济技术开发区新建了一座规模高达万吨列的煤炭集运站。除此之外，XX 能源集团有限公司还建成了一座年洗选煤能力为 500 万吨的大型洗煤厂，建成了一座 600 万元注册资金、年销售总额达到 1000 多万元的物资有限公司，投资 700 万元购买了位于市中心的信托投资公司大楼（该大楼如今的出租业务非常火爆，效益颇佳），村民入股投资 600 万元进行改造的星级宾馆——供电大酒店，还有工业园区职工食堂等配套企业，既为煤矿的安全生产提供了可靠保障，又降低了企业生产经营成本，增强了 XX 能源集团有限公司的综合实力，基本上形成了煤炭产、运、销一体化产业格局。

三是引进大项目和技术人才，兴办高科技的地上企业。经过几年来的考察和论证，2004 年，XX 能源集团有限公司投资 5000 万元，购买了哈尔滨理工大学研发的铸钢耐磨材料加工技术，在村集体的工业园区内创建了全省唯一的耐磨材料生产基地，兴建了耐磨材料有限公司。该项目自 2005 年 4 月开工建设，当年年底试产成功，所生产的耐磨材料在诸多技术指标上居全国先进水平，目前已具备年产 3000 吨多元低合金耐磨铸钢和 2000 吨耐磨材料复合钢管的能力，产品也被广大用户使用认可；2006年，XX 能源集团有限公司收购了一个镁厂，改名为镁业有限公司。2008年，XX 村集体又投资 1500 多万元对该镁业有限公司进行技术改造，大大提高了该公司的生产能力和技术水平。

（3）XX 村产业发展状况

目前，XX 村的集体经济组织为"XX 能源集团有限公司"，该公司在以苗 ZZ 为核心的村"两委"干部的带领下，与时俱进、开拓创新、艰苦奋斗、顽强拼搏，发挥主导产业优势，积极延伸煤炭产业链，转型发展，基本上形成了一业为主、多业并举的煤炭产业产、运、销一体化的格局。该公司是一个以煤炭为主导产业的大型企业集团公司，注册资金 2.2 亿元，实际固定资产 20 多亿元，在册人员 2000 多人，专业技术人员 196 人。

该公司下设办公室、财务室、调度室、审计监察室、安全监督部、人力资源部、技术部、工程部、规划发展部、采购部、保卫部、培训中心等部门，下设煤业、非煤、运销 3 大分公司，共 17 个企业，其中 4 座煤矿、13 个地上企业，14 个全资公司、3 个股份公司。其中包括 1 个煤业有限公司、2 个非煤有限公司和 1 个管理公司、4 个煤业公司，1 个耐磨材料制造有限公司、1 个房地产公司、1 个农牧有限公司、1 个投资管理公司（商务会馆、北京会所、大酒店）、1 个小额贷款有限公司、1 个热虹吸管制造有限公司、2 个镁业有限公司、1 个机械制造有限公司、9 个非煤公司，1 个运输有限公司、1 个经营管理有限公司、1 个电力燃料有限公司和 1 个洗煤厂、4 个运销有限公司，另外还有 1 个物业公司。

2010 年，XX 村集体企业生产总值达 12.06 亿元，实现利税 4.78 亿元，其中，非煤产业营业总额达 1.2 亿元，占公司营业总额的 10%。全村人均收入达 2 万多元，成了名副其实的"塞外华西村"。

（五）实现农村城镇化

XX 村地处晋西北的封闭山区，村民世世代代以耕种薄地为生，且受地理、社会、文化等诸多因素的束缚，一直改变不了贫穷落后的面貌。为了改变这一状况，苗 ZZ 带领全体村民进行了艰苦卓绝的努力，尤其是改革开放以来，他率领"两委"班子成员紧抓政策机遇和市场机遇，走出了一条成功的经济发展道路，同时也在农村城镇化方面做了大量的工作，成功走出了一条农村城镇化道路。

1. 村民居住城镇化

在 XX 村由穷变富的过程中，许多村民都在原来的宅基地上盖新房，但由于旧村环境污染太严重，使该村陷入有新房无新村、有经济条件无生活环境的发展困境。2000 年，地方领导在 XX 村视察工作时，对该村建设提出了指导意见，希望该村能够搬迁到镇政府所在地，并决定由区政府出资 100 多万元在镇里为其购买 100 亩土地进行新村建设。到 2005 年，XX 村集体前后投资 9000 多万元，用了将近 5 年的时间，最终建成了占地 185 亩、总建筑面积达 8 万平方米的高标准欧式居住小区，其中村民住宅楼有 428 套。2005 年底，XX 村全体村民举村搬迁到城镇新村，住进了比城里人还要高级的欧式楼房，人均居住面积达 45 平方米以上。

XX 村集体在标准化居住小区的建设中，特别注重居住小区的环境建设，在楼与楼之间栽种了大量的树木和花草，道路两旁有路灯，在基础设施建设上实现了上下水、天然气、供热、通信、闭路、道路、绿化八配套，还配置了活动广场、幼儿园、中小学、图书室、医疗室、老年活动中心、便民服务中心、车库车棚等健全的服务设施。其中双语幼儿园占地 2500 平方米，建筑总面积 4000 平方米，地理位置十分优越，园舍建筑宽敞充足。全园现设有 12 个教学班级，在园幼儿 380 余名，在岗教职工总人数 50 余名。便民服务中心面积约 100 平方米，主要用于为村民发放米、面、油、奶等福利。投资 360 多万元建起了一整套文化娱乐设施，有占地 1000 平方米内设树木草坪、各种样式的照明灯、样式新颖的雕塑和音乐喷泉的活动广场，有面积 350 平方米宽敞明亮的多功能活动室，有藏书 7500 册的图书阅览室，有无线广播室、45 套有线闭路电视网络。

总之，XX 村村民生活的新式小区，基础设施完善，服务设施齐全，环境优美，生活便利，村民生活发生了天翻地覆的变化，基本上达到了"住有所居、劳有所得、病有所医、学有所教、老有所养"的社会主义小康社会标准。全省农村小康建设现场会曾经在这里召开，省主要领导对 XX 村给予了高度评价。XX 村的村民不仅居住实现了城镇化，而且职业也发生了根本转变，完全由以往的在村务农的农民转变为在村办企业上班的工人，也有个别村民选择进城经商或外出打工。

2. 文化教育与乡风文明建设

（1）在文化教育方面

在学校教育方面，20 世纪 80 年代末，由于村里教育条件差，再加上村民普遍不重视教育，孩子们都争着抢着下煤矿赶小车挣钱而不愿意上学，许多孩子初中就辍学，全村竟然没有一个读高中的学生。当时，党支部书记苗 ZZ 对村民不重视文化教育的情况看在眼里、急在心上，他认为这样下去，XX 村就没有希望了。当时，XX 村没有初中，为了保证孩子们不辍学，村集体专门买了一辆中巴车，接送孩子去乡办中学读书。同时，由村集体出资资助孩子读高中，鼓励孩子们读书成才。尽管如此，还是有个别的孩子由于年龄小不适应集体生活，经常偷跑回家。为此，苗 ZZ 萌生了在村里建高标准中小学的想法。

1994 年，村集体投资 600 多万元新建了全市一流的中学和小学，盖起了教学大楼，装备了电脑室、图书阅览室、实验室，而且每个教室还配备了电视机、幻灯机、投影仪等，当时学校的硬件设备在全区乃至全市都是一流的。为了提高教学质量，XX 村采用先进的教学手段，以双倍工资的高薪在全区范围内聘请优秀教师，使本村中小学教育每年统考总是在全区名列前茅。据统计，XX 村到 2014 年有高中以上学历的 202 人，其中具有大学本科学历的 48 人，硕士学历的有 3 人，出国留学的有 2 人。XX 村的教育从无到有，再到成为当地名校，取得这样的成绩，与主要村干部对教育的重视和关心分不开，每年"六一"和教师节，村"两委"干部都会到学校慰问师生，参加庆祝活动，亲自给优秀少儿和优秀教育工作者颁发奖状，为教师颁发节日礼品。

除学校教育外，XX 村还特别重视家庭教育和社会教育的发展，提出一个很重要的理念——要搞好学校教育，首先要教育好家长，从各方面提升家长综合素质。为此，村集体成立了培训中心，专门负责对成人进行教育。其教育内容大体包括以下几个方面：一是制定村规民约，规范成人行为，培养文明村民；二是组织村民学习科学文化和专业技术知识，提升村民的文化水平和技术能力；三是帮助村民了解时事政治，提高村民的理论素养。在社会教育方面，XX 村一方面组织离退休老干部编写村史、家谱，对广大村民尤其是青少年进行艰苦奋斗教育和爱家乡、爱家庭、爱长辈教育。另一方面还通过办报纸、广播站、阅读栏等宣传工具，对广大村民尤其是青少年进行社会主义荣辱观教育和社会主义核心价值观教育。除此之外，XX 村还经常邀请受资助的贫困大学生返村对青少年进行自立自强教育，为本村后代的健康成长和成才创造条件。

（2）在乡风文明建设方面

XX 村在通过集体经济发展提高村民物质生活水平的同时，也非常重视乡风文明建设。从 2000 年起，XX 村成立了文化站，聘请在本地区教育部门的退休人员和部队复员回乡的优秀青年，专门负责文化站的文化宣传教育工作，组织各种文化活动和比赛，开展多种形式的文化娱乐活动。文化站除了有专职教师外，还有各单位的支部书记、总工、技术员等作为兼职教师。村集体下属的各单位都设有 2 名兼职通讯员，其职责是对内宣传本单位的事和人，对外给村办报纸提供信息和组织稿件。要求各单位成立文体队伍，如幼儿园、小学、中学都有各自的舞蹈队，各煤矿都有自己的民乐弹唱队和乒乓球队，车队有篮球队，村民中有妇女秧歌队、中老年健身太极拳队等，乐队经常参加市、区、"二露"等单位的庆典活动，受到有关单位的好评。文艺表演队、妇女秧歌队、军乐队等在本区组织的一年一度的元宵节活动中连续六年夺冠，被区政府评为"综合第一"和"特别奖"。村集体还曾组织村里 60 多名家庭妇女，分两批赴江苏省华西村参观学习，帮助她们接受先进的思想和理念，开阔眼界、增长见识，要求她们带动全村人尤其是全村妇女解放思想、更新观念。

XX 村丰富多彩的群众文化活动，不仅丰富了人们的精神生活，而且提高了人们的思想品德和文化素质，有力地抵制了各种不健康的陋俗和文化侵蚀。20 多年来，XX 村没有一起违法犯罪事件，呈现出社会安定、文明祥和的局面，多次被山西省妇联授予"文明家庭建设示范点"，社会主义精神文明建设在 XX 村绽放出了美丽之花。

3. 完善社会保障与增加社会福利

XX 村在发展集体经济的同时，始终把健全农村社会保障体系、提高村民和职工的福利待遇作为一项重要任务来抓，在医疗、养老等方面为全体村民尤其是老年人提供服务。在"二露"建设征用了 XX 村的绝大部分土地后，XX 村人均土地面积不足半亩，大多数村民都成了失地农民。当时煤矿和企业在进行就业安置时，大都安置年轻人，老年人既不能在煤矿或企业上班，也没有了土地，只能失业在家，生活水平和生活质量明显下降，而且失地又失业的农民中绝大多数都是妇女和老人。在这一背景下，地方政府于 2005 年 1 月 1 日下发红头文件，决定将被征地农民纳入养老保险体系，当时采取的养老保险标准是：个人出三分之一，政府出三分之二，只要达到了退休年龄（男 60 周岁，女 55 周岁），交够了养老保险金34600 元（政府交够 23000 元，农民交够 11600 元），每人每月就可以领取 300 元的养老补助。XX 村集体利用这个机会，出资 480 万元为全村老年人办理了农村社会养老保险，解决全村老年人的后顾之忧。此外，村集体还为老年人尤其是老干部和老党员制定了一系列的优惠政策：每年为村里 60 岁以上老人发放生活补助 3000 元，比一般村民多 500 元；每年为每人发放鸡蛋、猪肉各 36 斤，比一般村民各多 12 斤；每月为老年人发放医疗费 5 元；由村集体出资修建了老龄村民廉租房，由子女一次性为老人交纳 3 万—4 万元押金，老人去世后村集体全部返还押金。真正使老年人感受到社会主义新农村建设带来的温暖。

XX 村集体在为全村老年人提供优惠服务的同时，还为村里的青少年提供特殊补助，对村民子弟实行免费高中教育，对职工子弟考入高中、中专的学生每年补助 200 元，村民及职工子弟考入大专的每年补助 1000 元，考入本科的每年补助 4000 元，考取博士生及出国留学生每年补助 10000元。此外，村集体还对全体村民统一实行肉、蛋、奶、面、供暖、助学、生活补贴等免费供给制，人均年物品补助价值达 8000 元。

XX 村由于有完善的社会保障体系和健全的福利制度，基本上达到了"住有所居、劳有所得、病有所医、学有所教、老有所养"的社会主义新农村建设标准。2007 年底，全村村民人均收入达 12424 元。2010 年，全村村民人均收入达 20000 元。在村集体的统一调控下，注重兼顾公平的二次分配，在 XX 村既没有贫困户，也没有出现暴发户，成功走出了一条共同富裕的道路。

XX 村在实现本村共同富裕的同时，也不忘回报社会的责任。正如村党支部书记苗 ZZ 所说："XX 村人富裕了，回报社会、救助贫困者是我们企业的责任。"苗书记在当地贫困山区考察工作时，发现了两件揪心事，都是有关孩子考上大学却上不起学的事情，决定资助本地贫困大学生，帮助贫困学子圆大学之梦。2002 年，XX 村正式成立了贫困大学生助学基金会，救助办法包括以下几个方面的内容：一是对本区每年考入大学的贫困学生资助 4000 元；二是对考入清华、北大的大学生不管贫困与否，每年资助 5000 元；三是对本区每年的高考文、理科状元不论家庭贫困与否，资助 4000 元。在基金会成立后的 3 年间，XX 村先后资助 74 名贫困大学生，发放助学金达 50 万元之多。到 2010 年，XX 村集体共资助全区贫困大学生 310 名，发放救助金 337.6 万元。到 2011 年，资助贫困大学生达 384 名，共发放救助金 400 多万元，赢得了社会各界的广泛赞誉。2007 年，XX 村的能源集团有限公司因救助贫困大学生成绩显著、贡献突出，被山西省人民政府授予"捐资助教特别奖"。此外，2008 年的北京奥运会期间，XX 村出资 20 万元资助本区儿童福利院孤儿参加北京阳光奥运夏令营活动，让孤儿们感受到了社会主义大家庭的温暖，体验人间真情，激发了他们对社会主义的热爱和对美好生活的向往。XX 村还出资 100 多万元补助贫困村进行社会主义新农村建设。

　　总之，XX 村在村党支部书记苗 ZZ 的带领下，本着互惠互利的原则，与国有煤矿形成合作共赢关系，在发展村集体经济的同时，使村民的居住、医疗、卫生、教育、福利、社会保险水平都得到了较大的提高，真正走出了一条以工业化推进农村城镇化的道路。

三　村企分治与村庄衰败

　　村企分治是指国有煤矿与煤矿所在的村庄在煤矿开采中，各自注重追求自身利益最大化，而不顾及对方的利益和要求。在煤矿建设和生产的过程中，矿区农村和农民不会考虑为煤矿企业的发展提供良好的社会环境，煤矿企业在煤矿开采中也不会尽最大的努力减少地质灾害程度、保护自然环境，为矿区农村和农民提供更多工作机遇和收入来源。在这一部分，我们通过一个典型的村企分治案例，分析造成村庄衰败的主要因素，为资源型地区发挥资源优势实现乡村良好治理提供借鉴。在这一典型案例中，自从国有煤矿在 BYZ 村建成并生产后，BYZ 村的历史就转变为农民抗争的斗争史。

　　新中国成立前，BYZ 村是一个典型的传统农业型的小山村，土地贫瘠，农业条件差，自然环境恶劣，村里流传的一句顺口溜"出门靠的两条腿，夜间出门一抹黑，白天出门一头灰，雨天出门一身泥"，就是新中国成立前村民生活的真实反映。新中国成立后，尤其是人民公社时期，BYZ村通过办企业、搞副业、跑运输等发展经济的途径，增加了村民收入，改善了村民生活，使该村成为当地小有名气的富裕村。

然而，自从1983年一座国有重点煤矿在该村建成并生产后，BYZ村就逐步沦落为生态环境恶化、干群关系紧张、贫富差距拉大、社会保障缺乏的一个典型的问题村、难点村、矛盾村，村民陷入了失地又失业的两难境地，村庄失去了可持续发展的动力和外部环境。据村民反映，当年村集体因煤矿征地获得了520万元的巨额征地补偿款，这笔巨款在当时可以使全村人住上楼房，过上城里人的生活，可以有先进的公共服务设施，还可以搞许多为煤矿服务的主导产业，解决村民的就业问题。但事实上，这520万元的征地补偿款不仅没有使该村走向富裕，而是走向了村民预期的反面，丰富的煤炭资源为BYZ村带来的不是福祉而是诅咒。

（一）土地征用中的农民抗争

当代中国农民抗争包括"日常抗争"、"依法抗争"、"以法抗争"、"以理抗争"等多种形式，"日常抗争"是美国著名的农民问题研究专家詹姆斯·斯科特提出的，他认为农民抗争的主要原因不是贫困，而是农民的生存道德和社会公正感受到威胁，也就是农民的尊严受到侵犯。农民会通过偷懒、装糊涂、开小差等方式与损害他们尊严的人进行抗争。除此之外，中国农民多采取上访、聚众阻挠等手段进行抗争。

1. BYZ村土地被征用状况

BYZ村脚下蕴藏丰富的煤炭资源，是一个典型的煤炭资源型农村。该村是镇政府所在地，西临太长高速，208国道从村中穿过，国道西侧为矿区（征用该村耕地而建），东侧为居民区和农田，交通条件十分便利。镇政府所在地的地理优势和便利的交通条件，为BYZ村的经济发展奠定了基础。BYZ村现有农户318户、966人，共有耕地2583.5亩，农民人均耕地面积2.67亩。该村自1983年国有煤矿征地建矿到2006年，历经国有煤矿征地、国家建设征地、村集体发展用地、个人租用土地及土地倒卖等，全村土地总共被征用或占用1597亩（其中非耕地95亩），耕地面积减少至1081.5亩，其中农户承包地面积降低到648.4亩，人均耕地面积减少到 0.6 亩。BYZ 村在这 23 年间，全村耕地面积减少了近 60%，人均耕地减少了 3 倍多（见下表）。

1983—2006 年 BYZ 村土地被征用情况统计表

年份	征地面积（亩）	占地主体	原因	补偿款	
1983	1100	煤矿	国有煤矿建矿（耕）	520 万元（分 4 批）	
1985	20	村集体	208 国道门面房		
1986	15	乡政府	乡政府办公楼	1.5 万元	
1986	150	村集体	造林绿化（耕）		
1987	40	国家	铁路（耕）		
1991	5	村集体	纪念碑（耕）		
1992	20	村集体	大市场		
1993	30	国家	208 国道		
1994	14	企业	编织袋厂（耕）		
1996	13	企业	电石厂（耕）		
1999	10	村集体	桥北 20 间商店		
2001	20	企业	预制板厂（耕）		
2002	50	煤矿	C 矿征地（耕）	100 万元	
2002	15	煤矿	国有煤矿垃圾场（耕）	每年给村集体 2 万元	
2005	15	县政府	连接聚锡厂的路（耕）	每年每亩 500 元	
2005	40	煤矿	C 矿瓦斯站（耕）	80 万元	
2006	40	个人	倒卖	78.4 万元	
共计	1597	耕地	1502 亩（94%）	机动地	95 亩(6%)

2. 国有煤矿征地中的农民抗争

1982 年，BYZ 村实行土地家庭联产承包责任制。提起当年的土地承包到户，村民至今还记忆犹新。一位老大爷告诉我们，当时社员们①正在地里参加集体生产劳动，突然听到大队广播通知社员到大队部集中分地，

---

① 人民公社时期，村民都是公社社员。

大家立即扔掉锄头跑到大队部门口集合。随后，在村干部的主持下，以生产小队为单位（当时有 4 个生产小队），将所有耕地分给农民，平均每人分得土地 2.67 亩，并以户为单位与农民签了土地承包合同。同时，将村集体原有的农机器具、牲畜等生产资料也作价分配给农民，得到农机具或牲畜的农户要给没有得到的农户钱。农民得到土地后欢天喜地，兴奋不已，他们把土地当作宝贝，细致耕种。一位大婶心情激动地说："地一分到我们手中，那个地里的庄稼就像我们孩子一样，精心呵护，当年秋收就取得了好收成，打谷场上一片金黄，第二年便有村民骑着自行车去县城出售余粮"。

1983 年，国家要在 BYZ 村开办煤矿，煤矿建设第一批征用土地 1600亩，其中征用 BYZ 村 1100 亩，其余 500 亩需要从 BYZ 村的邻村征用。按照当时的国家建设用地征地标准，被征用土地每亩补偿 1900 元，全村1100 亩耕地可得征地补偿 210 万元，加之土地覆植物补偿及其他补偿，BYZ 村总共能够得到 520 万元的巨额补偿。正是这一巨额补偿的引诱，BYZ 村的主要村干部就在村民根本不知情的情况下，把刚刚承包给农户的耕地全部收回，然后把其中的 1100 亩地征给国有煤矿，并私下与国有煤矿签订土地征用合同。村干部在与煤矿签订了土地征用合同后，除了留一部分集体机动地外，其余的土地在农户之间进行重新分配。BYZ 村的第二次土地承包就是在这种背景下进行的，这一次每个村民分得土地不足1 亩，比上一次减少了一倍还多。

国有煤矿第一期征地结束后，BYZ 村的村民就走上了上访告状的历程，他们提出一系列问题，希望村干部和地方政府官员给予解释。一是土地是我们村民承包的，村干部为什么要把我们的土地收回？以集体的名义与国有煤矿签订征地合同，而我们村民却没有最基本的知情权，更没有决策权？二是土地征用价格是谁决定的？为什么我们的土地，我们没有权利决定征用价格？三是对地上覆盖物的补偿更不合理，我们的地上覆盖物包括玉米、小麦、树木、砖窑、坟头等，推土机推掉的是我的砖窑，煤矿为什么以地上覆植物的补偿标准为我们补偿？而且我们的砖窑承包合同是 3年的期限，现在只执行了 1 年，其余 2 年的租金谁来偿还？祖坟是保障我们家族兴旺的根基，煤矿征地涉及 100 多户约 400 个坟头，为什么你们要挖就挖，而且一个坟头只赔偿 60 元？但土地征用既成事实，村民要想得到这些问题的答案也就很难了。

自 1983 年国有煤矿建设征用了 BYZ 村的土地之后，村民的上访告状并没有对煤矿的发展与扩大造成实质性的影响，2002 年至 2005 年，为了资源开发的需要和煤矿扩大规模的需要，煤矿进一步征用 BYZ 村土地 120 亩，其中 2002 年两次征用 65 亩（一次是煤矿给村集体 100 万元续征耕地 50 亩，一次是煤矿以每年 1.5 万元的价格租用 15 亩地修建垃圾场），2005 年煤矿给村民 80 万元征用农户承包地 40 亩修建瓦斯站。以上征地也因程序不规范和补偿不合理，引起了村民的进一步上访。

3. 煤矿房地产开发引发的农民抗争

1982 年，县政府在 BYZ 村征地开办了一个县营保温厂，1987 年该保温厂因经营不善承包给私人，县营的保温厂由此改制为私营的电石厂。此后，村集体每年与电石厂负责人李某签订土地租赁合同，李某每年按照合同规定向 BYZ 村集体缴纳土地租赁费。2000 年，时任党支部书记的崔 K 与李某签订了 50 年的土地长期租赁合同，一次性收取了 50 年的土地租赁费。2001 年，崔 K 因农民上访辞去村党支部书记的职务，新任党支部书记崔 L 又重新与李某签订了 50 年土地租赁合同。2009 年，山西省环保厅公布环境污染末位淘汰企业，该电石厂的生产设施因环境不达标而被拆除，该厂所占的 20 亩土地从此被闲置。电石厂负责人李某在未经 BYZ 村集体同意的情况下，又将这 20 亩地转租给国有煤矿所在集团后勤中心——房地产开发公司，用于房地产开发。

村民得知自己的土地在村集体和村民根本不知情的情况下多次转手倒卖的消息后，强烈要求村党支部书记把土地收回来。在村民强烈要求的压力下，村党支部书记召集村全体党员开会，采取党员大会的方式讨论此事，经过讨论，党员一致认为当初村集体同电石厂签订土地租赁合同时标明用途为电石厂，并解决一定数量的劳动力，但电石厂负责人找借口将大部分村民解雇，而且土地最后用于房地产，不符合当初合同签订的内容，属非法用地，村集体有权收回土地，终止与电石厂签订的土地租赁合同。

2006 年 3 月下旬，邻村人郭某找到 BYZ 村党支部书记，要求租用 BYZ 村南部的 40 亩耕地，用于引进由大连经销商投资的蔬菜加工厂，时任党支部代理书记没有同意，并以身体有病辞去了 BYZ 村党支部书记的职务。当年 4 月，镇政府任命村主任代理村党支部书记，郭某又一次找到村党支部书记,重新提出了租地的要求。村党支部书记代表村集体同郭某签订了土地租赁合同,同意将BYZ村南部的40亩耕地租赁给郭某,合同期为50年。合同规定:该蔬菜加工厂要解决BYZ村40名劳动力就业,开发商一次性给被征地村民共78.4万元,这些被征地农民与村集体签订的30年土地承包合同仍然不变。

然而,这一看似运作规范且有利于BYZ村发展的土地租赁行为,其性质在实际操作中却彻底发生了改变。郭某在同村委会签订协议后,随即将这40亩土地倒卖给国有煤矿所在集团后勤中心——房地产开发公司,由该公司在这40亩土地和电石厂的20亩土地上进行房地产开发①。当时,多数村民都不同意卖地,拒绝领取土地补偿款。然而,由于土地征用合同已经签订,开发商在没有征得村民同意的前提下强制开工。当时正值玉米快要收成的季节,煤矿的推土机在主要村干部的支持下,开到地里准备强制平地,在田间耕作的农民自发地组织起来,手持铁锹和锄头进行阻拦,推土机被迫暂停工作。当天晚上,村委会班子成员、乡镇派出所领导和煤矿负责人,趁村民不在地里便将所有的快要成熟的玉米推倒。翌日清晨,当村民来到地里发现地里的庄稼被清理一空时,伤心欲绝,并气愤地找到村干部理论,村干部含糊其词,推诿扯皮,并以建设蔬菜加工厂有利于BYZ村的发展为由,暂时平息了村民的抗争。

但是,当村民看到推土机在自己的耕地上挖了一个大坑的时候,他们才意识到这60亩地绝对不是用来建蔬菜加工厂,而是要用于房地产开发。国有煤矿集团私下改变土地用途用于房地产开发引起了村民的极大不满,愤怒的村民坚决表示制止和抗议,他们白天夜里轮流守候,吃在地里,住在地里,阻止工程队继续施工,并不断地上访告状。2007年初,由于村民上访告状,BYZ村的党支部书记被撤职。土地局以非法倒卖土地为由,阻止了房地产开发行为,此后这60亩土地一直闲置撂荒至今。

4. 政府和村集体占地中的农民抗争

除国有煤矿征地外,政府、企业和村集体先后占用BYZ村土地共387

① 当时国有煤矿所在集团后勤中心委托煤矿后勤部在该煤矿的职工中进行了摸底调查,经过排查,该煤矿约有1200户的单元楼需求,我们有一个同学其父亲、母亲、哥哥、嫂子均为该国有煤矿职工,但是哥哥在成家之后因附近没有新建的单元楼至今仍然随父母居住,全家6口人挤在98平方米的煤矿居民区家属楼里。

亩，其中企业占地 47 亩，分别为 1994 年的编织袋厂、1996 年的电石厂和 2001 年的预制板厂，这些占地都引发了村民抵制。

2005 年，煤矿所属集团在 BYZ 村东部修建了一个聚锡厂，县政府经过统一规划，决定修建一条公路，将聚锡厂、焦化厂等重要企业连接起来，这条道路需要占用 BYZ 村土地约 15 亩，而且还将 BYZ 村东部数量不多的土地又分成了两个大三角，给土地耕种造成了很大的麻烦，被占地农民表示强烈反对。处于县政府和村民夹缝中的村干部两头为难，村党支部书记和村主任因抑制不了村民的越级上访，被乡镇党委撤职。在村党支部书记和村主任缺位的情况下，镇党委书记郭某暂时代理村党支部书记主持 BYZ 村的工作，郭某经过多方协调，最终与村民达成协议，通往聚锡厂的道路所占耕地一年一租，每亩地每年补偿村民 500 元。村民郝大婶告诉我们："人家一亩地好几万，我们这里才几百块钱，能干啥？现在这情况我们也没办法。"面对政府的强制征地，农民们失望、反对，更多的是愤慨和无奈。

纵观 1983 年到 2006 年期间，BYZ 村农民 60% 以上的土地总计 1597 亩被相继征用、占用或倒卖，农民土地总量急剧减少，但却没有任何发言权和决策权，任由村干部及其他利益主体宰割。农民失去土地后，随之又失去了与土地相关的其他权益。第一，土地承担着农民家庭财产的功能，农民失去了土地就等于失去了重要的家庭财富，是一种财产权的损失。第二，农民失去土地就意味着失去了最基本的就业岗位，是一种就业权的损失。第三，农民失去土地意味着失去最稳定的社会保障，是一种社会保障权的损失。第四，农民失去土地后，就意味着失去了发展的基础，是一种发展权的损失。第五，失地农民还失掉依附在土地上的一系列政治权益。正如政府对农民的技术、资金、农资、农业税减免等方面的支持都是以土地为基础的，农民失去了土地，也就失去了获得这种支持的机会，其他权利也随着其经济基础一起的丧失而告终。

（二）土地征用款使用中的农民抗争

BYZ 村村民在其土地一次次被征用、占用和倒卖后，他们不仅要为保卫自己的土地而斗争，而且还要为巨额征地补偿款的分配和使用而斗争，如果农民在这个问题上仍然没有发言权和决策权的话，失去土地的农民也就失去了维持生计的任何收入来源。那么，这些巨额补偿款又是怎样使用和分配的呢？

1. BYZ 村土地补偿使用概况及其绩效

自国有煤矿在 BYZ 村建矿以来，共支付 BYZ 村征地补偿款 718 万元，其中用于村庄发展的共 335.6 万元，发到村民手中的 90 万元，以集体名义借给村民使用的 60 万元①，流向不明的资金高达 292.4 万元（这还不包括期间巨额资金的存款利息所得）。广大村民为了这些土地补偿款的分配和使用进行了不懈的斗争。煤矿征地赔偿款数额及用途详情见下表：

煤矿征地赔偿款数额及用途

煤矿征地补偿款额		征地补偿款数额及用途		
时间	数额（万元）	时间	款额（万元）	用途
1984 年	350	1985 年上半年	38	20 辆卡车
1985 年上半年	60	1985 年下半年	40	门市部
1985 年下半年	10	1985 年下半年	10	每人 100 元福利
1988 年	100	1988 年	20	小学
2002 年	100	1989 年	32	8 辆运输车
2002 年至今	18	1990 年	50	东山商场
2005 年	80	1990 年	18	村委办公楼
共计	718	1991 年	2.6	食品加工厂
		1991 年	5	纪念碑
		1994 年	60	编织袋厂
		1983—1994 年	60	借给村民
		2005 年	80	发给村民
		共计	415.6 万元	
流向不明款额		292.4 万元		

---

① 1990 年，BYZ 村有一个个体工商户因经营不善资金周转不开，于是向村集体提出借款的请求，村集体答应借出 10000 元，开了 BYZ 村村民向村集体借钱的先河。从此，村民无论是否真正困难，都想要向村委借钱，借了 5000 元的想借 10000 元，借了 10000 元的想借 20000 元。村集体的多余资金是有限的，而村民却争相借钱，最多时借款户数占该村总户数的 30%，由此形成了村民之间、集体和村民之间、村干部和村民之间的矛盾。村民借出资金以后，大多都不计划偿还。至 1996 年，村集体借给村民的资金总额达到 60 万元，时任党支部书记到法院起诉借款村民，要求他们偿还村集体的借款，法院以"依法收贷"的名义，强制收回村民的全部欠款。

1983 年该国有煤矿征用 BYZ 村土地 1100 亩，1984 年，煤矿按照当时的征地补偿标准，以每亩补偿 1900 元，全村被征用土地 1100 亩，共计 210 万元，加之土地覆盖物补偿①，第一批下拨至村集体的补偿款约 350 万元。350 万元在当时来说，的确是一个天文数字，时任党支部书记将这笔巨款存入银行，并开设了集体账户。获得巨额补偿款的 BYZ 村，瞬间成为全县最富有的村庄，也成了当地数一数二的富裕村，村民们尽管对土地征用很不满意，但当土地征用成为事实后，大家都期盼着这笔巨额赔偿款能够帮助他们走上致富的道路。

在煤矿建设的过程中，BYZ 村便有大量村民利用煤矿建设的机遇，办起了个体运输。1985 年，村集体从煤矿征地补偿款中拿出 38 万元买了 20 辆大卡车，并把村民个体的车辆组织起来，组建了一个村集体运输车队，村集体运输车队最多时有运输车 70 多辆。村委会组织有开车技术的村民报名加入车队，指定专人负责与煤矿交涉业务，主要为煤矿拉砖、拉沙，参加运输车队的村民每人每天收入 50 元，其余收入归村集体所有。1989 年，煤矿建设进入高峰期以后，随着矿区运输业务的不断加大，村集体又从土地补偿款中拿出 32 万元，购买 8 辆运输车，由村民个人承包经营，承包人每年向村集体交纳租金，当交够卡车的价值时，卡车便归村民个人所有。1992 年，煤矿大批量的建设任务基本完成，随着煤矿运输业务量的减少，BYZ 村集体的运输车队陷入困境，车队随即解散。村集体的车辆折价归车主所有。

1985 年上半年，煤矿为 BYZ 村下拨第二批征地补偿款 60 万元，村集体从中拿出约 40 万元，占用村集体土地 20 亩，在 208 国道东侧修建了 38 间商业门市部，主要经营五金、糖果副食等业务，其余 20 万元由村干部以村集体的名义存入银行。BYZ 村建成的 38 间商业门市部最初由村集体经营，后来由于经营不善，村集体只好将商部承包给村民个人，每间商店年租金 480 元。在商业门市部面向村民承包时，村集体清点了商店原有的货物，并折算成现金，由村民每年以租金的形式向村集体偿还，待货物款偿还完毕之后，每年只需向村集体交纳房屋租金。

---

① 土地覆盖物如玉米、小麦、砖窑、坟头、树木等。以坟头为例，当时一个坟头赔偿 60 元，全村涉及 100 多户约 400 个坟头。

1985 年下半年，煤矿为 BYZ 村下拨第三批征地补偿款 10 万元。征地补偿款是煤矿因占地而向村集体赔偿的资金，属于村民集体资产，本应该由村民决定如何使用和分配。然而，由于村集体得到煤矿第一批补偿款后，不给村民分配，而全部由村党支部书记存入银行，村民对此表示强烈不满，并不断上访，要求村集体将补偿款下发给村民。在村民的强烈要求下，新任党支部书记在当年年底为全村每个村民发 100 元，并在春节前夕购买大米和面粉作为年终福利向村民发放。

1988 年末，煤矿为 BYZ 村下拨第四批征地补偿款 100 万元。村集体从中拿出 20 万元用于村办小学的建设，其余由村党支部书记存入银行。

1990 年，村干部又占用村集体土地 20 亩，使用征地补偿款 50 万元建起了东山商场，东山商场最初由村集体经营，后因经营管理不善，就以对外招标的形式承包给个人，承包人每年向村集体缴纳租金，承包人为了获利，很快就把东山商场变成了宾馆。

1990 年，村集体使用 18 万元征地补偿款，新建了村委会办公大楼，但村委会办公楼并没有用来办理村庄公共事务，而是被村干部用于出租，谋取私利。

1991 年清明节，村干部又使用征地补偿款 5 万元，占用集体土地 5 亩，为本村在抗日战争和解放战争时期牺牲的 8 名烈士修建了革命烈士英雄纪念碑。当年，村集体还使用征地补偿款 2.6 万元，在 20 世纪 60 年代建成的粮食加工房的基础上，扩建了一个新的食品加工厂，主要加工小米、小麦、玉米。食品加工厂最初由村集体经营，但很快由于经营不善、收入微薄而难以运转。这时的村集体除了 60 万元土地补偿款以外，没有任何收入来源，甚至连电工工资都支付不起，在这一状况下，村党支部书记就把食品加工厂抵押给村电工。1997 年，食品加工厂因资金短缺而被迫停产，厂房被私立幼儿园租用，后来幼儿园迁至村民家中，厂房从此被废弃。

1994 年，BYZ 村主要村干部又要使用土地补偿款筹建编织袋厂。这时，BYZ 村 520 万元的煤矿征地补偿款只剩下 60 万元，但编织袋厂的设备购置费和厂房建设共需 100 万元，于是集体便从银行借贷 40 万元，建了编织袋厂。这个编织袋厂占用集体土地 14 亩，招用村民 30 余人。但这个编织袋厂仅仅经营了几个月，又由于经营不善、销路不畅、技术不合格等原因而严重亏损，村集体又把该厂低价转包给个人。村集体因无力偿还修建厂房欠工程队的 15 万元，1995 年，工程队将 BYZ 村集体告上法庭。至今，这 15 万元的工程款仍然是 BYZ 村难以解决的历史遗留问题。

总之，自 1985 年至 1994 年的 10 年间，BYZ 村的主要村干部利用土地补偿款，相继开办了运输车队、商业门市部、东山商场、食品加工厂、编织袋厂等村集体企业，但都是在很短的时间内因经营不善而倒闭，520 万元煤矿征地补偿款全部使用完毕，集体还背负了 40 万元的银行债务和 15 万元工程款的债务。在此期间，村民多次要求村干部解决土地补偿款的分配和使用问题，并多次组织起来进行集体上访，但最终每人只得到了 100 元的补偿。

2. 煤矿瓦斯站煤灰利益分配中的农民抗争

2005 年，煤矿以每亩 2 万元的价格征用 BYZ 村和邻村农户承包地各 40 亩用于建设瓦斯站。煤矿这次征地除了支付耕地补偿款以外，还有一个附加条件，就是煤矿每个月无偿轮流向两村提供煤灰，煤灰出售后所得钱款归村集体所有。当时，BYZ 村的邻村在煤灰经营中，采取公开竞标的方式面向村民公开招标。而 BYZ 村时任村主任却在村民根本不知情的情况下，私下与支持自己上台的崔某①签订协议，将煤灰以每年 3 万元的低价承包给一位与自己关系要好的村民，利润除上缴村集体的承包费 3 万元外，其余由村主任、崔某和承包人三人平均分配。他们三人便在 2005 年底签订了一期承包合同，合同期为 3 年，至 2008 年底到期（村委会换届选举之后）。

2008 年是山西省第八届村民委员会换届选举年，由于害怕村主任在村委会换届选举中失败，影响他们继续承包煤灰，村主任就在合同到期之前，于当年 9 月，代表村集体与煤灰承包人签订第二期煤灰承包协议，合同承包期为 5 年，2013 年 12 月到期。通过这一协议确保村委会选举不会影响他们三人的利益。在 2008 年底进行的村民委员会换届选举中，崔某和煤灰承包人竭力支持村主任连任，并通过请客、送礼、承诺、买票等多种方式拉票，最终使村主任成功连任。

村民在得知煤灰承包的内幕后，对村干部这种处置集体资产的方式

①　崔某是 BYZ 村 1985 年第一次选举中当选的民选村长，"村长派"带头人。

极为不满，强烈要求村集体收回煤灰承包权，通过公开招标的方式对外承包。而且，据村民反映，时任村主任为了在煤灰经营中获取暴利，私下"打通"了煤矿锅炉房的锅炉工，加快了传送带的运输速度，把煤灰含煤量提高到30%，其热量甚至超过煤质较差的小煤窑所产煤炭的热量，有较高的经济价值，BYZ村煤灰经营每年可以获取100多万元以上的纯利润，村民也强烈要求部分利益能够由村民共同分享。① 在多次要求无效的前提下，村民组织起来不断到县政府上访，迫使村主任于2009年初辞职。

纵观煤矿征地补偿款的使用和分配，BYZ村主要村干部对于718万元的巨额征地补偿款，只有335.6万元的资金用于村集体开办企业和村公共事务，而且该村使用征地款所开办的集体企业都很快以破产而告终，村集体在开办这些企业的过程中损失惨重，原雇用的村民在企业破产后全部被解雇，而村干部却在村集体企业开办的过程中富裕起来。补偿款运行绩效如此之差，巨额资金流向不明，并且在征地款使用过程中，党支部书记更迭频繁，甚至出现了两年六换的情况，干部内斗，官商勾结，农民的经济利益受到严重损害，我们不禁发问：农村集体所有土地的征用，征地补偿款的使用和分配，村集体开办企业和举办公共事务等问题，为什么都由村干部决策？农民的自治权哪儿去了？

（三）围绕巨额补偿款的权力争夺和"两委"斗争

按照中国农村村民自治的制度安排，农村土地和征地补偿款属于村集体所有，村集体所有成员应通过村民会议或村民代表会议的方式对集体所有土地和征地补偿款作出决策。然而，在中国农村村民自治的实践中，由于民主管理、民主决策和民主监督制度落实不到位，村民自治往往异化为村干部自治，谁掌握村庄公共权力，谁就拥有村集体公共资源。而当村干部代表村集体拥有了对集体土地和征地补偿款的处置权后，集体财产就会失去集体控制而成为村干部的私有财产。在BYZ村，主要村干部掌握着对村集体公共资源的最高处置权，有权处置村集体的巨额征地补偿款。这

---

① 这一情况都是村民的猜测，没有证据证明，但村民却坚定地认为这就是事实，强烈要求参与利益分配。

一点在镇政府和 BYZ 村全体村民中自然达成共识，镇政府的许多人就开始想"我要去 BYZ 村包村"，BYZ 村的村民时常想"我要当村干部"，这是巨大的资源利益对镇政府和 BYZ 村村民在思想意识方面的影响之一。镇政府的公务员、BYZ 村的村干部和普通村民对村庄公共权力的争夺悄然拉开序幕。从此党支部书记和村委会主任的职位频遭冲击[1]。

1. 乡镇对 BYZ 村公共权力的争夺

亨廷顿认为："发展中国家现代化改革的实现，没有中央政府的强有力的行政指导很难收到成效。因为在高度集权的体制下，没有权力上层的推进，任何来自下层的新活动常会受到压制或缺乏持久的生命力而得不到正常的发展。"[2] 在我国基层治理的实践中，强力遵循了这一逻辑。这一逻辑的初衷是要建立和谐的乡村关系，然而旧有的"压力型"体制和"乡政村治"[3] 形式，没有很好地理顺乡镇指导和村民自治的关系，在村民自治制度实行后理应由领导和被领导的关系转化为指导和被指导的关系，但由于国家行政体制和村民自治体制没有很好地衔接，乡镇干部还习惯性干预村民自治事务，导致村民自治的行政化倾向非常明显。BYZ 村1983 年至今有 16 人担任过村书记，其中由乡镇公务员代理的就多达 8人，甚至在 2005 年和 2009 年还出现了镇党委书记直接代理 BYZ 村党支部书记的现象，镇党委书记直接插手 BYZ 村的自治事务。在这个过程中，乡镇干部对村庄公共资源的攫取似乎显得更加合乎情理，农民也不知不觉地成为乡镇干预村民自治事务的牺牲品。

早在 1985 年，乡镇党委因 BYZ 村村民为了煤矿征地和土地补偿款的使用和分配问题不断上访告状，而撤了 BYZ 村党支部书记的职，委派一名乡镇干部主持 BYZ 村工作。据村民反映，在 1995 年春季 BYZ 村的党支部换届中，乡镇某副镇长就提出要到 BYZ 村担任党支部书记，由于当时

---

① 从煤矿征地赔偿款下拨至 BYZ 村，该村至今有 16 次党支部书记更选，其中 11 次因村民上访而发生，由镇政府任命代理的有 12 次，由原先在镇政府任职的人员担任的有 8 次。

② 亨廷顿：《变化社会中的政治秩序》，生活·读书·新知三联书店 1989 年版，第 98 页。

③ "乡政村治"体制的"乡政"，是指乡级机构的功能运转主要体现在乡政权上，特别是体现在乡政府的职能上，从乡级政治事务、行政事务和经济事务的管理方面，都突出一个"政"字。而"村治"则是指村级组织对村域事务在自治基础上的具体管理。在这一体制中，"乡政"代表着国家权力，具有系统而完整的组织机构，而且掌握了农村社会最主要的政治、经济和文化资源，控制着和主导着农村的发展。而正是在这种"压力型"体制下形成了乡村组织泛行政化。

BYZ 村的村民虽然不时组织集体上访，但还没有到了由乡镇出面维持稳定的程度。在这种情况下，BYZ 村的老书记向镇政府推荐了村会计担任村党支部书记，所以，乡镇党委书记就没有答应该副镇长的要求。2001年，由于 BYZ 村时任党支部书记因"异地采伐"被法院判罪，村里的一部分村民组织上访，并联系到了该副镇长，希望他能够出任 BYZ 村党支部书记。在部分上访村民和该副镇长的共同努力下，镇党委撤销了时任村党支部书记的职务，任命该副镇长为 BYZ 村党支部书记。

2002 年，煤矿又向 BYZ 村征用约 50 亩土地，这次征地补偿款约 100万元。当这位担任 BYZ 村党支部书记的副镇长得到这 100 万元的补偿款后，没有将赔偿款下发至村民，也没有向 BYZ 村的村民和干部说明这 100万元的使用和分配方案，致使巨额征地款去向不明。而且，仅仅在 BYZ村 100 万元的补偿款到位一年后的 2004 年，这位副镇长就重新修建了自家的新房，村民一致认为他家盖新房用的是村集体的征地补偿款，并因此对他产生了强烈不满。在 2005 年底进行的 BYZ 村第七届村民委员会换届中，在这位担任 BYZ 村党支部书记的副镇长主持换届选举工作时，愤怒的群众拿起板凳向他砸去，此后，村民不断上访告他的状，乡镇党委借此免去了他的党支部书记职务。该村 1983 年以来的村干部更迭详情见下表。

1983 年以来 BYZ 村村干部更迭表

任职时间	书记	村主任	治理效果	离任原因	备注
1983—1984	崔 G		煤矿开始征地、联产承包到户、分发农具牲畜、建保温厂。混乱	上访	郝 H 为支部委员、会计李 V
1984—1985	郝 H		处理征地补偿款、买四轮、买牲口	上访县级	镇党委任命
1985—1986.5	郝 I	崔 U	第一次村委会民主选举、"两委"矛盾突出、分配征地补偿款 10 万元、第一次过年发福利	上访	崔 K 为村副主任

续表

任职时间	书记	村主任	治理效果	离任原因	备注
1986.5—1988.7	崔 J	崔 K	分配征地补偿款。混乱	上访	郝 I 姐夫
1988.7—1995	崔 F	李 V	分配征地补偿款、修东山商场、修办公楼、修纪念碑、建编织袋厂、成立运输队、建大市场	年龄偏大上访	崔 K 1989 年与李 V 对调
1995—2001.3	崔 K	杨 N	通自来水、修路、供电、扩建大市场	上访	崔 O 为民兵连长
2001.3—2005	崔 L	崔 X	混乱	上访	镇党委任命代理
2005—2006.3	郭 M	崔 X	混乱，维持稳定	职务调动	镇党委书记代理
2006.3—2006.4	杨 N	崔 O	混乱，维持稳定	身体原因	镇党委任命代理
2006.4—2007	崔 O	崔 O	非法倒卖土地、私自处理煤灰	上访	镇党委任命代理
2007—2008	李 P	崔 O	混乱，维持稳定	上访	镇党委任命代理
2008	崔 E	崔 O	混乱	上访	镇党委任命代理
2008—2009.1	崔 Q	崔 Y	修水泥路，重新修建义济王庙。混乱	死亡	镇党委任命代理

任职时间	书记	村主任	治理效果	离任原因	备注
2009.1—2010.3	高R	崔Y	混乱，维持稳定	职务调动	镇党委书记兼镇长代理
2010.3—2010.9	崔S	无	混乱，维持稳定	上访	支部副书记代理
2010.9—至今	孟T	无	混乱，维持稳定		副镇长代理

2. 围绕村庄公共资源的"两委"斗争

在中国农村村民自治的实践中，一直存在着党支部和村委会之间的矛盾，"两委"矛盾一直是影响村民自治顺利进展的重要因素。一方面，农村党支部是村民自治领导核心，由乡镇党委指定或由村党员大会选举产生，其主要职责是确保党的路线、方针、政策在基层农村的实施；另一方面，村委会作为村民自治组织，由村民选举产生，其主要职责是办理与村民利益相关的公共事务。于是，在农村形成了两种不同权力向度和权力来源的"二元"权力结构，造成了"两委"关系的对立和斗争。在"两委"争权夺利、钩心斗角的过程中，村民自治被异化为村干部自治。村干部只有在"两委"斗争得不可开交的时候，才会考虑农民的存在，把农民和国家法律法规当做矛盾斗争的工具，因此农民利益也遭受极大损害。

（1）BYZ村第一次民主选举与"两委"矛盾

1984年，煤矿的征地补偿款开始陆续下拨至BYZ村集体。1985年，BYZ村就因煤矿征地和征地补偿款分配不公平开始出现了混乱的局面，煤矿开采征地的遗留矛盾也在这一年迅速凸显：村民纷纷抱怨，土地是我承包的，征地补偿款为什么没有给我一分钱；开办小砖窑的村民说：推土机推掉的是我的砖窑，煤矿为什么以覆植物标准补偿，而且3年的合同，现在只办了1年，其余2年的租金谁来偿还等一系列问题。从第一批征地补偿款下拨至该村，村集体就开始启动利用补偿款发展村集体经济的项目，但除了土地覆植物赔偿以外没有一分钱发到老百姓手中，村民由此产生了对村干部的极度不满和反感，村集体内部围绕补偿款的处置问题展开了激烈的讨论，形成了严重的意见分歧，这些讨论和分歧迅速在村民中同时传开，村民坚持通过上访告状的方式表达自己的利益诉求。在村民不断进行的上访事件中，1985 年的上访惊动了县政府。在这一背景下，乡政府便以维护稳定为由撤销了 BYZ 村党支部书记的职务，并在此基础上，指导 BYZ 村进行党支部和村委会换届选举，给了 BYZ 村村民一次培育民主的机会。

支大锅，吃油条，选举村委会主任。由于当时 BYZ 村矛盾十分突出，在全镇乃至全县都是有名的矛盾村，加之这次选举是山西省村民委员会选举的首次尝试，镇政府高度重视。这次标榜彻底民主的选举以村党支部的选举拉开了序幕。首先由 BYZ 村全体党员投票产生村党支部成员共 3 人，一位年仅 31 岁的村民因票数最高当选为村党支部书记。随后选举委员会在村委会办公室支起了大锅炸油条，村民只要前来投票就可以领取油条吃，因此 BYZ 村村民将这次选举称为"吃油条选举"，将由选举产生的新一届村干部称为"吃油条干部"。由于这次选举是该村历史上第一次民主选举，加之乡政府和新一届党支部制定的"吃油条"的政策，BYZ 村的村民以十分高涨的热情投入到选举投票中，最终使本次选举的投票率达到 95%。计票结果公布之后，同样是 30 出头的另一位村民当选第一任民选的村委会主任。

党支部书记和村委会主任分裂，BYZ 村的选举遭遇失败。由选举产生的新一届党支部和村委会，并没有实现预期的和谐与团结，并造成村民对民主选举的失望和排斥。由于新任的党支部书记和村委会主任对于各自职权的理解产生严重分歧，对村级"两委"关系把握不准确，以及他们缺乏农村工作的经验，最主要是他们在处置煤矿征地补偿款时意见不一，加之两个年轻小伙子都喜欢意气用事，两人在选举结束不到 100 天便在村委办公室公开争执，恶语相向。随后村委会主任认为自己是村庄权力系统的最高统帅，应当掌握公章行使权力，于是抢走了会计的公章①作为夺权成功的标志，而在同一时期该乡其他村庄均是以村党支部书记为权力核心，村会计拿公章。由此党支部书记和村委会主任发生重大分歧，致使党支部和村委会形成两派，这种分化逐渐地扩展至村民，甚至有些村民趁

---

① 据老会计的家属回忆，当时村长抢走的公章包括财务章和村委章。

"两委"关系不和而钻空子，挑拨矛盾，从中渔利，村民于是成为了村干部权力斗争的工具。BYZ村两派势力剑拔弩张，村主任的人不听从书记的调遣，书记也不愿考虑村主任的存在，矛盾反映到镇政府，镇政府便撤销了村主任的职务，重新刻印公章。BYZ村第一次民主选举村治精英的尝试便告失败。

（2）派性斗争与"两委"矛盾激化

村副主任继任村主任后的村庄暂时稳定。村主任被撤职以后，乡政府任命原村副主任继任村主任。该村副主任在党支部书记和原任村主任的斗争中自然地成为"村主任派"，并且与原任村主任结拜"兄弟"。但由于他在选举之后遇到了交通事故回家调养，而避免了同"书记派"的正面冲突，因此他同两派都保持了较好的关系。在村主任被撤职之后，他就成为村主任的不二人选。他上任之后努力维护了"两委"的团结，并在1986年春节闹红火中和书记走在一起，陪同书记查看社火准备情况，这样就给村民发出"两委"和谐团结的信号，暂时维护了村庄稳定。

镇政府简单地处理村干部方式，不太合乎情理，也不太符合法律规范，当然不会令原任村主任以及支持他的干部和群众满意，他们一定会找机会报复。1986年春，村党支部书记计划在村集体林地上划出地盘修建新房屋，在得到乡政府盖章后准备修建。但是"村主任派"的人崔某以农村修建房屋应先有国家土地部门的审批和乡政府的盖章才能生效为由①，阻拦书记修建新房，两派随即纠集了30余人对峙，并发生小范围的械斗，党支部书记与其兄弟将崔某当场打伤致残，崔某失血过多当场昏迷，乡派出所出面将事态暂时平息。这一事件在BYZ村干部群众中造成极为恶劣的影响，1986年5月，乡党委作出了撤销BYZ村党支部书记职务的决定②。村委会主任和党支部书记双双被撤职，看来这一矛盾应该得到解决，但镇党委在接下来的人事任命中又犯了一个常人难以理解的错误：任命原党支部书记的姐夫为新任书记。"村主任派"对镇党委的这种做法非常不满，认为这种做法与原书记继续担任没有什么区别，因此新书

---

① 由此可以看出国家的政策法规只不过是村干部派性斗争的工具。

② 支书说还有原因是因为时任乡纪检书记向村里借款30万元，他没有同意，故撤销其职务。

记在任的一年半中，与"村主任派"之间的斗争就从来没有停止。

新任党支部书记是上一届党支部书记的姐夫，他在改革开放前就曾担任过生产队队长，后被任命为村党支部副书记，有一定的农村工作经验，但在他的小舅子担任党支部书记后，他就辞去党支部副书记的职务，成为一名普通党员。此人个人作风有些不检点，在村里有了外遇，当地叫"倒跑门"。在改革开放初期，老百姓还是不能接受新任书记的个人作风问题，对他失去信任，不服从他的领导。在这样的干群关系下，新书记一个小小的工作失误就会被村民无限地放大并进一步导致村民对他的信任危机。1987年，村庄又一次因为征地补偿款问题发生了村民集体大上访①，再加上"村主任派"没完没了的上访斗争，1988年7月，乡党委撤销了其 BYZ 村党支部书记的职务。

"两委"斗争的新发展——"村主任派"与后任党支部书记的继续斗争。1986年，BYZ 村集体使用煤矿征地赔偿款建设了150亩林业，有很多树木建设在公路两旁。时至2000年，路边的这些树木由于常年维护不善，导致树木老化，加之风吹日晒，一些树被大风刮断，严重影响 BYZ 村的道路顺畅和行人安全，时任党支部书记便因此请示林业局工作人员来到村里勘察情况，林业局批准了该村关于采伐部分老化树木的请示。但在实际采伐时，却砍伐了其他树木（树木的数量没有变），村民在2001年春天便以此为由将党支部书记等村干部告上了法庭，最后法院判决村集体的行为是异地采伐。镇党委决定给予党支部书记以留党察看处分，并撤销党支部书记职务，给予村委会主任以党内警告处分。

值得一提的是，上访告状的人便是 BYZ 村第一位民主选举产生的村委会主任。1985年他任村委会主任时，时任党支部书记是村委会副主任。1986年他被撤职之后，时任党支部书记接任了村委会主任的职务，在80年代形成的党支部书记与村主任的派系斗争中，时任党支部书记自然属于"村主任派"，在两派斗争最激烈的时候，时任党支部书记因交通事故没

---

① 时任支书给每位村民下发了补偿款100元及年终福利，但是因为派性斗争演化为械斗，村民上访不断而被撤职。村民在其姐夫上任后继续向其"索要"征地款，煤矿的征地款有限，而村民的需求无限，其姐夫拿不出更多的征地款向村民分发，乡政府也出面干预此事，认为征地款不应当下发村民。同时受到乡政府阻拦和村民索要的村支书只好照乡政府的意思办。村民因得不到现实利益而产生对村干部的不满，导致干群关系骤然紧张，引发群众大上访。

有参与其中。所以，二人关系一直不错，后成为拜把子的干兄弟。1999年在时任村党支部书记的主持下建设铁路北边的商业房的时候，他要求门面位置自己选择，时任党支部书记没有同意。后来，2001年村集体向银行贷款，村集体用铁路北建房所缴纳抵押金的部分支票作为贷款抵押，他在修建完毕后向现任书记索要支票无果，由此产生矛盾。于是他便借异地采伐的缘由上访告状，最终时任书记被迫下台。在村民心中，这位书记是一个能为村集体着想，为村民办事的村干部，但却因为"两委"矛盾和派性斗争而无奈退出了村治舞台。

3. 干群矛盾与村民选举权的缺失

在我国社会主义新农村建设如火如荼进行的背景下，民主选举早已提上日程且越来越受到各级政府及相关部门的高度重视，然而寻找BYZ村村委会的选举历史，却截然相反。从1985年的第一次选举，到2005年的选举，再到2008年和2009年的选举，改革开放30年来总共进行了4次村委会选举，是山西省选举最早却选举最少的村庄之一。也许是1985年选举后"两委"矛盾使村民丧失了对选举的信心和关注，也许是村庄的衰败打消了村民参与选举的热情，总之，由于历史原因和现实原因造成了BYZ村村民参与选举的积极性很低，民主参与严重缺位。在这种态势下，村民和村干部的抗争总是显得无能为力，"老百姓都被架空了，都被玩弄了"，他们的选举权利也一次次地遭受侵犯。

2008年，竞选村委会主任的是时任村委会主任和一位普通村民，按照镇党委政府的选举日程安排，11月16日，BYZ村产生了选举委员会，由时任党支部书记（代理）负责主持选举。这次选举采用村民海选、两轮投票的方式，当时该村符合参选资格的人数为753人，实际参加投票的人数为722人，投票率为96%，是该村自村委会选举以来最高投票率。我们采访到一位参加过这次选举的女性村民，她说："现在村子搞得乱成这个样子，我们必须出来选一个好人，不选不行了。"12月10日，该村村民委员会换届选举开始了第一轮投票。两名候选人在第一轮投票中的得票数均未超过半票。当天夜里，时任村委会主任用卡车拉上面粉，在村里挨家挨户向村民发面，并给每位村民100元钱，祈求村民在第二天选举时投他一票。另一候选人在接到亲戚电话后，立即开车在村里寻找证据，果然发现了发面发钱的青年，但是他们并没有当场阻拦。12月11日进入第二轮投票，就在候选人竞选演说结束之后，就有村民在选举当场起立高喊，责问村主任昨天夜里贿选的行径，在场主持选举工作的乡镇工作人员却没有立即停止选举。第二轮投票后，在第一轮票数远低于竞选对手的时任村主任，以高出其 5 票的票数当选村委会主任。但那位因对手贿选而遭遇败选的村民并没有向相关部门提出申诉，而是选择接受选举结果。

村主任由于非法倒卖土地案、私自处理煤矿的煤灰补偿款、在对待电线杆占地时对村民待遇不公以及连任后迅速为自己修建了第二处房产等原因，引起了很大的民怨，当选不久就因村民上访告状而辞职。BYZ 村不得不在镇政府的主持下，于 2009 年 4 月 3 日举行了第八届第二次村委会主任选举，在第一次选举中失败的那位村民以 70% 的得票率当选村委会主任。镇政府也在 4 月 5 日发布通知，宣布其正式当选 BYZ 村的村委会主任①。由于 2009 年由时任镇党委书记的高 R 代理 BYZ 村党支部书记，于是新当选的村主任便成为 BYZ 村整个村务和党务工作的实际负责人。此时 BYZ 村的村治已全面衰败，村级组织处于瘫痪状态，新上任的村主任为了使村级组织正常运转，自己为村集体倒贴了近 20 万元，自己的企业也遭受很大影响，并且在 2009 年底因长期劳累得了痔疮，身心疲惫的他在 2010 年春节时辞去了村主任的职务。此后，BYZ 村的村委会主任一直空缺。

（四）矿村关系视野下的农民利益维护

资源是资源型农村发展的物质基础，但资源开采是一种生态和地质破坏性产业，必然对矿区农村和农民的生产生活条件造成破坏，所以煤矿企业和村集体都应该充分利用资源优势，为农村发展和农民富裕提供条件，煤矿企业有回报矿区农村和农民的社会责任。然而，自国有煤矿在 BYZ 村建立以来，一直没有主动采取措施消除煤矿开采对村庄造成的影响，从来都是 BYZ 村村民到了迫不得已、被逼无奈的时候才团结起来去找煤矿。而多数情况下煤矿的答复是："当年我们给他们村那么多钱，矿上和村上就没有关系了。"显然煤矿把农民当作包袱，甩之为快。煤矿的这一错误思维似乎成功了，村民很少得到煤矿开采的任何利益。殊不知，矿区农村

---

① （屯留县渔泽镇）〔屯渔发〕，2009 年第 19 号。

和煤矿是唇齿相依的关系，农民的生活富裕了，煤矿就会有一个良好的外部环境；农民的生活贫困了，在其走投无路的时候必然找煤矿要生存。在这种互相博弈中，村民才为自己争取到了一些利益。

1. 为解决村庄用电问题的抗争

BYZ 村的生产生活用电于 1989 年在全村接通，当时使用的是地方电，电量不够，电压不稳，经常停电，影响了 BYZ 村的农业生产和农民生活，且电价偏高，大大超出了村民的实际承受能力。1995 年，村党支部书记多次与煤矿商讨村庄用电问题，在几番交涉后，煤矿勉强同意向 BYZ 村免费供电，但由于村民用电量太大，煤矿觉得负担太重，不久就反悔了，并单方面停止了向 BYZ 村的供电，给 BYZ 村生产生活造成巨大损失。愤怒的村民自发组织起来，去煤矿办公楼闹事，导致煤矿无法正常办公。在这一状况下，村党支部书记一方面向闹事的村民解释，开导村民节约用电，稳住村民的情绪；另一方面主动与煤矿交涉，并利用农民闹事给煤矿领导施加压力，重新与煤矿签订供电协议：煤矿低价为 BYZ 村的生产生活供电，生活用电每度 2 角 5 分钱，生产用电每度 3 角钱，并要求村集体加强用电管理，规定煤矿接通至 BYZ 村的电线和变压器由村集体负责购买、管理和维修。① 而煤矿生产和生活用电价格相对要高，每度电为 4 角7 分 5 厘。

为什么同样是由煤矿供电，BYZ 村是 3 角钱，而煤矿用电却是 4 角 7分 5 厘，这里面还有一个小故事：1996 年煤矿和 BYZ 村签订协议以后，因电价上涨，煤矿意欲上调向 BYZ 村村民的生产生活电费，并主动找到村党支部书记协商，书记意识到电费上涨会对村民的生产生活产生影响，进一步影响村庄经济发展和社会稳定，于是据理力争。他在与煤矿领导交涉这一问题时，阐明了以下诉求：如果煤矿因自己利益受损而随意更改矿村供电协议，那么，村集体就要把煤矿征地补偿款从 1983 年的每亩 1900 元提高到当时的每亩近 4 万元，如果煤矿执意要修改供电协议，那就必须连同征地补偿协议一同修改，煤矿要把上涨的地价 4000 多万元补齐。听了村党支部书记的这一建议后，煤矿再也不敢提上涨 BYZ 村电价

① 虽然矿村协议上是 2 角 5 分钱，但是村上为了出具电工电费和供电设施维修，向村民收取 3 角钱。

的事情，煤矿与 BYZ 村因供电问题产生的矛盾由此得到解决。

　　2. 为解决村庄吃水问题的抗争

　　1996 年，BYZ 村的村民仍然以打井吃水为主，村民要求集体安装自来水管解决吃水问题。但是时任党支部书记上任之后，煤矿下拨的征地补偿款已经用完，并且欠下了 55 万元的债务，村集体经济空虚①，没有能力独立解决村庄自来水问题。在这种状况下，党支部书记就以"抗旱"为由同煤矿交涉，当时正值春夏之交，气候特别干旱，严重影响到玉米收成和村民收入，国家出台紧急政策要求抗旱保田。为了给煤矿施加压力，村党支部书记一方面督促煤矿为村民解决自来水安装问题；另一方面带领村民群众上演了一出"攻城计"。1996 年 6 月，他将村干部分为 3 组，第一组负责同煤矿交涉，表达村庄利益诉求；第二组负责组织村民（100 多人）手拿空脸盆，提上大水桶，在煤矿大门口"排兵布阵"，宛若"大战在即"的态势，形成对煤矿的巨大压力；第三组负责组织保安队，控制事态发展，严密防止由示威引发的械斗，确保煤矿的正常生产以及村民的人身安全。这次事件引起了煤矿的高度重视甚至恐慌，并通报了县委。县委立刻派人进驻 BYZ 村调查此事，在得知这次事件是村里精心安排的"佯攻"之后，县领导就出面促成 BYZ 村和煤矿的协商，煤矿领导说矿上的资金都有严格的账目，不能随便开支，村党支部书记要求煤矿给村集体一些煤，于是煤矿与村集体最后达成协议：煤矿无偿向 BYZ 村提供 1200 吨煤炭和 40 吨钢管，并在水管安装好以后免费向 BYZ 村供水，支持 BYZ 村的新农村建设。我们采访时向这位书记和时任村主任了解到，起初煤矿准备给村里 1000 吨煤和 40 吨钢管，在矛盾解决后，煤矿在饭店摆下酒席，邀请书记及其他三位村干部前去赴宴，希望村干部以后能够支持煤矿发展，不要再做阻碍煤矿发展的事情。在吃饭期间，村书记与矿长及其他后勤负责人酒喝得很尽兴，煤矿主管此事的负责人随后痛快地说："再给你加 200 吨"。

　　在得到煤矿的 1200 吨煤炭和 40 吨钢管之后，村集体将这些煤和钢管

---

　　① 该支书上任时总结 BYZ 村状况：空虚的集体经济，恶性的债权债务，残缺的规章制度，倒挂的政治局面。

全部卖出，得到资金以后，BYZ 村和县水利局签订了合同①，由河北的一家工程队负责 BYZ 村自来水管的安置，所有工程于 1997 年完工。在此期间，村集体仅向每户收取 100 元的管理费，用于水利设施的维护。由此，村民吃上了由国有煤矿免费提供的自来水，矿村因供水问题发生的矛盾纠纷逐渐得到解决，农民的生活水平也得到了改善。

　　观察 BYZ 村和煤矿的交往史，煤矿在征地之后没有解决村民的生存问题，没有维护农民的生存权和发展权等权益，农民在迫不得已的情况下才会为了吃水、供电这些最基本的生存问题与煤矿抗争。我们试想，如果煤矿在建矿初期就把资源开发和 BYZ 村发展结合起来，主动为因资源开采造成的农民利益损失作出合理补偿，保障矿区农民的生活水平至少不会因为煤矿开采而降低，而不是只支付土地补偿款，就不会发生如此之多的矿村矛盾。即便这些抗争为农民挽回了暂时的利益，但却不是资源型农村维护农民利益、实现村庄发展的根本途径，不能够从根本解决农民的发展问题。因此煤矿应当主动承担起应有的社会责任，努力发挥资源优势，使农民富裕起来，发展起来，而不能使农民因煤矿开采而贫困下去，失落下去，绝望下去！

四　国有煤矿影响乡村治理的因素分析

　　从本章的两个典型案例来说，XX 村和 BYZ 村分别位于山西省的晋西北地区和晋东南地区，如果就两个村庄的农业自然条件相比较，XX村远远不如 BYZ 村，所以在没有开采煤矿的纯农业经济时期，XX 村的经济状况远远不如 BYZ 村。如果就资源开采后的发展优势比较，两个村庄的条件基本相同，都具有丰富的煤矿资源，村庄的绝大部分土地都被国有煤矿征用，而且都是典型的家族村，人口规模和土地面积也相差不大。但在国有煤矿征地以后，这两个村庄都失去了绝大部分的土地，存在着农民职业转型和村庄产业转型的共同问题。但这两个村庄采取的征地方式不同，征地后的村庄命运就截然不同。XX 村通过开办集体煤

---

　　①　该支书在 20 世纪 80 年代曾为县水利局局长介绍对象，故二人私交甚密，也是合同能够签订的重要原因。

矿摆脱了贫困，又借国有煤矿开办实现了经济腾飞和全面发展，资源带给 XX 村的是福祉。而 BYZ 村却由于国有煤矿征地和征地款使用引发了一系列的矛盾和冲突，村庄由此失去了稳定与发展的基础，一步步走向衰败，资源带给 BYZ 村的不是福祉而是诅咒。那么，造成这种现象的因素有哪些呢？

（一）土地征用方式是决定村企关系和村庄命运的重要因素

1. 重补偿、轻安置的征地方式不利于村企合作与村庄发展

改革开放初期，国家仍然沿用人民公社时期的重安置、轻补偿的土地征用方式征用农民土地。1982 年 5 月，国家颁布了《国家建设征用土地条例》，把征地补偿费用分为土地补偿费和安置补助费两种，土地补偿费是给村集体的（土地所有人身份），村集体重新为被征地农民提供土地。安置补助费是用于被征地农民就业安置的费用，通过"农转非"把被征地农民转为城镇户口，让被征地农民享受城镇居民的社会福利，再由国家按指令性计划进行招工安置。1986 年，国家颁布《土地管理法》，要求通过发展农副业生产和兴办乡镇企业等途径安置被征地农民，安置不完的，可以将适合条件的人员安排到用地单位或其他集体所有制单位或全民所有制单位。这些规定明显把被征地农民的就业安置放在首位，在我国城乡"二元"结构中，这种征地方式对被征地农民来说，明显提高了社会地位和生活水平。1988 年，国家对《土地管理法》进行了修订，沿用以前补偿安置办法，将征收耕地的补偿费标准提高到该耕地被征收前 3 年平均年产值的 3—6 倍，安置补助费标准为该耕地被征收前 3 年平均年产值的 2—3 倍（最多不得超过 10 倍），土地补偿费和安置补助费的总和不得超过土地被征收前 3 年平均年产值的 20 倍。

BYZ 村在国有煤矿进村办矿以前，一直从事农业生产，村庄发展与周围村庄相比是相当不错的。但自从国有煤矿在该村征地后，村庄便开始走向衰败。国有煤矿 1983 年至 2002 年先后征用 BYZ 村土地 1597 亩，共支付征地补偿款 718 万元。其中第一批征地是于 1983 年征用该村 1100 亩地，第二批、第三批征用 BYZ 村的土地是 1998 年和 2002 年，征用土地 497 亩。这一时期，国有煤矿征用了 BYZ 村的绝大部分耕地，BYZ 村完全可以通过就业安置的方式实现城镇化，因为当时政府的指令性安置计划

和乡镇企业的蓬勃发展，完全可以使被征地农民得到充分有效安置。但国有煤矿征用 BYZ 村土地时，完全采用了土地补偿的方式，村集体因国有煤矿征地得到了巨额补偿款，没有与国有煤矿形成良好的合作关系，也没有为村民提供就业和创业机会。

这种重补偿、轻安置的征地补偿方式，一方面不利于村企合作，因为企业建设时期的资金使用对于企业的发展非常重要，如果村集体只关注自己的征地补偿费，而不关注企业发展的资金困难，企业发展就会因为资金困难或资金不能及时到位而延缓工期，关键时会失去市场良机。企业在得不到村庄支持的背景下，也就不会在建设和生产的过程中为村民提供就业或创业机会。另一方面不利于农民的社会保障，在中国农村，土地在农民生存与发展中不仅发挥重要的生产资料作用，而且也发挥着重要的社会保障功能，农民在失去土地的同时，也就失去了就业、养老等社会保障。BYZ 村在村集体获得巨额征地补偿后，造成了农民失地又失业的严重后果，被征地农民一方面为了生存不断与煤矿企业进行斗争，要求煤矿企业解决因煤矿开采带给他们的生活困难；另一方面为了维护自身利益不断通过上访与地方政府博弈，要求政府解决利益分配不公正的问题。

从 BYZ 村的典型案例中，我们可以看出，煤矿作为国有资源属于国家所有，国家在按照工业化发展的需求批准煤矿开采的同时，必须有一个安全稳妥的措施解决被征地农民的问题，尤其是被征地农民的居住、就业、教育、养老、医疗等社会保障问题，这是政府必须承担的责任。采取货币补偿的办法，可能导致被征地农民在农民安置、生态环境、利益分配等方面受到损失，进而造成企业发展受阻和地方治理失序。如果不解决被征地农民的社会保障问题，就业安置只是一时有了工作，最终仍然使被征地农民生活陷入困境。

2. 重互惠共赢、轻货币补偿的征地方式有利于村企合作与村庄发展

互惠共赢是指资源型农村和资源企业之间形成一种互惠合作共赢关系，在这种合作共赢关系中，重要的是资源企业对农村的支持和帮助。1997 年，国有煤矿"二露"在 XX 村征用土地 2392 亩，按照当时国家的土地征用补偿标准是每亩 2400 元，XX 村总共获得土地补偿费 1913600 元。安置补偿费是每人 7000 元，全村 1290 人，总共获得安置补偿费 9030000 元。当时"二露"的建设经费是 20 亿元的日元贷款，建设经费

非常紧张。如果再要支付 1000 多万元的征地补偿费和安置补偿费的话，工期就根本无法按期完成，势必会失去良好的市场机遇，"二露"的发展根本就不会那么顺利，也就无法为 XX 村提供那么多的发展机遇。正是由于 XX 村能够站在煤矿利益的角度，无私帮助煤矿发展起来，所以煤矿在发展的过程中才能不断为 XX 村提供发展条件，在煤炭市场不好，多数村集体煤矿因市场下滑而无法经营甚至破产的情况下，XX 村由于有强大的国有煤矿的支持，根本不存在煤炭销售困难的问题，XX 村由此实现了经济腾飞。

相反，BYZ 村的发展机遇更早，国有煤矿早在 1983 年就征用该村土地 1000 多亩，征地补偿款高达 520 万元。当时，BYZ 村的村干部只是追求国有煤矿高额的征地补偿款，而不注重与国有煤矿建立良好的合作关系，不注重把国有煤矿的资金、建设和技术等优势与村庄的土地、劳动力等优势互补，不注重从国有煤矿的建设和经营中寻找有利于村集体经济发展的项目，也不注重为村民就业寻找机会，结果失去了良好的脱贫致富的机会。国有煤矿也由于 BYZ 村治注重土地补偿而不关注企业利益，不会主动为 BYZ 村提供经济发展机会，在被征地农民就业等方面担负了更少的责任。

（二）村治精英是决定采取何种征地方式的关键因素

毛泽东曾经指出："政治路线确定以后，干部就是决定的因素。"邓小平也曾经说过："中国的事情能不能办好，关键在人。"改革开放后农村社会的发展，主要取决于村治精英的责任心和工作水平，每一个发展起来的明星村都有一个村治精英从中起着决定性的作用。XX 村之所以能够彻底告别贫穷、走向富裕，靠的是在村里担任了几十年党支部书记的苗 ZZ。在 XX 村经济发展壮大的过程中，苗书记几十年如一日，始终不忘共产党员的本色，始终保持着"权为民所用、利为民所谋、情为民所系"的共产党员本色，他在 20 多年前担任村党支部书记之初，就曾向全体村民宣誓："我是一名共产党员，发展和壮大 XX 村集体经济，让老百姓过上好日子，是我的责任和义务。"20 多年来，XX 村一直沿着发展集体经济、共同致富的道路前进，走出了一条具有 XX 特色的社会主义共同富裕之路。如今全村基本上没有一家贫困户，也没有一家暴发户，村民的生活环境发生很大变化，住着宽敞明亮的别墅，坐着轿车上下班，享受着现代文明带来的幸福和温馨。

苗 ZZ 1958 年加入中国共产党，1956 年至 1959 年担任生产队队长；1960 年至 1961 年担任村管委会主任；1962 年至 1974 年担任村党支部书记；1975 年至 1986 年担任乡办企业矿长；1986 年至今担任 XX 村党支部书记。在此期间，苗 ZZ 同志所在的村庄，改革开放前，靠着单一的农业生产维持生计，虽有村办小煤窑也因机制、资金、人才等多种因素约束，连年亏损。改革开放以后，为了带领失去土地的 XX 人（平朔安家岭露天矿征占土地）致富奔小康，领导一班人确立了"以工补农，工业强村，煤炭领先，以企富民"的战略目标。在原有村办 XX 煤矿的基础上，依靠党的富民政策，依托丰富的地下煤炭资源，抓住平朔安家岭露天煤矿上马的契机，艰苦创业，团结奋斗，与时俱进，开拓创新，滚动发展。XX 村办集团公司现有企业单位 15 个，实际固定资产 20 多亿元。在集体经济不断壮大的同时，村民福利日益提高，村民人均收入达 2 万元，把一个贫困、闭塞小山村变成了一个名副其实的"塞外华西村"。

相反，BYZ 村却由于缺乏道德品质高、管理能力强、群众基础好的村治精英，无法抓住国有煤矿进驻本村、获得 520 万元征地补偿款的大好机会，发展村集体经济和增加农民收入。国有煤矿进驻本村形成的土地增值和 520 万元征地补偿款的发展资金，为 BYZ 村带来的不是发展的机遇和基础，而是村庄公共权力的激烈争夺，BYZ 村的党支部书记和村委会主任等主要村干部频繁更换，自 1983 年国有煤矿征地至今，BYZ 村的村党支部书记就更换了 16 次，斗争最激烈时 2 年更换了 6 次。每一届村干部都把村庄公共权力作为谋取个人私利的工具，结果他们的承包地不断被征用、占用和倒卖，征地补偿款也不断被村干部挥霍一空，而村民却陷入了失地又失业的悲惨境地。

五　结语

从国有煤矿产权与乡村治理的关系来看，乡村治理的效果主要取决于两个方面的因素，一是土地补偿方式，二是村企关系。而采取什么样的土地补偿方式、建立什么样的村企关系又主要取决于村治精英的品德和能力。

从煤矿征地补偿方式来看，改革开放以来的重物质补偿、轻就业安置的征地补偿，其效果远远不如人民公社时期的重就业安置、轻物质补偿的征地补偿方式。重就业安置的补偿办法，使得失去土地的农民能够成为煤矿工人，与农民相比较尽管工作环境较差，劳动强度较大，但收入较高，享受福利较多，后顾之忧较少，幸福感较强，而且其子女进入煤矿就业的机会大大超过普通农民。但重物质补偿的补偿办法，一般在征用农民土地后，一次性支付农民一定数量的现金，而现金补偿使被征地农民面临更多的风险。如果村干部能够从农民利益和村集体利益出发，也有能力利用这些资金发展村集体企业，被征地农民就能够避免风险。反之，如果村干部以权谋私，将征地补偿款据为己有，或随意挥霍，由此造成干群关系的恶化和干群矛盾的激化，或者没有能力使用这些资金发展村集体企业，严重影响到农村社会的稳定与发展。从目前来看，多数资源型农村随着土地被征用，农民在失去土地的同时，也失去了赖以生存的收入来源和就业机会，陷入了失地又失业的困境，他们主要依靠外出打工维持生计。事实证明：重物质补偿的方法根本无法解决农民的生存和发展问题，难以帮助失地农民走向富裕。

从村企关系来看，首先，资源企业通过开采和利用资源获取利益，却给资源型农村造成了生态破坏、环境污染和地质灾害等负外部成本，按照国家"谁污染谁治理"的政策要求，资源企业有责任和义务扶持农业和农村发展。其次，资源型农村的发展需要资源企业的进驻，煤矿的开采使得农民已经无法依靠传统农业生活，企业的进驻可以拓宽农民的增收渠道，帮助农民获取高于土地收益的额外收益。土地征用造成农村大量的剩余劳动力，企业进驻可以帮助农民就业。如果资源型农村与企业之间建立起合作共赢的体制机制，企业就会在开采资源的过程中既注重企业自身利益，也注重生态环境的保护和地质灾害的治理，在工程建设和劳动力使用上更加注重为农村集体经济发展和农民就业提供机会，村庄也会在土地、劳动力等方面为企业发展提供便利，为企业的生产和经营提供稳定的环境。反之，如果资源型农村与企业之间不能建立起合作共赢关系，企业只顾自身利益最大化而加大了生态破坏和地质灾害的程度，农民也因为利益损失长期得不到合理补偿，而对企业实行暴力抗争，造成企业发展受阻。

资源型农村与企业之间的矛盾冲突，严重影响了企业驻扎农村开发资源，导致了企业无法正常生产。

从村治精英的道德和能力来看，如果村治精英的道德水平高，处理村庄公共事务时就能够从村集体利益和村民利益出发，在与国有煤矿协商土地征用的方式时，就不会只关注村集体利益和村民利益的最大化，而是关注企业的利益，愿意与企业之间形成互惠共赢关系，把企业发展作为农村发展的基础和条件。如果村治精英的能力强，就会高瞻远瞩，从与企业合作的关系中找到农村发展的出路，不仅能够依托国有煤矿找到支撑农村集体经济发展的主导产业，把村集体的主导产业做强做大，还能够在经济发展的同时，注重农村民主政治、先进文化、和谐社会和文明生态等方面的发展，最终带领农村实现全面协调可持续发展。反之，如果村治精英道德水平低、管理能力弱，就会在与企业协商土地征用方式时，只关注个人利益或小团体利益，最大限度地满足自己的需要，而不关注村集体利益和村民利益，其结果必然是重补偿、轻安置的土地征用方式，只管向企业要土地补偿款，而不管被征地农民的就业与发展。在村庄治理中，不择手段把土地及其补偿款据为己有，而找不到农村经济的发展之路，最终因土地及其补偿款分配不均而造成严重的干群矛盾，使农村发展失去最基本的环境和氛围。

由此可见，要处理好煤矿国有产权和乡村治理的关系，首先要进行产权制度的改革，确保国有煤矿企业开采资源必须解决煤矿所在地农村的经济发展和农民就业问题，不仅要对被征地农民进行合理补偿，而且要保障土地补偿款能够为被征地农民所享用。这些问题的解决不能依靠村干部的道德来保障，而是要有制度保障。其次要保障村民自治制度的落实，通过严格的村委会选举和党支部选举程序，真正把农村道德水平高、管理能力强的村治精英选出来。同时，还要建立切实可行的罢免机制，及时罢免一些道德水平低、管理能力弱的村治精英。最后要建立民主监督、民主管理、民主决策等民主机制，并使之有效运转，确保村治精英为村集体利益和村民利益服务，而不能也不会以权谋私。

第四章　改革开放后的煤矿集体产权与乡村治理

一　改革开放后农村集体煤矿的发展及其与乡村治理的关系

（一）改革开放后乡村集体煤矿的发展

农村集体煤矿的产权属于农村集体所有，应该由农村集体成员共同占有、使用和分配。在中国历史上，农村集体煤矿的发展有两个黄金时期：一是人民公社时期大办社队企业，这一时期资源型地区的社队煤矿既是当地社队企业的重要主体，也是支持社队企业发展的重要的物质基础，这一时期的社队煤矿包括生产大队独立开办的煤矿、生产大队与生产大队联合开办的煤矿、公社与生产大队联合开办的煤矿和公社独立开办的社办煤矿。二是改革开放后乡镇企业的异军突起，尤其是"有水快流"政策出台，大大刺激了乡村集体煤矿的发展。乡村集体开办的煤矿主要包括生产大队独立开办的煤矿、生产大队与生产大队联合开办的煤矿和公社与生产大队联合开办的煤矿三种形式，这一部分主要论述改革开放后，村集体煤矿的发展。

改革开放后，中央做出了把煤矿资源丰富的山西省建设成为国家能源重化工基地的战略决策。为了实现这一目标，中央对煤炭工业管理体制与管理机构进行了较大调整，把以往一些属于中央的煤矿资源管理权下放给山西省政府，极大地调动了山西省发挥煤炭资源优势、大力发展煤炭工业的积极性和主动性。山西省为了把山西建设成为国家能源重化工基地，适应全省煤矿工业迅速发展的需要，必然选择煤矿资源的开采和加工作为支柱产业，并于1979年4月，成立了山西省地方煤炭工业管理局，作为山西省的一级煤炭管理局。全省地方国营煤炭企业（包括6个地方统配的矿务局）由省地方煤炭工业管理局和各地（市）、县煤炭工业管理部门，按照分级管理的原则，从生产、安全、建设、勘察、设计、经营、教育培训等方面实行条条职能管理，对于其干部及党务工作则仍然实行块块职能管理，对集体所有制的社队集体煤矿实行业务归口管理。山西省地方煤炭工业管理局的成立，为山西把全省的经济发展核心定位于煤炭经济提供了体制保障，也形成了"村村有集体煤矿、人人都能受益"的经济发展思路。

但是，从当时的资源型地区的经济发展状况来看，资源型县域大都是农业生产条件较差的贫困县，许多县都是吃饭财政，主要依靠国家的财政补助保证基本运转，根本没有财力开办县营的国有煤矿，只能动员乡村集体或个人开办小煤矿。而且，由于县级政府没有资格参与县级以上国有煤矿的利益分配，县财政的主要收入来源是乡村集体小煤矿缴纳的税费。所以，资源型县域的领导都有发展小煤矿的积极性和主动性。再加上当时乡镇企业对煤炭资源的大量需求，造成煤炭供应的严重不足，江浙等经济开放地区专门派人驻扎山西，每天排队到乡镇煤矿上买煤，导致社队集体煤矿的原煤生产量以惊人的速度增加。

为了加强对社队集体煤矿的管理，推进社队集体煤矿和个体煤矿的健康发展，山西省政府进行了多方面改革。

一是规范并下放社队集体和个体小煤矿管理权。1979年12月，山西省决定由山西省社队企业管理局所属的山西省矿业公司，在原管理全省小煤窑集运车队和煤炭集运站的基础上，具体负责社队集体煤矿的管理工作。1980年，山西省人民政府决定，除了矿山行政管理（审批煤矿产权）和煤炭销售的分配计划仍由山西省地方煤炭工业管理局统一管理外，全省社队集体煤矿的生产计划、生产技术、安全生产、基本建设、教育培训等管理工作以及贯彻中央办矿方针政策等，全部由山西省社队企业管理局下设的山西省矿业公司进行管理。与此同时，各地（市）、县社队企业管理局也设置了相应的管理机构。1980年3月14日，山西省人民政府发出《关于印发〈山西省小煤矿管理试行办法实施细则〉的通知》，对开办小煤矿审批权限作了具体规定：地（市）、县开办煤矿由省地方煤管局审批；公社和大队办的煤矿由县（市）煤炭主管部门审批，报省、地、市煤炭局备案。至此，全省煤炭工业形成了社队企业管理局（通过矿业公司）管理全省社队集体煤矿的管理体制。

二是为社队集体煤矿的工程建设和技术改造提供财政支持。省政府晋革发〔1979〕219 号文件《关于地方煤矿调煤收入款及建设贷款管理的试行办法》，决定由省财政为符合标准的社队集体煤矿提供贷款支持，帮助社队集体煤矿提高其机械化程度和技术水平，进而提高其劳动生产率。

1980 年 3 月，山西省政府出台《山西省小煤矿管理试行办法实施细则》，要求凡是有煤矿资源的地、市、县、社、队要充分发挥各级办矿的积极性，地、市、县开办煤矿（新办、扩建、恢复、分矿等）要由省地方煤炭管理局审批。公社和大队开办的集体煤矿要由县（市）煤炭主管部门审批，报省、地、市煤炭局备案。社队集体煤矿要经过统筹规划，逐步整顿，重点改造，普遍提高。在国家准备开发的大型煤田范围内开办小煤矿，须经省煤炭工业管理局审批，严禁私人开办煤矿。对已经批准开办的社队集体煤矿，在适当时候，以省地方煤炭管理局的名义，由各地（市）煤炭主管部门统一编号，更换"开采证"。对未经批准、自行开办的社队集体煤矿，要严格进行审查，符合条件者，限期办理审批手续，发给"开采证"和"营业证"；不符合条件者，应予封闭，妥善处理。凡无"开采证"和"营业证"的办矿者，要以破坏国家矿业资源罪论处。并规定在对开发的大矿区进行规划时，要留出一定的煤炭资源让小煤矿发展，同时要征求当地煤炭主管部门的意见。

在这一时期，山西全省的煤炭供不应求，社队集体煤矿以惊人的速度增加。据统计，1979—1980 年，山西全省新建的社队集体煤矿共 1066座，其中 80% 的矿井是 1979 年和 1980 年兴办起来的，其单井规模一般在1 万吨/年左右，部分达到 3 万—5 万吨/年，少量骨干矿井达 9 万吨/年。这些社队集体煤矿的建设资金主要依靠自筹，少量通过农业银行短期贷款解决。[①] 1980 年 5 月，《人民日报》发表了《尽快把山西省建设成为一个强大的能源基地》一文后，山西省进入煤炭基地集中建设时期。到 1980年底，山西省地方矿和社队集体小煤矿的煤炭增长量就已经占到全省煤炭

---

① 　时洪才：《山西通志·煤炭工业志》，中华书局 1993 年版，第 107 页。

增长量的 70% 以上，其中社队集体小煤矿多达 3000 多座。[①]

然而，社队集体煤矿审批权限下放后，由于乡镇煤矿迅速发展，各地掌握的审批标准又不统一，乱批乱开社队小煤窑的现象非常严重，资源管理曾一度混乱，资源纠纷不断发生。为了改变煤矿管理的混乱局面，1981年 1 月 14 日，山西省人民政府向全省发出《关于开办社队煤矿审批权限收归省地煤局的通知》，把以往社队集体煤矿"由县（市）主管部门审批，报省、地、市煤炭局备案"的规定，修改为"社队开办煤矿由地（市）、县煤炭主管部门审查，报省地方煤炭管理局，取得省人民公社企业局同意后由省地方煤炭管理局同意审批"，把下放给县级的社队煤矿审批权又收归省级政府部门。与此同时，按照省政府的批示，省煤管局、省地方煤管局、省社队企业局等有关部门组成联合调查组，对全省社队集体煤矿进行全面调查，并针对查出的问题进行整顿。

1982 年 12 月 10 日，国务院通过"六五"计划，明确提出建设以山西为中心，包括内蒙古西部、陕西北部、宁夏、豫西的煤炭重化工基地。这一建议进一步推动了社队集体煤矿的发展。1983 年 4 月 22 日，国务院批准煤炭部发布《关于加快发展小煤矿八项措施的报告》，提出要"发展煤炭工业必须坚持'两条腿'走路的方针，即在重点发展国家统配矿的同时，在有条件的地区，积极发展地方国营煤矿和小煤矿"。要求"各省、市、自治区人民政府对小煤矿的发展加强领导，统一由各级煤炭主管部门归口管理，合理利用资源。对重要的矿山，要保护国家矿产资源，从全局考虑，统一规划，按计划开发。对分散的资源，也要有规划，有组织地进行。"并提出几点建议：一是采取多种形式发动群众办矿。在有煤炭资源和运输条件的地区，尤其是缺煤的地方，要积极动员和组织社队集体办矿，鼓励各行各业办矿，也允许群众集资办矿，更要鼓励缺煤地区采用各种方式到有煤地区联合办矿；二是在计划指导下充分发挥市场调节作用。社队集体和群众集资或专业承包办矿所产的煤炭，凡纳入国家或地方计划分配的，应按质论价，售价应保证煤矿有合理的利润。凡未纳入计划的，应允许自行销售，自定价格。允许煤矿和群众利用各种运输工具经营

---

① 石破：《山西煤炭"黑金"掘进 30 年：开采权和经营权混乱》，中国新闻网 http：//www.sina.com.cn，2008 年 9 月 12 日。

煤炭运输业务，可以长途贩运，各地不得封锁。需经铁路运输的，必须纳入计划，批准后方能运输。对小煤矿要根据赢利多寡依法征税，缺煤地区和开采条件困难的地区，可提出申请酌情给予定期减免。小煤矿的经营管理及其对工人、干部工资和福利待遇等应有自主权，但要注意在分配上留足维持简单再生产的费用与必要的扩大再生产费用；三是各省（区）煤炭局、煤炭公司、矿务局和地质部门，应本着统筹规划、合理利用的原则，积极为群众办矿提供煤炭资源。在国营矿区内，应由矿务局或国营矿统一规划，凡大矿采不到的边角煤和已经采过留下的残煤，可划给小煤矿开采。国营矿长期利用不到的资源，也可划出一定范围的煤田供小煤矿开采。但要保护环境；四是要求各级政府、各国营煤炭企业要积极扶持群众办矿，在贷款、物资供应、技术服务、技术人才等方面给予支持。[1]

1983 年 11 月，中央出台了《关于积极支持群众办矿的通知》，确立了"大中小型煤矿协调发展"的方针，要求对煤炭资源管理实行放开政策（即所谓的"有水快流"政策），允许私人从事煤炭开采，要求各级政府采取"在一切可能的地方、利用一切可能的形式"鼓励私人从事煤矿开采。[2] 提倡实行"国家、集体和个人一起上"的多元煤矿经营体制。1984 年 8 月，山西省人民政府颁布《关于进一步加快我省地方煤矿发展的暂行规定》，其中指出："我省地方煤矿的发展，要实行有水快流、大中小结合，长期和短期兼顾，国家、集体、个人一齐上的方针。"对山西煤炭的开发，要广开渠道，多方筹集资金，鼓励群众集资联合办矿，允许个人投资办矿，允许无煤矿资源的县、市、乡、镇去有煤矿资源的地方投资办矿，欢迎其它省市及港澳同胞来我省投资办矿，积极吸收国外资金合资办矿和办交通运输业。

山西各县在国家"有水快流"政策和省政府政策的指导下，都把县域经济发展的重心定位于煤炭工业，纷纷选择了开办社队集体煤矿的方式

---

① 1983 年 4 月 22 日，国务院批转煤炭部发布《关于加快发展小煤矿八项措施的报告》。

② "有水快流"政策最早是时任中共中央总书记胡耀邦提出来的。1981 年，时任中共中央总书记胡耀邦到山西大同、朔州考察时，发现这些地方的煤层很浅，煤炭开采比较容易，老百姓用锄头等简单的劳动工具就能够开办小煤矿，具备了消除贫困的物质基础。但这里的老百姓却非常穷，提出对于资源地区大量的不需要大型机器和技术就能够手工开采的浅层煤矿，国家应该放松对煤矿资源的管制，让资源型地区的农村和农民能够通过开采浅层煤摆脱贫困，走向富裕。

发展集体经济：有煤矿的县，在全县范围内对社队集体煤矿进行全面规划和统筹安排。如左云县煤炭资源丰富，总储量多达 2.7 亿吨，但煤炭资源分布极不均衡，全县公社中只有 4 个公社有煤矿资源，其余公社都没有煤矿资源。为了使没有资源的社队也能开办集体煤矿，左云县委县政府采取了"全面规划，统一安排，合理布局，社队联营"的办法，使全县 271 个生产大队都参与到了煤炭生产中；没有煤矿的县，积极组织起来到有煤矿的县、社、队借地开矿或与有煤矿的县、社、队搞联营煤矿。如大同市南郊区采用在本区范围内借地开矿的办法，使 9 个无资源的公社都在有煤矿的公社或生产大队开办了煤矿，做到了村村都有小煤窑，人人都能够从煤矿生产中获得利益。再如原平县县委书记吕日周亲自上阵，组织本县无煤地区的 21 个公社，到拥有丰富煤炭资源的西山去搞联营煤矿。

到了 20 世纪 90 年代中后期，由于没有形成市场主导的资源价格机制，煤炭价格持续走低，再加上开采成本逐步加大，集体煤矿大都因缺乏资金无力经营，地方政府只好通过改制、托管、承包等行政审批方式实行煤矿无偿转让。在这一背景下，除了部分煤矿还继续由集体或国有企业经营之外，绝大多数的集体煤矿都通过改制、托管、承包等方式转为个人经营。农村和农民的命运也随着集体煤矿经营方式的变化而发生变化，很多集体煤矿在转让中成为"集体挂名、个人经营"的煤矿，集体利益蒙受损失。

（二）集体产权与乡村治理的关系

马克思主义认为，"人们的奋斗所争取的一切，都同他们的利益有关"①。从这一点来说，煤矿产权与乡村治理密切相关，煤矿资源是人类赖以生存和发展的物质基础，其占有、使用和分配方式决定着资源型农村的发展方向。农村集体煤矿是一种由村集体开办的具有集体产权的煤矿，其产权属于农村集体所有，农村集体产权的煤矿反映的是每个农村集体成员在集体煤矿利益分配中享受平等的权利，同时也对村集体煤矿造成的负外部成本承担同样的责任。煤矿集体产权满足的是村民共同占有资源的愿望，体现的是村民作为集体成员对村集体煤矿的管理权和集体煤矿利益如何分配的决策权。

---

① 《马克思恩格斯全集》第 1 卷，人民出版社 1995 年版，第 187 页。

在煤矿资源型农村，其政治的核心就是人们围绕着煤矿资源的占有、使用和分配而进行的活动。在这一政治过程中，资源配置是否合理、资源分配是否公正、资源利益能否为村民共享、村民是否有维护自身利益的制度化参与渠道等因素，决定着农村政治的发展方向和农民命运。而资源配置是否合理、资源分配是否公正，关键在于村集体煤矿的集体产权是否存在，如果村集体煤矿的集体产权能够发挥作用，村庄政治权力的产生及其运作就能够置于村民的监督之下，村庄公共资源的治理就能够置于村民的民主管理和决策之下，煤矿资源利润就能够为村庄集体成员共享，村庄就能够朝着有利于村民利益和村集体利益的方向发展，逐步取得政治、经济、文化、社会和生态等方面的全面发展。反之，如果村集体煤矿的集体产权缺失，村庄政治运作的核心就会演变为围绕着煤矿资源而进行的权力争夺和权力运作。

村集体煤矿在产权变革的过程中，煤矿的经营方式不同，村民参与村集体煤矿管理和经营的程度就不同，村庄的发展方向也就大不相同。有的村集体煤矿一直采取村集体经营或村民入股的股份制经营方式，村集体煤矿的集体产权性质没有发生变化，但更多的村集体煤矿在产权变革的过程中失去了集体性质，有的承包给个人经营或转变成私营煤矿，也有的是集体挂名、个人经营（集体承担成本而个人从中获利），还有的被国营煤矿或其他煤矿整合成为股份制煤矿，但无论发生哪种形式的变化，都对乡村治理造成了严重冲击。在村集体煤矿的产权性质发生变化的过程中，出现了多种损害村民和村集体利益的现象，有村干部以权谋私把村集体煤矿据为己有，也有商人承包或购买村集体煤矿把村集体煤矿变成私营煤矿，还有黑恶势力利用暴力、恐吓等手段与村民争夺煤矿资源。

改革开放以来，村集体煤矿的经营与发展大略有三种情况：一是集体产权存在，而且村民参与村庄集体煤矿的占有、使用和分配，共同决定村庄发展的公共事务，这种村庄一般都能够通过集体煤矿经营发展集体经济，进而推动村庄政治、文化、社会和生态等方面全面发展，实现农村繁荣或农村城镇化；二是集体产权虽然存在，但只是名义上的存在，村民作为村集体成员并没有参与村集体煤矿管理的渠道和制度，村集体煤矿的占有、使用和分配完全由村干部决定。在这样的村庄，村干部尽管也能够利用煤矿利润为村集体或村民利益、公共利益做一些事情，村庄经济或其他方面在一定时期获得一定程度的发展，但这些村庄都随着煤矿资源的逐步减少或枯竭，村庄也逐步陷入困境，难以走上全面、协调、可持续发展的道路；三是集体产权缺失，村集体煤矿的占有、使用和分配完全由村干部说了算，村庄治理主要体现为围绕着煤矿进行村庄公共权力的争夺，在村委会选举中通过贿选等办法，争夺村庄公共权力，得到权力后又把村集体资源据为己有，这种村庄在村干部暴富起来的情况下，多数村民生活陷入困境，村庄生态环境遭到严重破坏，社会秩序严重混乱，政治治理陷入瘫痪，村庄在政治、经济、文化、社会和生态等方面都走向衰败。

本章通过两个煤矿资源型农村的典型案例，展现在集体产权是否存在的不同背景下，围绕煤矿资源利益而进行的政治活动，以及由此形成的权力格局，分析煤矿资源对村庄公共权力的产生及其运作的影响，揭示资源产权与农村政治的内在关联，说明煤矿集体产权对村庄命运的决定性作用。

二　集体产权与村庄全面发展

煤矿资源是人类赖以生存和发展的物质基础，其占有、使用和分配方式决定着资源型农村的发展方向。在资源型农村，如果掌握村庄公共权力的村干部能够站在村民利益的角度，公平合理地配置资源，就能使全体村民共同分享资源带来的公共福利。村干部关注村民利益的行为动机，反映在集体煤矿治理的方式上必然是民主化的经营模式。村集体煤矿的民主化管理模式，必然会在村庄范围内形成推动农村全面发展的内在动力。这一部分主要通过一个煤矿资源型农村的典型案例，展现村庄精英如何带领村民围绕煤矿资源发展农村经济，以及由此形成的农民合力和农村繁荣，分析煤矿资源对村庄经济、政治、社会、文化发展的作用，揭示资源产权、村治精英与村庄命运的内在关联。

（一）集体产权背景下的经济建设

煤矿集体产权是指煤矿资源属于集体成员共同所有，集体产权范围内的煤矿资源由集体成员民主管理，煤矿资源的占有、使用和分配由集体成员共同决策，煤矿资源利润由集体成员共同分享。在资源型农村，人们积极参与煤矿资源管理的行为动机建立在实实在在的物质利益基础之上，正如马克思所说："人们奋斗所争取的一切，都同他们的利益有关"①，推动农村经济发展和农民增收是煤矿集体产权凝聚集体成员合力的首要功能。

1. 村集体煤矿为村庄经济发展奠定基础

XWZ 村位于泽州县的工业重镇巴公镇，全村现有 120 户 500 口人、700 亩耕地和 2200 亩荒山。该村在改革开放前一直是一个土地贫瘠、封闭落后的小山村，生产生活条件极差，村民生活非常艰苦，村民用"荒山野岭、破房烂瓦"形容自己的居住环境和村庄面貌，用"晴天一身灰、雨天一身泥、外人进不来、村民出不去"形容那时的自然环境和生活环境。"文化大革命"时期，这个小小的山村还形成了严重的派系和分裂，村干部之间不团结，村民也在村干部的挑唆下闹分裂，各项行政任务难以完成。在这一背景下，公社党委把该村作为难点村进行重点整顿。

在村庄整顿的过程中，很多村民认为村里的民办教师郭 GF 有知识有文化，能够把村庄的各种势力整合起来，带领村民走出困境，并不断到公社反映自己的意见和实际情况，要求公社党委任命郭 GF 为村党支部书记。公社党委经过长期考察和多方征求该村党员和村民群众意见，决定任命民办教师郭 GF 担任村党支部书记。这一年是 1973 年，当时郭 GF 还不是党员，没有担任党支部书记职务的基本条件，但群众都支持他，认为只有他才是改变村庄贫穷落后的唯一人选。鉴于广大村民的坚决支持和村庄管理的紧迫需要，公社党委集体果断做出决议，立即将郭 GF 吸纳进党组织，发展成为一名党员，使他具备了成为党支部书记的条件。也就是在这一年，郭 GF 顺利担任了 XWZ 村的党支部书记。

郭 GF 担任了 XWZ 村的党支部书记后，立刻开始了带领村民脱贫致富的积极探索，他决心把乡亲们从贫穷的泥坑里拽出来。当时，他利用国家支持发展集体工副业的政策，带领大伙上山开梯田、种山楂，并悄悄地把大家新开的土地分配到户，给农户增加自留地，以解决村民粮食不足的问题。他还号召村民搞喂猪养鸡等家庭副业，用以改善生活。这种做法非常见效，就在他当上村党支部书记的第二年，XWZ 村就基本上解决了口粮不足的问题，而且村民口袋里也有了零花钱。这时，周围村里传出郭 GF 不务正业、带领群众搞"资本主义"的闲话，公社领导也多次找他谈

---

① 《马克思恩格斯选集》第 1 卷，人民出版社 1995 年版，第 187 页。

话，要求他"收敛些"，否则就要"割尾巴"。郭 GF 对此一笑了之，他认为自己带领村民勤劳致富，不偷不抢，不会有错。

改革开放初期，郭 GF 又抓住国家"有水快流"的政策机遇，带领村民在村域范围内探寻铁矿，并建起了炼钢高炉，但因为缺乏技术和经验，铁矿经营很快以失败而告终。1989 年，全国各地形成了办矿高潮，山西作为全国重要的煤矿生产基地，在这一时期形成了"村村点火、处处冒烟"的资源开发与生产现状。在这一背景下，XWZ 村开办了一座集体煤矿，但由于当时村集体资金不足，再加上村干部对煤矿安全事故顾虑太多，村干部集体作出决定，把村集体煤矿承包给了村里的几个年轻人，条件是每年给村集体缴纳 8 万元承包费，还要支付全村各户的生活电费。1990 年，承包人又把村集体煤矿转让给了一个市开发公司的人，合同期为 3 年（1993 年到期），承包费由每年 8 万元增加到每年 10 万元，为全村农户提供电费的条件不变。也就在同一年，村集体又利用村集体煤矿的证件，投资 10 万元在原有矿井附近，开了另一个矿井，希望通过这个矿井增加村集体的经济收入。然而，由于缺乏开采技术和管理不善，尤其是安全投资不到位等原因，该矿井于 1993 年发生冒水事故，造成了 5 人死亡的严重安全事故，矿井因此被政府勒令关闭。

1993 年，XWZ 村集体又把村集体煤矿承包给本镇的其他三个村，并与之签订了村集体煤矿承包合同，合同承包期为 10 年（2003 年到期），承包费由原来的每年 10 万元增加到每年 50 万元，为全村各户支付生活电费的条件不变。这时，村集体煤矿已经成为 XWZ 村集体经济收入的主要来源，但郭书记并不满足于这些收入，而是利用这些资源继续发展村集体经济。1994 年，XWZ 村集体又与凤凰山煤矿服务公司在本村地域范围内联合开办了服兴煤矿，并在服兴煤矿的煤田内开了两个矿井，其中 XWZ 村和凤凰山煤矿各一个，由二者分别独立经营，从地面划清界线，地下开采互不越界，凤凰山矿为 XWZ 村提供技术支持，实现互利双赢。2000 年，凤凰山矿井因资源枯竭准备撤走，XWZ 村集体出资 30 万元买断该矿的手续和设施，并将服兴煤矿改名为永春煤矿。

2003 年，XWZ 村有两个村集体煤矿，一个是永春煤矿，一个是以前承包出去的村集体煤矿也因合同到期回归村集体经营，但由于经营管理中的诸多问题，本应有高额回报的村集体煤矿年收入却不足 200 万元。2004

年，郭书记带领党支部一班人经过深思熟虑，决定严格按照村集体规定的承包程序将村集体煤矿的经营权公开转让。结果，村集体煤矿经营权转让后的当年，获利就高达 500 万元，是转让前的两倍多。2005 年，在山西省煤矿资源整合的大背景下，一个地方国营煤矿以 1400 万元的价格整合了 XWZ 村的村集体煤矿，XWZ 村在失去村集体煤矿的同时，获得了 1400 万元的建设资金。

总之，自改革开放以来，XWZ 村全体村民在党支部书记郭 GF 的带领下，为了开办集体煤矿、壮大集体经济实力付出了巨大努力，也取得了巨大成果，煤矿开采逐步成了 XWZ 村发展集体经济的主导产业，参与煤矿生产也成了广大村民增加经济收入的主要来源。

2. 建立以煤为基多元发展的经济体制

煤矿资源是一种不可再生的稀缺资源，煤矿开采不仅会给矿区农村造成生态破坏和地质灾害，还会使矿区农村面临资源枯竭的发展困境。所以，资源型农村在发挥资源优势发展资源产业的同时，还必须利用资源利润发展非资源产业，尤其是发展有利于生态环境建设的农业产业，作为资源产业的替代产业，以便在资源枯竭的过程中顺利实现企业经济转型，同时为资源型地区的生态恢复提供条件。

郭书记在率领 XWZ 村"两委"干部和广大村民群众发展煤矿产业的同时，就已经意识到了煤矿是一种不可再生资源，存在着资源枯竭和生态破坏等问题，单纯依靠煤炭资源的开采发展经济不是长久之计，必须发展其他的非煤产业。所以，郭书记自改革开放以来，带领"两委"班子成员和广大村民，依靠煤炭资源的积累资金，依靠科技创新发展新兴产业，先后建起了优质核桃园、万头祖代种猪场、十万只现代化养鸡场、联办煤矸石砖厂和现代化观光采摘大棚等，通过这些产业发展，充分解决了广大村民的就业和增收问题，增强了集体经济发展的实力，率先摆脱贫困、走向富裕。

2005 年，XWZ 村的村集体煤矿被整合以后，郭书记带领村"两委"班子成员和村民代表，为增加农民收入和解决群众的致富问题，不断到一些明星村参观学习，并大胆借鉴明星村的先进经验，大力进行产业结构调整，利用煤矿开采带来的资金积累，组织村民开垦荒山数百亩，栽种优质核桃树及其他经济林，新建了三个优质果园，并采取"谁管理、谁受益"

的经营原则，将果园承包到户，实行集体所有、农户自主经营的模式。

也是在 2005 年，XWZ 村又投资 850 余万元，成立了兴宏牧业有限公司，建起了万头祖代种猪场，种猪场的定位是"高标准、高起点和生态环保"，采取 24 小时电子监控的现代化管理模式，猪舍周围是绿树成荫、花草宜人的花园式环境。种猪场的经营采取"集体所有、农户承包"的方式，由承包农户每年向村集体缴纳一定的承包费。2006 年，村集体还投资 150 万元，利用猪粪建起了大型沼气站，免费为村民提供沼气，供村民生活和取暖使用，沼气站的建立发挥了节约煤炭和环境保护的双重作用，仅此一项每年全村就可节约用煤 20 多万元，还为村民提供了极大的生活方便。XWZ 村以猪厂带动沼气生产，变废为宝，节能减排，实现了循环经济和可持续发展。

2009 年 6 月至 2010 年 4 月，XWZ 村集体又先后投资 454 万元，建成了面积 23345 平方米的金鹰农贸有限公司，建起了十万只大型现代化养鸡场，场内设有 6 个车间（其中包括 1 个育雏车间、4 个蛋鸡车间和 1 个饲料加工车间）和 1 个蛋库，同时，配套建有管理、培训、防疫、职工宿舍、门卫等建筑 500 多平方米。该公司不仅利用现代化高科技手段饲养蛋鸡和肉鸡获取高额利润，而且还通过饲料加工带动本村及邻村种植优质高产玉米，还利用鸡粪带动本村及附近农民种植有机蔬菜瓜果，开辟了以牧业带动农业发展的农民增收新途径。也是在 2009 年，XWZ 村在成立金鹰农贸有限公司、建设十万只大型现代化养鸡场的同时，还通过取石填沟建场地的方式，与晋城煤业集团凤凰山煤矿合作办起了煤矸石环保型砖厂，解决了村里 70 多个青年劳动力的就业问题。也就是在这一年，XWZ 村经济总收入高达 5785 万元，农民人均纯收入提高到 6761 元。

2009 年是 XWZ 村的经济腾飞之年，同时也是许多资源型农村的经济下滑之年，因为在这一年，山西省大举进行煤炭资源兼并重组，许多资源型农村因煤矿关闭而陷入农民失业、农民收入下降和村集体失去收入来源等困境，而 XWZ 村却由于注重非煤产业的发展，村集体经济和村民就业等不仅没有受到影响，反而能够卸掉包袱轻装前进。村民高兴地编了一个顺口溜称赞他："郭书记站得高、看得远，全村经济发展没断线！"

2011 年，郭书记带领村"两委"班子成员经过多方考察和严密论证后，将山东寿光的高科技大棚蔬菜项目引进 XWZ 村，发展大棚蔬菜产业，并决定在实验成功的基础上，由农户承包经营。一个又一个项目的上马建设，一个又一个产业链条的形成，不断为 XWZ 村的经济发展注入新的活力。

总之，XWZ 村"从地下到地上"的经济转型，体现了该村"走出去、引进来"的整体发展思路。该村在发展煤矿产业的同时，积极结合村庄自然地理条件，因村制宜地探索转型发展之路，形成了集牧业、农业和工业为一体的多元发展路径。按照 XWZ 村目前的发展规划，该村将依托自己独特的区位优势、生态优势，开发建设集垂钓休闲、健身娱乐、果实采摘、自耕自牧、敬老养生、餐饮服务为一体的生态农业观光区，成为颇具发展潜力的旅游生态村。

（二）集体产权背景下的民主政治建设

XWZ 村之所以能够在经济建设中，克服一个又一个困难，取得一个又一个胜利，关键在于该村的党支部书记郭 GF 高度重视本村的民主政治建设，严格遵循"以法立制、以制治村"的法治理念，始终把加强基层党组织建设放在工作首位，注重健全和完善民主选举、民主决策、民主管理、民主监督的村民自治机制，保障村民在村级公共事务中的知情权、参与权、选择权和监督权。

1. 财务管理制度化

中国人尤其是中国农民有着"不患寡而患不均"的传统观念，如果掌握村庄公共权力的村干部不以村集体利益和村民利益为重，而是以个人利益、自家利益或少数人的集团利益为重，就会由此在村庄内部形成干群矛盾和利益冲突，进而使村庄失去发展的基础。郭书记认为，高尚的道德是保障村干部自觉以村集体和村民利益为重的重要因素，但道德不具有强制性，因而不可靠，在农村必须以制度管人，制度是约束村干部行为的基本保障。他说："在农村，村干部穷不好干，富也不好当，穷是愁得没钱花，富是怕钱花不好。"为了花好钱、用好钱，郭书记带领村"两委"干部和村民代表，积极创新财务管理机制，给干部清白，让村民明白。

（1）实行经费使用的限额包干制度。对于村干部的手机话费、村务招待、车辆用油等费用，存在着手机话费没有数、烟酒招待说不清、外出办事难把握、车辆用油难考证等问题。而且，在消费市场上也存在着少吃可以多开发票、发票可以买卖、发票真假不分、花销多少难辨等现象。在这种环境下，村干部的手机费、电话费、出差费，车辆用油费、维修费、人员招待费等如何处置的问题成了村民群众关注的焦点问题。为了消除村民的疑虑，使广大村民心中有数，村集体针对村干部的经费使用问题，制定了限额包干制度，手机话费、村务招待、车辆用油、出差补助等费用规定标准，按月随村干部的工资一起发放，多了自留，少了自贴。例如：村干部出差除了车票实销实报外，每天的食宿和市内交通费用共150元，车辆用油在本市范围内每月1000元，车辆维修费每年5000元，这些费用按月计入工资，与村干部工资一同发放。这一制度从根本上改变了以往"会计账本是杂货店、集体开支是无底洞"的财务状况，遏制了村集体公款消费的支出，对维护村"两委"班子团结和干群关系和谐发挥了重要作用。

（2）实行村民财务监督小组制度。郭书记认为，村财务如同百姓的家务，由村民自己管理，要求村集体凡有支出都要由村民代表通过，凡有支出都要由村民代表签字。为了搞好财务公开，实现村民对村财务的有效监督，XWZ村在成立民主理财小组、实行民主理财的基础上，还成立了专门的财务监督小组，该小组由村民代表通过村民代表会议的形式选举产生的3名成员组成，专门负责监督村集体的财务支出。

村财务监督小组的主要职责：凡是村集体发生的财务收支，必须经由财务监督组成员监督盖章后方可有效；每月月初村财会人员要编制出财务收支表，不准借故拖延，刁难监督人员，积极提供一切资料和情况，自觉接受财务监督人员的监督；每月的12日、24日，财务监督组成员要对村集体本月发生的财务收支进行审核监督；财务监督组对村集体财务的不合理开支，要上报村"两委"，由理财小组处理；村干部、单位负责人要严格遵守村集体制定的财务制度，并接受财务监督组的监督，任何人不准搞特权；财务监督组成员要严格遵守财务纪律，执行财务监督制度，尽职尽责、严格监督资金使用。

（3）实行明白卡等公开制度。每年年终，村委会都要印制明白卡下发到全村每家每户。明白卡上的内容是村集体本年度的收支情况和财务往来情况，以及每家每户与村集体的财务往来情况等。明白卡制度是对村集体财务公开的有效补充，也是对村财务公开的进一步详细解释，村民坐在自家的炕头上不仅能够清楚一年来村集体的财务收支情况，明白村集体的经济发展状况，清楚每家每户与村集体的财务往来情况，而且还可以清楚村集体与自家的财务往来情况，明白村集体对自己家庭发展的重要作用，进而增强了村民对村集体的归属感和认同感。村民只有心平气和才能干事，也才想干事，XWZ 村的明白卡制度，把群众最关心的村集体财务账变成了一本明白账、放心账，自然给了群众一个明白，还了干部一个清白，干群关系也就自然和谐了，不会出现村民上访告状的情况。所以，明白卡既是村干部凝聚民心的合力，也是村庄和谐发展的保证，XWZ 村改革开放 30 年来，没有发生过一起群众上访告状的事件，明白卡在其中发挥的作用不可低估。

2. 工程承包程序化

由于长期"一元化"领导的惯性，造成了党员干部尤其是党支部书记习惯于对村集体重大事务的拍板，也由此造成了大量的决策失误。村民自治制度实行后，村干部不习惯让村民自治，缺乏执行政策的自觉性，导致村民的自治权难以保障。郭书记认为，要真正落实村民自治制度，要求重大村务民主决策，就必须采取用制度管人、用程序约束干部的措施，只有这样才能保证重大村务决策的科学化和民主化。

（1）工程承包决策程序化。重大村务严格按照"四议两公开"程序办理。"四议"是指党支部提议、"两委"商议、全体党员审议、党员和村民代表大会决议；"两公开"是指过程公示和结果公开。XWZ 村任何涉及村集体利益和村民公共利益的重大村务，如在村集体决定上马什么项目等事务上，都必须严格执行"四议两公开"程序，先由村党支部提议，再由村"两委"联席会议共同商议，第三步是召开村全体党员会议共同审议，第四步是召集村民代表会议决议。而且，要在重大村务的"四议"过程中，对村集体重大事务的提议、商议、审议和决议过程及结果向广大村民公开。

"四议"的程序：一是在村党支部书记与村委会主任酝酿沟通的基础上，由村党支部成员共同研究后提出初步意见和建议；二是由村党支部书记召集村"两委"干部，召开村党支部和村委会联席会议，共同商议党支部提出的初步意见和建议，并对党支部的初步意见和建议进行修正和完善后形成方案；三是由村党支部主持召开全体党员大会或党员代表会议，审议村"两委"联席会议形成的方案；四是村党支部、村委会召集村全体党员和村民代表，召开党员和村民代表大会，在对党员审议过的工程方案进行深入讨论的基础上，对方案进行表决。

"两公开"的程序：一是党支部提议工程、"两委"商议工程、党员审议工程和党员与村民代表大会决议工程要公开；二是重大村务决策的结果要公开。这种制度的实施有效地避免了"重大村务一人决策"的危害。

（2）工程承包竞价程序化。XWZ村通过"四议两公开"的程序决定了上马的工程项目后，在工程如何承包上也制定了严格的程序，要求凡是涉及村集体的资金、资产、资源等大型活动，必须坚持"公平、公正、公开"的原则，实行公开竞价制度。面对劳力安排、宅基地利用、住房分配等与老百姓息息相关的切身利益，都严格按程序做到公开、公正、公平、合理。

该程序规定：村集体上马任何项目工程或村集体资源如荒山、果园、猪场、煤矿等的承包转让，都必须建台账，搞竞标；每次工程承包，村集体要做到墙上贴公告，户户发通知，保障村民有充分的知情权和参与权，鼓励村民都参与竞价承包；在竞价过程中，坚持"公平、公正、公开"的原则，谁的竞价高、谁的诚信度高，就让谁经营，在条件相同的情况下，本村村民优先承包；承包人确定后，在村委会代表村集体与承包人签订合同时，村"两委"干部和村民代表都必须参加合同签订，规定每次签合同必须有10人以上签名，其中"两委"成员7人，村民代表3人。工程结算也要有村民代表在场。

3. 村级党建制度化

农村党支部和广大党员干部在农村各项事业发展中发挥着战斗堡垒作用和先锋模范作用，所以农村党建工作是各项工作的重中之重。XWZ村长期注重基层党组织建设，对党员干部的行为作了严格限制，在吸纳新党员、党员联系群众等方面都有机制创新。

（1）发展党员制度化。XWZ村在发展新党员中，建立了"群众推荐、党委预审、支部票决、全程公示"的新机制，要求从村民中票选优秀村民，从优秀村民中推荐入党积极分子，能否入党由群众说了算，入党先过群众关。具体程序如下：

第一步，群众推荐：每年7月组织全村的村组干部、村民代表和全体党员推荐一次优秀村民，每次推荐优秀村民3名，由村党支部在优秀村民中确定入党积极分子和重点发展对象；第二步，党委预审：由镇（乡）党委对村党支部在优秀村民中确定的入党积极分子和重点发展对象在理想信念、廉洁自律、遵纪守法、执行计划生育政策等方面进行严格审查；第三步，支部票决：对经镇（乡）党委预审的发展对象或预备党员转正，村党支部要召开全体党员大会，采取无记名投票的方式进行表决；第四步，全程公示：村党支部要对群众推荐的优秀村民、党支部确定的入党积极分子和重点发展对象、党委预审的发展对象、党委大会票决吸收的预备党员或预备党员转正的情况等进行为期一周的公示。

（2）党员联系群众制度化。XWZ村长期坚持党支部定期向村委会汇报工作、党员定期向群众汇报思想的制度，并在汇报工作的同时接受群众的评议，及时听取群众的意见和建议；建立了党员与群众特别是困难群众的"联系户"制度，督促党员在服务群众中体现先进性，确保党员"联系户"全覆盖；建立党员戴牌制度，通过戴牌的形式督促党员在工作中发挥先锋模范作用，接受群众的监督；开展各种形式的主题活动，组织党员深入基层，深入群众，积极为基层和群众办实事、做好事、解难事，进一步密切党群关系和干群关系；特别是建立了村"两委"干部联系群众、服务群众机制和群众评价机制，把考核评价村党支部和党员干部工作成效的发言权交给广大村民，由村民监督和评判。

（3）党员干部不搞特殊化。民主制度能否实施，民主程序能否执行，关键要看村干部尤其是村党支部书记和村委会主任等主要村干部。郭书记经常教育党员和村干部，要求党员干部以群众的幸福为自己的幸福，经常组织党员干部到革命老区瞻仰先烈的光辉业绩，以此鞭策村干部为村集体和村民利益积极创新和大胆创业。在他的带领下，XWZ村严格实行村民自治制度，建立起完整的党务、村务、财务管理制度和公开制度，全面接受村民的监督。为了约束村干部尤其是主要村干部的行为，防止村干部为个人利益、家族利益或小集团利益搞特殊化，对村干部行为作出严格要求，明确规定：凡是要求党员干部做到的，党支部书记要先做到；凡是要求村民群众做到的，党员干部要先带头做到。比如在村庄拆旧建新中，村主要干部先带头拆了自家的房子，其他党员干部也接着拆了自家的房子，最后要求村民拆了自家的房子，这样村民就没有意见，旧房拆迁工作顺利完成。再如在解决村民就业和车辆运输问题时，采用"先群众后干部"的策略，要求村干部做到先群众后自己，先他人后家人。

（4）党风廉政建设制度化。XWZ村把党风廉政建设作为建设新农村和构建和谐社会的中心工作来抓，并取得了良好效果。在国家首次进行的农村纪检监督的实践中，XWZ村被确定为全县首批农村纪检监督试点实验村，并在试点实验中开拓创新，创造性地开展农村纪检监督工作：一是在村纪检监督小组成立的过程中，注重选人用人的广泛性、选人程序的规范性和淘汰庸人的灵活性，为农村纪检监督工作的顺利开展提供组织保障和制度保障；二是在村纪检监督小组履职的过程中，注重发挥其监督、预防、宣传和联系群众的作用，确保其对村集体的重点工程、重点项目进行全程监督，对村干部言行进行及时提醒和规范，对党员干部进行经常性的廉政教育，经常性地听取群众意见，及时为群众解决困难，汲取群众合理化建议，在建构良好干群关系中发挥桥梁作用。在该小组的作用下，村干部作风得到明显改善，村民利益得到有力保护，村集体得到长足发展，村民收入得到明显增加。

总之，XWZ村通过以上多方面的民主政治建设，做到了公平、公正、公开，促进了班子团结、干群关系融洽和社会和谐，为村庄各项事业的发展提供了制度保证，再加上严格规范的决策程序、透明公正的工程竞价制度和真实可靠的财务公开制度等，为该村的稳定与发展奠定了基础。坚持村务公开和民主管理，坚持民主监督和民主决策，坚持发挥党员干部的先锋模范作用，坚持村民自治制度，进而维护好村民权利，促进村中和谐，为新农村建设提供政治保障。

（三）集体产权背景下的文化建设

文化是民族的血脉，是人民的精神家园。中国共产党历来重视文化引领社会发展的作用，始终把文化建设置于国家整体发展的战略地位。党的十八大提出，要"扎实推进社会主义文化强国建设"，文化在经济社会发展全局中的地位日益凸显。集体产权下，村干部会为村庄发展的成员利益着想，必然会重视教育和文化建设。

1. 重视义务教育

郭书记认为，国家的发展靠科技靠人才，农村的发展要靠教育。但

XWZ 村地处封闭的山区，教育条件很差，学生上课无教室、无桌椅板凳、教师居住无宿舍、生活无着落。在村集体通过开办煤矿经济稍有好转之时，于 1999 年就投资 100 多万元建起了一流的村办小学教学楼，但教学楼只是搞了一些硬件建设，硬件建设搞得好并不意味着教育就能够搞好。所以，发展教育事业的关键是要有好的老师，搞好以教师队伍建设为核心的软件建设才是搞好教育的关键。

为了提高教学质量，XWZ 村针对村庄地理位置偏僻的劣势，采取了"环境留人，政策留人，感情留人，待遇留人"的措施，提高教师的工资待遇，吸引优秀教师到村里教书。为了让优秀教师愿意来村里教学，村集体在教师财政工资的基础上，从村集体收入中为教师提供生活补贴，补贴额度根据每个教师的教学成绩，每月给予 200—600 元不等。同时，为教师提供舒适的住宿条件，让老师愿意留下来安心教学，从而实现建一流学校的目的。与教师高待遇相适应的必然是对教师的高要求，不仅要对学生搞好文化教育，更要对学生进行体育和德育教育，培养德、智、体全面发展的优秀人才。

为了体现素质教育的特征，XWZ 村办小学经常开展"读书节"和"法制进校园"等活动，每年"五四"青年节和"六一"儿童节期间，XWZ 村办小学都要举办各种形式的以反映时代特征为题材的演讲比赛，不断丰富和充实青少年的文化生活，以追求学生德、智、体全面发展为目标。为了鼓励学生努力学习，到更好的学校享受更好的教育，也为了激励村民重视孩子教育，村集体还建立了助学金制度，为村里考上重点中学和重点大学的学生提供 500—10000 元不等的助学金和奖学金。

同时，孩子的成长过程由于一半以上的时间是在家里，家长的言传身教对培养学生的人生观和价值观非常重要。所以，为了发挥家长在孩子教育中的作用，XWZ 村还办起了家长学校，用以弥补学校教育的不足。

2. 重视精神文明建设

XWZ 村由于地理位置偏僻，封闭落后，村民文化素质较低，存在着打麻将、寻衅滋事、封建迷信等陋习。郭书记认为，村民素质的低下是村庄发展的主要阻碍，只重视经济建设而不重视精神文明建设，难以实现农村的真正发展。所以，XWZ 村在发展经济的过程中，始终注重文化建设和精神文明建设。

在文化建设中，XWZ 村在 1983 年以前一直没有活动场所，村级组织开会、举办活动一直在村庙里进行，村干部办公一直在家里。1983 年，村集体挤出资金建起了露天舞台和村"两委"办公大楼，村民第一次拥有了自己的舞台，村级组织和村干部也拥有了自己的办公场所。1997 年，村集体出资建成了老年活动中心和图书阅览室。2000 年，村集体又建起了能够容纳全体村民的多功能文化活动中心、党员活动室、展览馆和"软席"① 大礼堂。此后，在进行文化楼、学校、图书馆和老年活动中心等方面建设的基础上，不断完善文化设施的配套建设和使用。

XWZ 村的文化建设，以服务群众为宗旨，以节日文化为主线，以弘扬和创新民俗文化为主要内容。早在 1995 年，村里就组织青年音乐爱好者 80 余人组成青年音乐队，组织全村妇女和老人等成立了女子乐队和老年文艺宣传队，这些文化组织利用闲暇时间自编自演文艺节目，在节庆日、婚礼、小孩生日、老人过寿和农闲时期为村民组织文艺表演等，丰富村民业余生活，帮助村民提高文化素质。这些文化组织还经常参加市、县、乡（镇）三级政府举办的各项文艺比赛，应邀参加电视台组织的"家亲"等节目。并通过文艺表演不断提高村民的参与热情，通过参与陶冶村民的情操，有效杜绝了打麻将、封建迷信等陋俗恶习，彻底铲除黄、赌、毒现象。为了提高村民素质，加快传统农民向现代农民的转变，XWZ 村把提高村民素质作为重要工作来抓，开通了远程教育，通过宽带入户、远程教育、聘请专家等方式，对农民进行种植、养殖等各种技术技能培训，扶持科技示范户，使村民足不出户就能学到致富本领。

在精神文明建设中，村集体为了倡导文明、弘扬正气，组织村民制定了村规民约、十星级文明户、和谐家庭以及优秀村民等评选标准，鼓励村民说文明话、办文明事、做文明人，在村庄内部形成人人争优秀、户户争文明的良好风气，争当全国精神文明建设先进村。在精神文明建设中，XWZ 村主要进行了以下几个方面的工作：

一是加强思想道德建设，以党员和全体管理人员为重点，学习和落实农村政策，加强社会公德教育，切实搞好"五五"普法教育，以法治村，每年树立一批道德模范和精神文明建设典型。同时，还特别注重加强党性

---

① 村民把装备软皮座椅的大礼堂称作"软席"大礼堂。

教育，每年党的生日（7月1日），村集体都要举办以"铸党魂，颂党恩"为主题的庆祝活动，增强村班子的集体主义观念和团结拼搏意识，增强村民群众对党和社会主义的热爱。

二是以"文化中心户"、"十星级文明农户"、"诚信农户"等评选为基本形式，大搞精神文明创建评选活动，详细制定了评选标准和评选程序，并对当选的家庭进行奖励，对没有当选的家庭给予降低福利待遇等方面的惩罚[①]，激励村民积极按照标准行为，踊跃参与评选，使全村绝大多数家庭成为文明户，在全村上下形成了赛文明、争优秀、比孝敬的良好氛围。

三是发挥基层党组织和党员干部的战斗堡垒作用和先锋模范作用，实行一个党员一面旗帜、一个党小组一块阵地的活动，要求党员带领群众开展精神文明创建活动，管前管后管邻居，提高全村村民的文明程度。

（四）集体产权背景下的社会建设

社会建设是社会和谐稳定的重要保证，党的十八大要求社会建设必须以保障和改善民生为重点，要多谋民生之利，多解民生之忧，解决好人民最关心最直接最现实的利益问题。XWZ村的社会建设是以改善民生为中心，主要涉及村庄规划、拆旧建新、基础设施建设、增加福利、社会保障等内容。

1. 旧村改造与新村建设

改革开放之前，XWZ村的村民居住的多数是破旧的土房和瓦房，村里的街巷也从来没有进行过规划和设计，只有崎岖不平的小土路，小路两旁到处都是厕所、垃圾堆、猪圈或羊圈，用破旧脏乱形容一点都不过分。改革开放后，一些通过参与煤矿生产逐渐脱贫的农户，都在自家的院子里

---

① 据村民反映：村里曾经有个男性村民在煤矿上班，小日子过得很红火，但不孝顺老人，家里老父亲瘫痪在床，弟兄们轮流伺候，结果轮到他，他就不管。郭GF书记知道后，立即让矿长停了他的职，并对他说，"年轻人连父母都不孝顺，怎么能干好工作？"对于有过吵架、赌博、搬弄是非的村民要取消评选文明户的资格，不允许享受村集体提供的福利待遇，不能参加村集体组织的免费外出旅游。对于文明评选活动中凸显出来的典范人物则给予特殊奖励或帮助，如村里有一位60岁的老人，十年如一日地照顾瘫痪在床的老伴，村集体为他老伴报销看病钱，而且每月还补贴1000元，解决他家里的经济困难，让他对自己的生活感到十分满足。

拆旧房、建新房，整个村庄形成了有新房没新村的局面，许多村民对村里这种局面很是不满，希望村集体能够对村庄进行整体规划。在这一背景下，村集体于1995年开始进行旧村改造和新村规划。

1995年，郭GF书记带领村"两委"干部，外出考察，聘请当地规划和设计专家，根据村集体实力和村民个人的财力、物力，对新村建设做出规划，从水到路，从花到树，实行一次投资、一步到位：村集体先后为村民建成了5个居住小区，分别是富明小区、富康小区、富昌小区、富丽小区、富祥小区，每个小区的建造风格和绿化构造都不一样，都是村干部根据村集体和村民的财力和物力，与村民共同商议的结果，并请苏州园林公司的专家验证，使规划设计既做到了科学合理，又达到了群众满意。XWZ村坚持个人投资与集体补贴的原则，进行旧村改造和新村建设，采取边拆边建的方式，建成一个，搬迁一个，总共用了7年多时间，彻底完成了旧村改造。到2002年，全村农户全部迁入新建小区，村民全部住进了新房。在旧房拆迁中，要求村干部先拆迁，党员发挥模范带头作用，再动员普通村民拆迁。在新建住房的安置中，坚持先普通村民、后党员干部的原则，群众满意度非常高。

2. 村庄美化与基础设施建设

在村庄拆旧建新的同时，村集体还不断在村庄美化和基础设施建设方面进行投资。铺设了通村、绕村的三条村级公路，采取废水净化和引活泉水入流的方式，把村里的废水沟变成了面积约3000平方米的干净、清洁的小湖，采取顺地势改造而非"一刀切"的填平再造的方式把村里的垃圾场变成了公园，并对公园进行了硬化、绿化、净化和美化，还安装了健身器材，硬是把原来的废水沟和垃圾场建造成了一个融休闲、娱乐为一体的农民公园，取名为"世纪康乐园"。到2008年，经过XWZ村干部和群众共同努力，最终把村庄建成了白墙红瓦、碧水蓝天、花红草绿、山清水秀的花园式村庄。村里的环境卫生实行责任制，由专人负责。

在村庄拆旧建新的同时，村集体于1997年建成了老年活动中心、图书阅览室等，为村民进行文化活动提供场所。早在村庄拆旧建新之前的1983年，村集体就利用铁矿井下的表层水，为村民安装了自来水，但由于受季节的影响，村民经常遭遇吃水困难，村民意见较大。在这一情况下，村集体于2006年投资200万元打了一口650米的深井，彻底解决了全村的人畜吃水问题。利用大型种猪场的粪便，建起了大型沼气站，实行集中供暖，免费为村民提供沼气和暖气，XWZ 村现在是户户用沼气，家家通暖气，大大方便了村民生活，改变了村民的生活方式。但由于集中供暖效果不太好，村民们意见很大，再加上随着煤炭价格上涨，供暖费用不断上涨，冬季供暖成了村集体开支的一个大包袱和村民最担忧的一件事情。为了解决村民冬季取暖问题，郭书记带领村干部经过多方考察和上网了解情况后，直接从广东中山市购进了 150 台知名品牌壁挂炉，费用由村委负责 80%，村民个人负责 20%，使全村取暖完全由集中供暖转变为壁挂炉取暖，实现了冷暖自便和关停自如，既避免了管道破裂的危害，也减少了废气排放，还有了很好的取暖效果。

为了方便村民生活，村集体还投资成立了网络中心、便民超市、村卫生所，为全村所有农户接通了宽带网、有线电视和程控电话，使村民群众居家外出、休闲健身、工作学习十分方便。基本上完善了村里的基础设施建设，推进了该村的城市化进程，村民全部住进了水、电、暖齐全的楼房和生活便利的现代社区。

3. 加强福利和社会保障建设

村集体对村民实行"三免一补"，即免电费、学费、闭路费和为考上大专院校的学生提供补贴。每年的端午节、中秋节和春节等传统节日为村民发放大米、面粉、食油等物质福利，改善了人们的生活水平。村集体为村民参与合作医疗提供部分资金，为 85% 以上的村民缴纳养老保险，鼓励村民积极参与，为村民群众解除医疗和养老等方面的后顾之忧，使全村村民参与医疗合作率达到 100%，养老保险率达到 90% 以上。村集体对困难户、残疾人等困难群体提供经常性的物质资助和其他帮助。村集体对 60 岁以上的老人除国家养老金之外还提供一定的养老补助，这项制度早在 1997 年就开始实行，而且是年龄越大提供的养老补助就越多，一般是 60—69 岁的老人每人每月 60 元，70—79 岁的老人每人每月 70 元，80—89 岁的老人每人每月 80 元，90 岁以上的老人每人每月 100 元。

XWZ 村特别注重对孩子和老年人的关怀和帮助，即使在村集体经济比较困难的时期，村干部也会努力克服困难，在义务教育和老年人事业方面进行投资。在 XWZ 村主要村干部的治村理念中，家家都有孩子和老人，人人都会变老，解决好孩子教育和老人养老问题，就解决了村民关心的最根本问题。孩子是国家发展的希望，也是每个家庭的希望，孩子教育是涉及国家发展和家庭兴旺的最根本的问题，所以，再穷不能穷教育，再苦不能苦孩子，义务教育必须作为各项工作的重中之重。老人为村集体和自己的家庭作出了巨大贡献，人人都要老，老人的今天就是年轻人的明天，"善待老人就是善待自己"，这个道理谁都懂。但有很多年轻人不愿赡养老人、把老人当作包袱和负担的现象却非常普遍。正是在这一背景下，郭书记决定由村集体给老人发放养老补助，为老人解决后顾之忧，为家庭和谐提供条件。XWZ村重视义务教育、关心老人生活的种种措施，为村庄形成良好风气奠定了基础，也为推进农村社会全面发展做好了准备。

总之，XWZ村通过村庄规划、基础设施建设、社会福利和社会保障等方面的建设，增强了村民群众对村集体的归属感和认同感，提高了村民对村干部的信任度和支持力，加强了村"两委"班子成员之间的凝聚力和团结力，进而在村庄内部形成了文明和谐的良好风气，建成了有新村、有新貌、有新人的活力农村。

（五）集体产权背景下的生态文明建设

生态环境是人类生存和发展的基础，失去了生态环境，人类也就失去了生存和发展的基础。在全国各地都集中力量发展经济，甚至很多地方不惜牺牲生态环境发展经济的情况下，XWZ村却在村集体经济发展资金严重不足的情况下，非常注重生态环境，想尽办法挤出资金，花费大量人力和物力，进行生态环境建设。所以，XWZ村能够取得与其他资源型农村不同的发展结果，实现了经济发展与生态文明的同步发展。

XWZ村有2200多亩荒山，郭书记告诉我们，他从担任XWZ村党支部书记一职的第一天起，就充分认识到地下的煤是不可再生资源，总有一天会挖完，煤矿资源总有枯竭的那一天。他认为，种树尽管在当时来说不能取得立竿见影的经济收益，但村庄的发展不能只看眼前利益，而应该注重长远利益，绿化荒山、美化村庄不仅可以防止水土流失，为农业生产提供条件，而且还可以给子孙后代留下丰富的遗产和财富，是一件功在当代、利在千秋的好事。所以，与地下的煤矿相比较，2200多亩的荒山才是XWZ村人永远的财富，只有把2200亩荒山变成绿山，才可以使祖祖辈辈的XWZ村人从中受益。正是由于这种发展理念的支撑，1995年，正在全体村民积极参与煤矿生产、增加收入的时候，郭书记却提出"先种树、后挖矿，边种树、边挖矿"的发展思路，要把开采煤矿积累下的资金投资到荒山绿化中，带领广大村民绿化荒山。当时，村民对郭书记的这一决定很是不解，强烈反对他提出的"先种树、后挖矿，边种树、边挖矿"的发展思路，村干部把种树是千秋功德的道理给村民讲了无数遍都无济于事，村民们坚定地认为："富裕比功德重要，经济比生态重要。"在村民群众坚决反对的情况下，郭书记决定用事实说服村民群众支持自己的发展思路，他组织村民代表走出去，到华西村等明星村实地考察，到北京、上海等大城市参观考察，让村民在现实中领略生态环境、青山绿水的美好风光，充分认识到家乡的荒山秃岭就是再富也过不上好日子，村民代表们看到差距后慢慢转变了态度，并说服村民群众支持村干部"绿化荒山"的建议。

在征得了多数村民的同意后，郭书记带领全体村民开始了改造荒山的集体行动。XWZ 村在绿化荒山中，根据本村的地质条件，结合村民长期种植山楂树的传统，在争取村民同意的基础上，引进适宜当地环境的松柏树、木槿花等植物，采用村民义务劳动和专业植树队相结合的方法，由村民承包荒山、义务植树，专业植树队成员负责指导植树技术。在绿化荒山中，特别注重发挥党员干部的先锋模范作用，实行党员干部"包种、包活、包防火"的三包制度，要求党员干部做到管前、管后、管自己、带邻居的"三管一带"，一个党员一面旗，一个党小组一块阵地，很快在 XWZ 村掀起了一轮又一轮的植树造林、绿化荒山的热潮。在 XWZ 村 10 余年的荒山绿化中，村干部带领广大群众发扬愚公移山的精神，无论是寒风凛冽，还是烈日炎炎，他们风雨无阻，种植了 50 余种近百万株的松柏树和其他植物，硬是将东西长 10 华里的 2200 亩荒山见缝插针地全部绿化，使整个荒山变绿山。其中还种植了几百亩的优质果园，在取得生态效益的同时，还取得了显著的经济效益。在 2200 亩的荒山绿化任务全部完成后，郭 GF 看着村庄的美丽景观，坚定地告诉村民："这两千多亩'绿色银行'是全村人永恒的财富。"

在绿化荒山的同时，XWZ 村集体还克服重重困难，在荒山上建起了 3 个千方水池，配套使用滴灌渗灌等高科技水利设施，满足了山有多高、水就能送多高的植物浇灌要求。并开通硬化了 10 华里环山公路，在环山

路的两旁种植了油松、侧柏、元宝枫和木槿花等植物，基本上形成了
"十里山、十里路、十里花、十里树"的山中美景，同时村庄居住区的绿
化也是非常到位，形成了"山在林中、路在绿中、村在花中、人在景中"
的人间仙境。现在 XWZ 村百姓的生活环境，用村民们自己的话说，就是
"打开窗户看青山，走出家门进公园"。

　　XWZ 村生态文明建设及其带来的生态环境的改善，不仅提高了当代
村民的生活质量，而且也为后代留下了可观的生态资源。如今的 XWZ 村
虽然没有城市的繁华和高楼大厦，但有良好的生态和优美的环境，山绿、
路绿、村绿，四季一片绿色已经成了 XWZ 村新农村建设的一大亮点，也
为资源型地区新农村建设提供了借鉴经验。

（六）煤矿集体产权与农村全面发展

　　XWZ 村在郭书记的领导下，村"两委"干部团结一致，坚持"为官
一任，造福一村，留下遗产，不留遗憾"的价值取向和"发展为了村民、
发展依靠村民、发展成果由村民共享"的治村理念，始终以村集体利益
和村民利益为重，坚持重大村务由村民民主决策的集体产权要求。回顾
XWZ 村的发展历程，特别是煤炭资源整合、村集体煤矿关停之后的发展
经验，可以简单地归结为：坚持集体产权是根本，以煤为基多元发展是基
础，提高文化素质是前提，转变思想观念是关键，党员干部是先锋，民主
政治建设是保障。

　　在郭书记带领村民 30 多年的发展历程中，XWZ 村始终坚持"经济、
政治、文化、社会和生态"五位一体、全面发展的道路，经济、政治、
文化、社会建设同步进行，而且把生态建设贯穿到经济、政治、文化和社
会建设的全过程中，党的十八大要求在 XWZ 村 30 多年的发展历程中完全
得到体现。XWZ 村成功地走出了一条适合自身发展的转型之路，基本上
达到了经济富裕、管理民主、乡风文明、社会和谐和环境优美的建设标
准。

　　XWZ 村的发展成果，可以从其几十年来获得的荣誉中看出：曾经获
得"全国造林绿化千佳村"、"全国绿色小康村"、"全国创建文明先进村
镇"、"全国和谐建设先进村"、"国家级文明村"、"省级文明和谐村"、
"省级生态文明村"、"省级卫生村镇"、"全省二十年无刑事案件村"、

"市级文明和谐村"、"市级新农村示范村"、"市级特色宽裕型小康村"、
"市级清理整顿农村财务先进村"、"市级巾帼文明示范村"、"市级生态园
林化村"、"县级红旗基层党支部"、"县级高标准党建先进村"、"县级新
农村建设先进村"、"县级信用村"、"县级特色文化村"、"县级尊老敬老
模范村"等荣誉称号。自 1973 年至 2011 年，郭 GF 在 XWZ 村担任了 38
年的党支部书记，在此期间，他带领全村党员干部及广大村民，经过 38
年的艰苦奋斗和艰苦拼搏，硬是把一个偏僻贫穷、封闭落后的小山庄变成
了一个经济富裕、政治民主、乡风文明、社会和谐、环境优美的社会主义
新农村。郭 GF 书记在带领全体村民渡过一个又一个的难关、取得一个又
一个集体荣誉的同时，他个人也曾被授予"省'五一'劳动奖章"，先后
获得了"全国诚信个人"、"全省农村红旗农村干部"、"市功勋党支部书
记"、"优秀党务工作者"、"新农村建设带头人"、"十大和谐家园建设
者"、"优秀人大代表"、"农业和农村现代化建设带头人"等荣誉称号。

三　集体产权缺失与村庄衰败

　　煤矿资源是人类赖以生存和发展的物质基础，其占有、使用和分配方
式决定着资源型农村的发展方向。在资源型农村，如果掌握村庄公共权力
的村干部站在个人家庭利益或小集团利益的角度占有和使用公共资源，而
使全体村民遭受资源利益的损害，那么，村干部关注个人利益的行为动
机，必然会导致其采取专制的模式把村集体煤矿据为己有。而这种由村干
部独霸村庄公共资源的治理模式，进而必然引发村庄公共权力和公共资源
的争夺。这一部分主要通过一个煤矿资源型农村的典型案例，展现围绕煤
矿资源利益而进行的权力争夺与权力运作，以及由此形成的权力格局，分
析煤矿资源对村庄公共权力的产生及其运作的影响，揭示资源产权与农村
政治的内在关联。

（一）集体产权缺失背景下的权力运作

　　集体产权缺失是指属于集体成员共同所有的集体所有制企业，由于民
主制度和民主机制的缺位或民主机制不能有效运转，进而使集体成员失去
了对集体所有制企业的控制，集体所有制企业完全为集体负责人所掌握，

成了领导干部个人谋取私利的工具。从此，集体资源成了公共权力争夺和公共权力运作的基础，集体和集体成员也因此失去了经济收入的来源和发展的基础。

1. LYT 村集体产权下的辉煌历史

LYT 村是一个煤矿资源十分丰富的山村，该村共 290 户 1000 多人，煤炭资源赋存面积多达 28 平方公里。在整个集体化时代，村集体煤矿作为维持 LYT 村人生存的主要生产资料一直由村集体经营，煤矿生产由全村社员共同参与，煤矿收益也由村集体成员共同分享。该村也由于集体经营村集体煤矿而成为当地名副其实的首富村，村民医疗、教育全部免费，文化娱乐活动丰富多彩，还享受养老金、免费用煤用电，节日发放面、米、肉、糖等各种公共福利，家家有存款，万元户也不少，正是因为 LYT 村家家都有存款，人民银行还特意在这个交通极不便利的小山村办了储蓄所。当时村集体为社员分红都是以支票的形式，发工资发支票，村民需要用钱，随时可以拿支票到储蓄所领取，既方便又安全。这一时期，LYT 村村民盖新房的家庭特别多，比如第四生产小队共 27 户中，就有 25 户在这一时期盖了新房。

改革开放初期，LYT 村村集体抓住中央出台的"有水快流"政策机遇，在原来村集体煤矿的基础上又开办了村办二矿、村办三矿和一座联营煤矿 3 座煤矿，使本来就很富裕的村集体更加富裕。1982—1984 年间，LYT 村花了 20 多万元巨资盖起了全县最豪华的"大舞台"。20 多万元对于当时的其他村庄来说简直就是天文数字，说它是全县最豪华的舞台主要理由有四个：一是 LYT 村的舞台超过了县政府盖的剧院；二是 LYT 村的舞台配备了 5 套幕布；三是 LYT 村的舞台配备了大提琴、小提琴、二胡、三弦等现代化乐器；四是 LYT 村还从省城请回了专业的文艺老师帮助村里排练节目。除了最豪华的舞台以外，在这几年里 LYT 村还有一座耀眼的建筑物，那就是当时村集体盖起的二层村委会大楼，是当时全县最好的村委会办公场所，该大楼一直到 20 多年后的今天，仍然是当地农村较好的村委会办公场所。除此之外，LYT 村还盖起了当时当地最好的村办小学，窗明几净，让当地农民羡慕不已。更为扎眼的是，在当时城里人大都买不起电视、农村人大都没有见过电视的时代，LYT 村的村集体竟然为农户发名牌电视（北京牌和牡丹牌）。

自人民公社到改革开放初期，LYT 村的村集体煤矿一直由村集体统一经营，全体村民共同参与煤矿生产，煤矿收益由全体村民按照生产状况统一分配。当时，村民参与煤矿生产按日计工，每个村民的劳动日工分由广大村民（当时叫社员）通过社员大会的形式讨论决定，根据每个人的身体状况和能力状况把全村劳动力分为男全劳力、女全劳力、男半劳力和女半劳力 4 个等级，一般情况下每个劳动日工分分别是男全劳力 12 分、女全劳力 10 分、男半劳力 6 分、女半劳力 5 分。村民从事煤矿生产按日计工，年终按工分红。当时 LYT 村的劳动分红特别高，一个工有 1 元 8 毛，有时高达 2 元，大约是周围的村子的 10 倍左右（当时周围村庄一般一个工只有 1 毛多，多者 2 毛，少者不足 1 毛）。同时，村集体为了增加农户收入，还规定每户可以买 1—2 头牲畜参与煤矿运输，保障每户 1 头，最多不能超过 2 头，因经济困难买不起牲畜的家庭由村集体垫付购买 1 头，村集体所垫付资金，年底在农户分红中扣除。每头牲畜参与煤矿运输每天计工与男全劳力相同，平时按日计工，年终按工分红。通过这样的制度安排，使 LYT 村所有的农户都有平等的机会分享资源开采带来的公共福利。

总之，自人民公社到改革开放初期，LYT 村一直是当地最富裕的村庄，各方面发展都远远超过了当时农村发展的平均水平，当地十里八乡的好姑娘都想尽办法要嫁到 LYT 村里，在周围村庄的男人大都因为贫困娶不起媳妇而打光棍的时代，LYT 村的男人不仅都能够娶到媳妇，而且还能够娶到精明漂亮的媳妇，当地人戏称"LYT 村的狗都娶媳妇"。然而，富裕的 LYT 村却在改革开放后的煤矿产权改革中，由于村集体煤矿失去集体产权成为当地有名的贫困村、矛盾村。

2. 集体产权缺失后的权力运作

权力是一种政治现象，它表现为一定社会政治组织及其代表者所具有的影响和支配他人的一种强制性力量。村级公共权力则是指村庄中占据优势资源的人（主要是指在村庄范围内拥有政治资源、经济资源和社会资源的人）在促成村庄政治和社会生活的一致行动中支配他人的能力。[①] 权

① 仝志辉、贺雪峰：《村庄权力结构的三层分析——兼论选举后村级权力的合法性》，《中国社会科学》2002 年第 1 期。

力的合法性来自人们对政府统治的合法性和公正性的真诚认同①，也是人们对政府统治权威的普遍接受②。对于村级公共权力来说，集体产权是否存在，是规范权力运作的关键因素。

LYT 村的集体经济和农民收入状况在村集体煤矿承包给私人后迅速恶化，该村的村集体煤矿自从 1985 年承包给私人后，村集体煤矿就完全被村干部所控制，村庄公共权力也由此成了村干部控制村集体煤矿、谋取个人私利的工具。此后，LYT 村就逐步由当地人羡慕的富裕村变成了无人问津的贫困村，村集体不再有雄厚的经济收入为村民提供公共服务和公共福利，多数农民家庭陷入贫困，他们居住祖辈留下的房子（大多是人民公社时期修建的，时间较长，再加上煤矿开采的破坏作用，到改革开放初期大多已成为危房），盖不起房、看不起病、上不起学的现象非常普遍。

1985 年，LYT 村的村委会主任在煤炭效益持续走好的形势下，为了利用村集体煤矿谋取暴利，决定通过承包的方式把村集体煤矿据为己有。为了实现承包村集体煤矿的目的，他先与村党支部书记进行私下协商：煤矿由自己承包经营，承包价是每年向村集体缴纳 8 万元，村党支部书记不参与煤矿经营，但享受一定的煤矿利润分成。村委会主任与村党支部书记之间的协议达成后，村党支部书记公然违背村干部不能承包集体企业的政策要求，代表村集体与村委会主任签订了正式的村集体煤矿承包合同。

1992 年 10 月 10 日，由于煤矿利益分配不均，村委会主任与党支部书记之间产生矛盾。在这种情况下，村党支部书记又以村委会主任不能承包集体煤矿的政策③规定为借口，要求收回村集体煤矿。村委会主任为了继续承包村集体煤矿，又一次与党支部书记达成私下协议，协议规定：自己辞去村委会主任职务，由党支部书记担任村委会主任；增加党支部书记在煤矿中的利润分成；党支部书记在担任村委会主任职务后，要以村委会主任的身份代表村集体与自己签订协议，保障自己继续以每年 8 万元的低价承包村集体煤矿。两人的私下协议签订后，LYT 村原村党支部书记在村委会主任满足其利润分成的前提下，辞去村党支部书记的职务，担任村委

---

① ［美］米切尔·罗斯金：《政治科学》，华夏出版社 2001 年版，第 5 页。

② ［意］帕累托：《精英的兴衰》，台湾桂冠图书公司 1993 年版，第 149 页。

③ 按照当时的政府政策要求，村干部不能承包村集体企业。

会主任，并以村委会主任的身份代表村集体与其续签了承包合同，煤矿承包期是 5 年，从 1992 年 10 月至 1997 年 10 月。乡镇党委在村党支部书记辞职后，又任命一位私营煤矿老板（在 LYT 村开办私营煤矿的本村村民）担任该村党支部书记。从 LYT 村发生的这件事情来看，村庄公共权力不仅成为村干部谋取集体资源的工具，而且还是村干部可以用来交易的公共物品，村民不仅在村集体煤矿的占有、使用和分配上没有知情权、发言权和决策权，而且也没有权力决定由谁来担任自己的村干部。

新的煤矿承包协议签订后不久，煤矿承包人就由于煤炭市场不景气和资金周转出现问题把煤矿转包给村会计，村委会主任在煤矿经营中的利益分成也随之转交给新的煤矿承包人。村集体煤矿承包人改换新主后，村委会主任就与新的煤矿承包人签订私下协议，并随着煤炭价格的提高按比例增加其利润分成。1997 年 3 月，就在距离煤矿承包合同到期还有半年的时候，煤矿承包人为了继续承包村集体煤矿，又私下与村委会主任签订协议：煤矿每年给村委会主任 10 万元的煤矿利润股份分红（折合成煤 3000 吨），第一年的利润作为村委会主任在煤矿入股的股份，以后每年从煤矿拉 3000 吨煤。两人的协议签订后，村委会主任又代表村集体私下与村会计续签了 10 年的煤矿承包合同，煤矿承包期为 1997 年 3 月至 2007 年 3 月。就这样，村集体煤矿又在村民根本不知情的情况下，被村干部出卖了 10 年的开采期。

村委会主任村务不公开、办事不民主的做法，引起了许多村民的强烈不满，他们不断到市、县两级政府上访告状，强烈要求清查村财务。市、县两级政府在村民群众的强烈要求下，组织财务清查组进驻 LYT 村进行财务清查。LYT 村的财务清查工作进行了长达一年之久，在此期间，村干部一开始对清查组的进驻还假装热情欢迎和款待，后来就干脆摘下面具，连最基本的食物和水也不给他们提供了，清查组成员清查村财务的工作实在进行不下去，都无奈地离开了 LYT 村，最终不仅没有查出村委会主任有任何贪污村集体财务的行为，而且村集体还欠了村委会主任的债务。

1999 年，村会计（村办煤矿承包人）在村委会换届选举中通过金钱交易、私下买票等方式成功当选村委会主任。他在当选村委会主任之后，就利用手中的权力，以"村集体煤矿投资人"的身份，把本来由自己承包的村集体煤矿转包给村委会副主任，并以村委会主任的身份，代表村集体与村委会副主任签订煤矿承包合同，私下把村集体煤矿承包费由原来的每年8万元降低到4万元，还把煤矿承包合同期由10年延长为20年，到2017年3月期满。

同时，煤矿承包人在当选村委会主任以后，就撕毁了与上届村委会主任私下签订的协议，拒绝付给他每年10万元（折合3000吨煤）煤矿利润股份分红，也不给他入股煤矿的股份，理由是他已经不是村委会主任了。煤矿承包人之所以要给村委会主任10万元报酬，主要原因是村委会主任掌握着村集体煤矿承包的决策权，不仅能够决定煤矿由谁承包，还可以决定煤矿承包费是多少，更为主要的是村委会主任还可以成为村集体煤矿对付上级检查的"保护伞"，失去了村委会主任的身份和职权，也就失去了煤矿承包人所需要的各种功能。所以，当煤矿承包人自己成功当选为村委会主任后，就必然会单方面撕毁与上届村委会主任签订的利益分配协议，进而最大限度地谋取个人私利。

上届村委会主任得知煤矿承包人撕毁协议的行为后非常气愤，写了一份状告村委会主任的材料，并拿着村委会主任与副主任签订的合同书，在村里找了许多党员和村民群众签名并按手印，做出了联名状告村委会主任的架势，但后来上届村委会主任并没有拿着有许多党员和村民签名按手印的材料去状告本届村委会主任，而是去要挟村委会主任。不久，村委会主任就拿着这个材料威胁那些签了名的党员和普通村民。据村民反映，是村委会主任花5万元钱从上届村委会主任手中买回了这份材料，上届村委会主任就这样出卖村民对他的信任。后来，上届村委会主任还曾经为了让村委会主任兑现10万元钱的承诺，对村委会主任实施了绑架，并进行了暴力毒打，在村委会主任付给他20万元后将其释放。为此，村委会主任到西安某医院住院长达一个多月。尽管我们不能证明村民的这些说是完全真实的，但至少可以说明、在村民的心目中，村集体公共资源已经成为村主要干的私有财产，任由他们私下交易。

2002年底至2003年3月，LYT村又进行了新一届的村委会换届选举。2003年3月20日，就在新一届的村委会换届选举接近尾声时，村委会主任和副主任分别代表村集体煤矿投资人和村集体把村集体煤矿转包给一个外来商人，并签订了煤矿转包合同，其中规定煤矿转包费为每年84万元，具体分配方案为：村委会主任70万，副主任10万，村集体4万。

新的煤矿转包合同签订后不久，煤炭价格大幅上涨，新的煤矿承包人为了更多地获取利润，在煤矿开采前对煤矿进行了大量投资，大大提高了煤矿的安全设施和产能。到当年 8 月，就在煤矿投资建设完毕准备生产时，村委会主任觉得 84 万元的煤矿转包费有些吃亏，就以转包人没有及时交纳承包金为由，单方面撕毁合同，强行把煤矿收归己有。新的煤矿承包人非常恼火，就把他与村委会签订的煤矿承包合同向村民公开，发动村民状告上届村委会主任，并扣压了上届村委会主任的 2 辆小轿车。

2003 年 3 月底，煤矿承包人即上届村委会主任在激烈的竞选中失败，新当选的村委会主任带领新一届的村委会班子立刻投身到夺回煤矿控制权的活动中，他们采取一系列措施，改变以往的权力运作模式和煤矿承包模式：一是建立民主制度，实行村民代表会议制度和民主理财制度，组织村民通过民主程序选举产生村民代表和村务理财成员，组成村民代表会议和村民理财小组，力图通过村民代表会议，以民主决策的方式收回煤矿控制权；二是实行民主理财制度，村民理财小组对村财务收支每月审核一次，村集体资金的使用要走民主程序：村委会主任签字批准——村民理财小组审核盖章——乡农经站审核后方可使用，村民理财小组每月定期向村民公布村里的村务收支状况和重大事务的执行情况，接受群众监督；三是设立企业办，由企业办召集村民代表会议，讨论村集体煤矿利益分配问题，清理以前村干部代表村集体与煤矿企业签订的合同，取消煤矿承包合同中不合理的规定；四是发动村民采取集体行动，组织企业办人员和村民代表以村集体煤矿非法经营等理由，阻止煤矿经营，力图通过组织村民集体行动的途径夺回村集体煤矿控制权。

为了收回村集体煤矿，新当选的村委会班子以煤矿承包人私开黑口的名义，派村企业办人员告知煤矿承包人停止违法开采，但煤矿承包人根本不理睬他们。在这一状况下，村委会主任亲自拉闸停了煤矿的电，导致煤矿生产停工。煤矿承包人就派矿长到村委会要求开闸送电，但被村委会主任断然拒绝，矿长要求村委会主任无条件开闸送电，村委会主任要求煤矿出示齐全的煤矿开采手续，双方僵持不下。煤矿矿长在要求开闸送电无果的情况下，就带人强行开闸，还强行关闭了村民的生活用电，村委会也带人去阻止，结果双方发生械斗，而且双方都有人员在械斗中受伤。

煤矿承包人即前任村委会主任也采取多种措施应对新一届村委会的行

为：一是利用党支部换届选举的机会，当选村党支部书记，并通过党支部对抗村委会，使村委会在处理村庄重大事务尤其是收回煤矿控制权方面难以发挥作用；二是拒绝交接村集体财务和村委会公章，并通过上访和媒体曝光等渠道，要求政府把本村村委会换届选举中的金钱承诺定性为贿选，使新一届村委会失去行使公共权力的合法性；三是在煤矿与村委会因停电的原因发生械斗后，矿长拿着法院的"轻伤"证明，要求村委会主任赔偿其损失 20 万元，被村委会主任拒绝。随后煤矿承包人又以"黑帮组织殴打村民"为名，把参与阻止煤矿经营的新一届村委会主任及其成员告上法庭，在法院审判中，村委会一方有充分证据证明煤矿承包人在开黑口，属于违法行为，他们是在执行公务，但法院没有做出判决，就宣布休庭。接下来，法院在没有开庭审理的情况下，给村委会主任和 2 个村企业办人员送去传票，每人判刑 1 年，同时，法院还不断派人说服村委会主任给对方 10 万元私了，一开始村委会坚决拒绝私了，但后来由于三家老人都吓病了，就给了对方 10 万元，避免了 1 年的刑事责任。

综上所述，尽管农村集体煤矿产权属于村集体成员共同所有，但由于村干部代表村集体行使所有权，进而使所有权派生的承包权、经营权、收益权和处置权等都失去了集体的控制，村干部完全按照自己的利益需求行使公共权力，作为村集体煤矿所有者的村民却完全失去了对村集体煤矿的控制，也完全失去了因煤矿利益而产生的公共福利。村干部代表村集体控制村集体煤矿的结果，使主要村干部因控制煤矿资源而迅速暴富和村民因失去各种福利和收入来源而陷入贫困，进而导致严重的贫富分化，住豪华别墅、开高级轿车的村干部与上不起学、看不起病、盖不起房的贫困村民形成了鲜明对比。

（二）为了资源控制权的权力争夺

马克思主义认为，财富只要包含着对人的支配，它就主要地几乎完全地依靠和通过对物的支配来进行对人的支配。……只有通过对物的支配，才能获得对人的支配。① 这里的"物"就是人类社会赖以生存的生产资料，而占有和控制生产资料的政治意义则在于，生产资料是社会统治的基

---

① 《马克思恩格斯全集》第 3 卷，人民出版社 1995 年版，第 529 页。

础，谁占有了生产资料，谁就事实上有了控制社会的权威。而且，伴随着所有权和控制权的分离，权力便不在于他们的财富，而在于他们在生产组织中的地位，即靠他们工作职位所掌握的控制权。[①] 由此，在煤矿集体产权缺失的背景下，村干部通过自身拥有的权力职位实现了对村集体煤矿的控制，说明掌握公共权力是控制公共资源的必要条件，也由此促使人们产生了强烈的竞选愿望和竞选要求。对于村民来说，村干部代表村集体控制了村集体煤矿后，他们就失去了与之相关的公共福利和收入来源。在这种情况下，他们只能通过村委会换届选举把公共权力从煤矿承包人的手中夺回来，再以公共权力制约村集体煤矿承包人，最终收回村集体煤矿的集体控制权。由此，村民产生了强烈的参选愿望和参选要求。于是，在竞选和参选的共同作用下，LYT 村的村委会换届选举中竞争特别激烈。

1999 年底，山西首次在全省范围内进行村委会换届选举。在这次换届选举中，非资源型农村大多是在乡镇政府的干预和操纵下完成，而资源型农村大都出现了激烈的竞选场面。LYT 村参与村委会主任职务竞选的有 3 人，包括上届村委会主任、村集体煤矿承包人和村党支部书记私下支持的人。据村民反映，村党支部书记之所以要支持他人与村集体煤矿承包人争夺村委会主任的职位，主要是因为在 1997 年的村党支部换届选举中，村集体煤矿承包人也想竞争村党支部书记的职务，但两人都不愿意私下拉票，就达成了私下协议，两人都不准花钱拉票，但无论谁当选都要照顾对方利益。但党支部书记却私下违背协议，拉票并成功当选，并由此两人产生了很大的矛盾。如果本届村委会换届选举中，村集体煤矿承包人竞选成功，就会形成严重的"两委"矛盾和对立，党支部的工作也就难以顺利开展了。所以，党支部书记要安排人与村集体煤矿承包人争夺村委会主任的职位。

在这 3 个人的竞选中，煤矿承包人因有较强的经济实力，他先采取金钱交易的手段使上届村委会主任退出竞选（据村民反映，煤矿承包人给了上届村委会主任一笔巨款，具体数字说法不一，有的说是 10 万元，有的说是 20 万元），再采取明暗结合的手段与村党支部书记支持的人竞争。

---

① 弗雷德里克·L. 普瑞尔：《东西方经济体制比较》，中国经济出版社 1989 年版，第 291 页。

煤矿承包人在与村党支部书记支持的人竞争中，他一方面私下与其达成协议：双方都不给村民发钱，也不私下买票，不拉选票，公平竞争，无论谁当选都要照顾对方利益。另一方面，秘密组织了10人竞选团，分别私下入户拉票，向村民承诺当选后为村里修路、建校、植树、造地、发福利等，并以每张选票300元（投票前先付200元，当选后再付100元）的价格，买了500张票。LYT村共291户1260人，选民不足800人，煤矿承包人私下买票500张，大大超出参选选民的半数，应该是稳操胜券。在投票结束后的唱票过程中，村党支部书记支持的人看到选票大都集中到竞争对手，也得到了煤矿承包人违背协议私下买票的消息，就砸坏票箱，撕毁选票，愤怒地离开选举现场。按照规定，出现这种情况后，村选举委员会应该宣布此次选举失败，但乡镇政府为了完成换届选举任务，就让选举工作人员把撕毁的选票粘贴起来，继续唱票，最终煤矿承包人以300多票的微弱多数成功当选。

煤矿承包人尽管如愿以偿成功当选村委会主任，但他对于村民不讲信用的做法非常恼火，因为花钱买了500张选票，但实际得票是300多票，这说明有100多人拿了他的钱却没有兑现承诺投他的票。新当选的村委会主任对这些拿了自己的钱不投自己票的人的做法耿耿于怀，就以100多人拿了他的钱没有给他投票为由，拒绝为私下卖票的500人每人再付100元。为此，为他拉票的竞选团成员和收受贿赂的村民也非常气愤，他们组织起来到乡政府集体上访，揭露煤矿承包人的贿选行为，要求宣布选举无效，但没有成功。后来，他们又多次到上级政府及相关部门上访，省人大也多次给市人大下函督办此事，但都没有成功。官方的理由是资源型农村村委会选举中花钱买票的现象较多，否定LYT村的选举会引起连锁反应，影响社会稳定。上访村民因得知自己替他人拉票和卖票行为都是违法行为，如果贿选成立，他们作为行贿者也要接受法律的制裁，于是就放弃了上访。

在2002年底进行的村委会换届选举中，首先站出来与煤矿承包人竞争村委会主任职务的人，是在上届选举中为其拉票的骨干成员，此人站出来竞选的原因主要有以下几点：第一个原因是上届村委会主任当选后不兑现承诺，他作为拉票人所拉选票都是自己的亲戚朋友，没法给自己的亲朋好友交代；第二个原因是煤矿承包人当选村委会主任后，把村集体煤矿据为己有，使村集体利益和村民利益大受损失；第三个原因也是最重要的原因，就是在上届村委会选举中，他之所以为煤矿承包人拉票，是因为煤矿承包人承诺帮助自己当选村委会副主任，然而他却以一票之差没有当选，而且当时村委会副主任还缺额一名，煤矿承包人当选后完全有理由让自己担任村委会副主任，但却没有，他认为煤矿承包人过河拆桥，太没有良心。所以，在这次换届选举中他决心把煤矿承包人从村委会主任的职位上拉下马。为了在竞选中获胜，他选择了公开承诺的策略，就在候选人提名的两天前，以书面形式向广大村民作出承诺：

彻底解决村民烧炭问题；全部减免村民生活电费；按时发放教师工资，包括拖欠教师工资及干部工资；60 岁以上老年人每年发放 100 元；任职期间每年为村集体推地 40 亩；根据煤炭市场价格，召开村民代表大会讨论决定企业利润；调整产业结构，改变交通环境，全村每个大岭都能推车上路，让村民彻底改变人背肩挑的落后耕作局面；如能当选，将用自己的钱，凭户口本为每个村民发放 150 元（3 日内）。并表示本人当选后如实照办以上 8 件事，决不失信于民、欺骗群众。

然而，村委会主任对于此人的竞选承诺却没有作出任何回应，这说明村委会主任对自己连任信心十足，此人不会对他的连任形成威胁（据一些村民反映，此人参与村委会主任竞选的目的，主要是想让 1999 年换届选举中煤矿承包人用金钱劝退竞争对手的做法再现，试图让村委会主任给自己几万元钱，让自己退出主任竞选。但他没有想到，村委会主任根本就没有把他放在眼里，对于他的发钱承诺置之不理）。候选人提名的投票结果也证实了村委会主任的感觉，此人尽管被提名为正式候选人，但得票数与村委会主任相差很大，完全成了陪选的角色，照这样下去，村委会主任的连任几乎没有悬念。

在这种情况下，该竞选人组织一部分村民，动员一位在外经商的年轻人回村竞选。这位年轻人在多方征求意见后作出参与竞选的决定，并以书面承诺的方式向村民发出竞选村委会主任的信号：

办好村办学校，按时发放教师工资，每年减免学生学杂费 25 元，减轻农民负担；解决村民用水问题；搞好村公路两旁建房规划和建设，改变村容村貌，改善住房条件，并为村民开发市场，发展经济；根据煤炭市场价格，召开村民代表大会，讨论决定企业利润；每年给 60 岁以上老人发放 100 元；每年春节发给每户村民面粉 1 袋；如果当选，将用自己的钱，凭户口本为每个村民发款 200 元（3 日内）。并表示自己决不失信于民。

在年轻人发出书面承诺的当天，刚刚提名产生的所有的正式候选人也相继以个人名义向村民发承诺书，其中竞选村委会主任职位的现任村委会主任的承诺书内容与年轻人的承诺内容基本一致，只是把当选后给村民发放的钱数提高到每人 360 元。看到村委会主任的承诺后，年轻人立刻向村民发了第二份承诺，把当选后给村民发放的钱数提高到每人 400 元，煤矿承包人接着又把钱数提高到每人 460 元。两位村委会主任竞选人争先恐后地发钱承诺，大大刺激了村民参选的期望值。在正式选举日，村民希望竞选人继续提高承诺金，迟迟不到投票现场，规定上午 8 点开始的投票时间，直到 9 点还很少有人到达现场。村选委会主任只好通过广播要求村民 10 点前必须到投票现场，否则取消参选资格，听到广播后，村民立刻向投票现场奔去。在正式选举中，村民的直接参选率高达 98%，但因无人得票过半导致选举失败，村选委会根据投票结果重新确定候选人，并决定第二天另行选举。

在村选委会另行选举的公告发布后，新一轮的"竞选大战"随即展开，两位村委会主任竞选人的承诺金从 600 元一路攀升到 1000 元。当天晚上，年轻人在自己的第五份承诺书中突然改变策略，承诺当选后把任期 3 年的集体收入一次性预付给全体村民每人 1500 元。凌晨 2 点，村委会主任到乡政府状告年轻人私自承诺发放集体的钱是贿选行为，要求乡政府取消其竞选资格。乡政府领导连夜召集村选委会成员开会，对年轻人进行批评教育，并决定将选举推迟一天。第二天，村民们看到推迟选举的公告后，与村选委会成员进行了激烈争论，主要围绕着能否承诺发钱的问题，争论持续了 8 个多小时。在争论无果的情况下，竞选人又展开了新一轮"竞选大战"，他们整夜进家入户发送承诺书，承诺金也不断刷新，到投票开始时分别上升到每人 1800 元和 2000 元。

另行选举开始后，村民们认为竞选人的承诺书不断改变，承诺给村民发的钱数也在不断改变，为了确定竞选人竞选成功后为村民发放的钱数，也为了竞选人当选后能够兑现承诺，村民们强烈要求村主任竞选人上台发表竞选演说，否则他们将拒绝投票。在这一情况下，村选委会为了保证选举成功，决定让村委会主任竞选人上台发表竞选演说，并对演讲规则作出规定：只能讲自己的治村方案，不准承诺发钱，也不准攻击对方。竞选演说规则确定后，年轻人首先上台表示自己当选后一定兑现承诺，为每个村民发 1800 元，并当场向村民展示自己准备好的 200 万元现金。接着煤矿承包人上台承诺当选后为每人发放 2000 元，台下有人高喊："钱正在路上。"演讲结束后，投票顺利进行，年轻人以绝对多数票当选村委会主任，并在当天下午按户口本为每位村民发 1800 元，村委会副主任的当选者也按照自己的承诺为每户发放 1000 元的承诺金，两者总共向村民发放 230 万元。

年轻人当选村委会主任后，为了依靠村民力量收回煤矿控制权，积极兑现自己的其他承诺，建立民主制度，成立村级组织，增加企业利润，并积极筹款做了大量的公益事业，如修缮学校、发放拖欠教师工资、修路、解决村民用煤用电和吃水问题等，在"非典"期间，他们还免费给农户喷洒消毒药物、购买体育器械，组织村民强身健体等。就在村委会主任带领新一届村委会班子努力实施承诺的过程中，村集体煤矿承包人不断通过新闻媒体及其他途径努力挽回竞选败局，要求以贿选为理由宣布选举结果无效，并取得了成功，《人民日报》直接刊文，把 LYT 村的这次选举直接定性为贿选。村民们对这一定性很是不满，纷纷组织起来到各级政府及相关部门上访，他们认为，新一届村委会上任仅仅 4 个月的时间，为村民做的事情比以往 20 年所有村干部做的都多，他们才是村民真正需要和喜欢的村干部，也是体现村民意愿的选举结果。但是，村民们两个多月的努力最终失败，2003 年 10 月，本次选举以贿选的理由被官方宣布无效，村党支部书记和乡镇政府相关官员也因此受到免职、留党察看等处分，其他村级组织也随之解散。此后，LYT 村陷入了没有村级组织的瘫痪状态。

在 2005 年底进行的村委会换届选举中，由于 LYT 村的特殊情况，当地政府对该村的换届选举工作特别谨慎，严把选举程序，公安、司法部门全程监督，对金钱承诺及其他不正当的竞选行为明令禁止，确保选举过程的公开、公平和公正。在这次村委会换届选举中，上届村委会主任为了证明自己竞选成功不是金钱作用的结果，全身心参与竞选。煤矿承包人（上上届村委会主任）为了村集体煤矿的控制权，推出代理人与上届村委会主任竞争。本届选举由于政府部门的严密监督和上届选举的沉痛教训，竞选双方的竞选行为也非常谨慎，都不承诺发钱，只是进家入户向村民宣传自己的治村规划。村民们也由于长期的利益损失和前两届选举的沉痛教训，政治意识和政治能力大大增强，选举过程中没有发生任何异常现象，上届村委会主任成功连任。

但在党支部换届选举中，由于新当选的村委会主任不是党员，没有参与党支部成员竞选的资格，而且，村里的党员也大多站在了煤矿承包人一方（据村民反映，这又是金钱作用的结果，煤矿承包人早就用金钱买通了党员）。所以，煤矿承包人推出的代理人在竞选村委会主任失败后，能够成功当选村党支部书记。该村村民戏称："村民不喜欢的人党喜欢，村民不需要的人党需要。"其实，新当选的村委会主任和村党支部书记原本在村里是非常要好的朋友，但由于在这次换届选举中，两人成了竞争对手，分别代表不同的利益集团，结果在 LYT 村的村级治理中，村委会主任和村党支部书记就成了冤家对头，也由此形成了 LYT 村的"两委"对立。

实际上，LYT 村的"两委"对立，反映的仍然是村委会与村集体煤矿之间的矛盾，因为党支部完全被村集体煤矿承包人掌握，成了村集体煤矿负责人维护其利益的工具，导致党支部领导下的村民自治陷入制度困境。村民依法选举的村委会在得不到党支部支持的情况下，工作无法开展。村委会想要与村集体煤矿协商的任何问题，都得不到党支部的同意和支持，村委会主任多次申请入党，也都被党支部通过党员大会的方式否决。而当村民自治的领导核心——村党支部站在了村民利益的对立面，成了利益集团的代理人时，村民自治就完全失败了，村民也就完全失去了维护自身利益的组织。

综上所述，在资源型农村，人们在村委会换届选举中争夺公共权力的斗争，实质是不同利益集团之间争夺资源的斗争，谁在竞选中获胜，谁就掌握了村庄公共权力；谁掌握了公共权力，谁就拥有了控制资源的主动权。村集体煤矿是 LYT 村集体收入和村民个体收入的主要来源，只有通过集体产权理顺村集体煤矿与村集体的关系，才能解决村庄发展和农民增收的问题。如果不从产权考虑，仅仅依靠选举和换人的办法，无法从根本上解决问题。就连 LYT 村的村民都这样断言：LYT 村的事情说到底是村集体煤矿问题，这个问题不解决，谁当村委会主任都没用，但我们老百姓也只能在选举中做无用功。

四 集体产权与村庄命运：XWZ 村与 LYT 村的比较

通过以上两个有村集体煤矿的村庄 XWZ 村与 LYT 村的比较分析来

看，农村集体煤矿产权与村庄命运密切相关，煤矿集体产权不仅为村庄发展奠定了物质基础，也为村民参与村务管理提供了载体和平台。同时，村治精英是决定村庄发展的关键因素，民主制度及其有效性是决定村庄发展的制度保障，政府职能到位是农民维护集体产权的重要补充，提高农民素质是决定农村发展的内在因素。

（一）集体产权是决定村庄命运的物质基础

1. 产权是对稀缺资源使用者的权利和义务的规范

按照规范的政治学理论，产权是权利与义务的有机统一，是对人们行使不可再生的稀缺资源的权利及其应尽义务的确定，规定了权利行为主体与其他利益主体之间必须遵守的规则；是人们在享有财富收益的同时，要承担与这一收益相关的成本或者所获得的许可，它不是有形的东西或事物，也不是物品，而是抽象的社会关系①。由此可见，资源产权反映的不仅是人与资源的关系，而且是人们占有、使用资源的规则，并从中获得一定收益的权利，以及由此建立的权、责、利关系。也正是在这个意义上，马克思认为所有权关系反映的不是人对物的关系，而是人与人之间的关系②。

产权制度是"一系列用来确定每个人相对于稀缺资源使用时的地位的经济和社会关系"③，是通过一定的产权关系和产权规则的结合实现对稀缺资源的合理使用和有效配置的制度安排。它的重要功能就是"为实现外部效应更大程度的内部化提供行动的动力"④，是对人们如何受益、如何受损以及受益人如何向受损人补偿的行为规范，也可以说是受益权与控制权的有机统一。而且，产权是所有权、控制权、承包权、经营权、收益权、处置权等各种权利的总和，其中所有权是产权关系的核心和基础，拥有了所有权，就拥有了其他权利。

---

① ［南］平乔维奇：《产权经济学——一种关于比较经济体制的理论》，经济科学出版社 2000 年版，第 28 页。

② 《马克思恩格斯选集》第 1 卷，人民出版社 1995 年版，第 144 页。

③ E. G. 菲吕博腾，S. 配杰威齐：《产权与经济理论：近期文献的一个综述》，载于 R. 科斯，A. 阿尔钦，D. 诺斯等：《财产权利与制度变迁》，刘守英译，上海三联书店，上海人民出版社 1994 年版。

④ H. Demsets（1967），"Toward a Theory of Property Rights"，American Economic Review, Vol, 57, p. 347.

从产权结构上看，产权就是人们占有和支配物的权利，由所有权派生的各项权利都统一于物的所有人的权利中，有了所有权就意味着同时享有该物的支配权、控制权、使用权以及剩余索取权等权利，这些权利是不可分割的①，体现为所有人对资源长期稳定的占有、事实上占有和法律上占有的统一（全面占有及其由此带来的生产成果的占有）。而要真正实现产权的这一目的，仅仅拥有所有权这一经济权利还不够，还必须把所有权这一经济权利通过政治制度的安排上升为政治权利，进而使所有人通过政治参与巩固已有利益、获取现实利益。而且，所有权并不是一成不变的，而是随着自己对资产的直接保护程度、别人对该资产的觊觎程度以及政府对公民财产的保护程度等条件的变化而变化。② 从这一点来说，通过制度安排维护所有人对资源的所有权及其派生的承包权、经营权、收益权、处置权等，就显得更为重要。

XWZ 村的煤矿集体产权确保该村在开采煤矿资源的同时，特别注重保护当地的生态环境，懂得及时利用资源利润投资生态环境治理。在村集体经济和农民收入增加的同时，也特别注重确保村庄的政治、社会、文化等方面的同步发展。相反，LYT 村由于集体产权缺失，村干部代替村集体成了村集体煤矿所有人，把村集体煤矿据为己有，只享受煤矿资源带来的利益，而不负责煤矿开采带来的负外部成本，最终导致村庄生态环境严重恶化，村庄政治、经济、文化、社会等各方面发展都陷入困境。

2. 农村集体产权决定村庄命运

煤矿资源是人类赖以生存和发展的物质基础，煤矿资源型农村的经济、政治等活动都是围绕着煤矿资源而进行的，煤矿资源的占有、使用和分配方式决定着资源型农村的发展方向，资源配置是否合理、资源分配是否公正、资源利益能否为村民共享、村民是否有维护自身利益的制度化参与渠道等因素，决定着农村政治的发展方向和农民命运。

农村集体煤矿属于农村集体所有，由农村集体成员共同决定煤矿如何经营、如何承包和煤矿利润的如何使用、如何分配，集体产权既可以防止集体煤矿被掌握村庄公共权力的人所霸占，也可以避免因集体成员过度使用公共资源而造成的公共悲剧，还可以保证资源开采及利润分配沿着村庄

---

① 唐贤兴：《产权、国家与民主》，复旦大学出版社 2002 年版，第 82 页。

② Y. Barzel, *The Firm, the Market and Law*, The University of Chicago Press, 1989, p. 2.

公共利益和长远利益发展。XWZ 村在没有村集体煤矿以前，由于土地贫瘠始终在贫穷落后中挣扎。自从开办了村集体煤矿后，逐步摆脱贫困走向了富裕。该村集体经济的发展依赖于煤矿的集体产权，正是由于有煤矿集体产权的约束，村干部在决定煤矿经营模式时必须征得村民群众的同意，能够在煤矿集体经营出现问题时，及时通过集体决策承包经营，很快扭转不利局势，避免了集体经济的损失，促进了集体经济的发展。也正是由于集体产权的存在，村干部在村庄发展规划中，才不会只顾眼前的经济利益，而是着眼于村庄发展的长远利益，当多数资源型农村都致力于快速从煤矿经营中获得最大利益的过程中，XWZ 村却能够从煤矿利润中抽出资金，从事文化和社会建设，带领村民进行荒山绿化，发展林业、牧业及第三产业。当多数资源型农村因资源整合或资源枯竭陷入发展困境的时候，XWZ 村却成功地走出了一条资源型农村经济转型发展之路，基本建成了经济富裕、政治民主、乡风文明、社会和谐、环境优美的社会主义新农村，实现了全面协调可持续发展。

相反，如果集体产权缺失，农村集体煤矿就会被公共权力所控制，形成了所有权和控制权分离的状态，其结果必然是村干部特权阶层的形成及其对集体煤矿的霸权。主要表现为：资源掌握在公共权力者手中，谁拥有村庄公共权力，谁就拥有了村庄内部的公共资源，有权决策和处置村庄公共资源的占有、使用和分配。LYT 村早在人民公社时期就由于有村集体煤矿，而成为集体经济发达的明星村。但在改革开放后，由于村集体煤矿的集体产权丧失，致使该村由富甲一方的明星村变成了一个无人问津的贫困村，而且，改革开放后的村庄发展历史成为一部权力斗争史。在煤矿集体产权缺失的背景下，由于集体煤矿为村干部所控制，所以，村庄内部首先是围绕村集体煤矿进行争夺村庄公共权力的夺权斗争，随着煤矿资源价格的上涨，村庄公共权力的争夺也越发激烈，由一开始的花钱私下买票（300 元一张），到后来的公开承诺为全体村民发钱（每人 1800 元和每人 2000 元），并以 200 万元成为了中国"贿选"第一村。其次是围绕村集体煤矿进行谋取私利的权力运作，村干部在通过金钱大战获取村庄公共权力后，便利用公共权力低价承包或转让村集体煤矿等方式，从中牟取暴利，而且不承担任何煤矿开采带来的负外部成本，造成严重的地质灾害和生态破坏。村民不仅不能参与村集体煤矿的经营，而且不能分享村集体煤矿的利润，还要承担煤矿开采带来的巨大的负外部成本。

该村的发展结果是悬殊的贫富分化、严重的地质灾害、恶劣的生态环境、尖锐的干群矛盾和明显的道德滑坡。

在 XWZ 村从穷到富的发展过程中和 LYT 村从富到穷的过程中，我们通过对两个村庄的比较分析，可以得出这样的结论：农村集体产权是决定农村能否发展、如何发展的物质基础，农村集体煤矿的占有和使用由集体成员共同决策、集体煤矿利润由集体成员共同分享是村庄全面协调可持续发展的产权基础。相反，如果农村集体产权缺失，农村集体煤矿为村干部个人或少数人所有，煤矿利润为村干部个人或少数人分享，那么村庄必然陷入难以发展的困境之中。当然，煤矿集体产权也不是要求煤矿经营满足集体每一个成员的利益诉求，而是沿着有利于村庄发展的公共利益和多数成员的利益诉求进行，追求集体决策的科学性和合理性，要求资源占有和使用中的公开和透明，追求资源利润分配的公平和公正，个别集体成员的特殊利益诉求不在产权的保护之中。

3. 煤矿集体产权的非法运作容易引发并激化矛盾

从 LYT 村和 XWZ 村煤矿集体产权的发展与演变过程中，我们可以看出，农村集体煤矿为村民共同所有，必须保持集体经营、民主管理的方式，由农村集体成员即村民共同参加劳动，共同致富。如果村民自治制度落实不到位，村民自治就异化为村干部自治，进而因村集体资源的占有、使用和分配的不合理引发大量的矛盾和冲突。在因村集体煤矿引发的社会矛盾和冲突中，LYT 村只是一个较为普通的案例，还有的村因村集体煤矿的非法承包、转包等，引发严重的暴力事件，严重影响到地方经济社会发展。以山西某县的 BJA 煤矿为例：

BJA 煤矿是 BJA 村于 1984 年开办的集体煤矿，1997 年以前生产能力不足 3 万吨/年，一直由村民成 XX 承包经营。1997 年 4 月，BJA 村委与该县 YY 煤矿（后组建某县 YY 煤焦有限公司）签订合同，将该矿承包给 YY 煤矿，承包期限为 50 年，承包费是每年 1 万多元。1999 年，YY 煤矿投入巨额资金将 BJA 煤矿的生产规模提高到了每年 30 万吨。2002 年 5 月，YY 煤矿在未征得村民同意的情况下，又与山西某煤炭气化有限公司签订煤矿转让合同，并擅自通过该县地矿局、吕梁市地矿局向山西省国土资源厅申请将该县 BJA 矿的矿权人变更为山西某煤焦有限公司。到 2008 年底，山西某煤焦有限公司又将 BJA 煤矿的生产规模提高到每年 90 万吨。在此期间，随着煤矿规模的扩大和生产能力的增强，BJA 村的地质灾害不断加剧，村民的生产生活条件被严重破坏，水源枯竭，地面下陷，房屋震裂。村民要求煤矿给予补偿，并因要求得不到满足多次采取暴力抵抗的措施，如 2002 年的一天，BJA 村的 60 多名村民集体占领了煤矿的绞车房，阻挠煤矿正常生产，矿方在绞车房烟囱里点燃煤油浸透的辣椒，将村民强行熏了出来。2008 年，村民们向山西省国土资源厅和省工商局分别递交了申请，请求纠正采矿权属的错误登记，依法撤销该公司注册登记的行政审批。在这一要求没有得到支持的情况下，2008 年 10 月 7 日，新当选的 BJA 村委将山西省国土资源厅、某煤焦有限公司告上了法庭，要求将省国土厅为某公司颁布的采矿权人、经济类型恢复原貌。2008 年 11 月 7 日，太原市中级人民法院受理此案，并于 2009 年 6 月 30 日作出一审判决，确认山西省国土厅 2002 年作出的变更属于违法行为。一审获胜后，村民担心山西某煤焦有限公司破坏煤矿，就自发组成了护矿队，从 7 月 1 日开始日夜轮班守护煤矿。10 月 12 日，煤矿负责人组织了 100 多名暴徒，手持棍棒、砍刀冲向手无寸铁的护矿村民，造成了 4 人死亡、14 人受伤的惨案。

（二）村治精英是决定村庄命运的关键因素

社会发展的决定因素是人，尤其是掌握公共权力的干部，正如毛泽东所说："政治路线确定以后，干部就是决定的因素。"[①] 邓小平也认为，"中国的事情能不能办好，关键在人。"[②] 村治精英是指掌握村庄公共权力的村干部，包括村委会和党支部"两委"成员，主要是指村委会主任或党支部书记，他们是决定村庄命运的关键性人物。诸多农村发展的实践都充分表明：村治精英是决定村庄命运的关键因素。

1. 村治精英的治村理念是决定集体产权的关键

中国农村村民自治的基本内容是在村党支部领导下，实行民主选举、民主管理、民主决策和民主监督。然而，长期以来的村民自治多注重村委会选举，对村级重大事务的民主管理、民主决策和民主监督制度的落实明显不足。在这种情况下，村治精英的个人品德和价值取向，是决定村集体

---

① 《毛泽东选集》第 2 卷，人民出版社 1991 年版，第 526 页。
② 《邓小平文选》第 3 卷，人民出版社 1993 年版，第 380 页。

产权走向的决定因素，他们既可以保持集体煤矿的集体产权，让集体资源为全村人共同受益，也可以选择把村集体煤矿据为己有，为一己之利使全村人受害。那么，是选择村民利益和村集体利益，还是选择个人私益，一念之差就会使村庄命运截然相反。所以，一个村庄村民自治制度能否落实，关键在于村党支部书记能否在村民自治中发挥好领导核心作用。而党支部能否发挥好领导核心作用，关键要看党支部书记的治村理念，因为在制度落实不到位的情况下，作为村治精英的党支部书记的治村理念是决定村公共资源能否为村民共同所有的关键。

XWZ 村的郭 GF 自从担任村党支部书记后，就立志带领村民摆脱贫困走向富裕，在他担任村党支部书记 38 年的时间内，他始终坚持全心全意为人民服务的无私奉献的精神，把自己全部的精力和心血都投入到壮大村集体经济和增加农民收入的活动中，始终坚持村集体煤矿为全体村民的公共财产，煤矿如何经营、利益如何分配都由村民集体决策，最终才使得村集体煤矿越办越多，越办越好。也正是由于郭书记这种高尚的集体主义观念和无私奉献精神，赢得了村干部和全村村民对他的支持和拥护。在村委会换届选举中，多数资源型农村都由于有资源而引发了激烈竞选，甚至产生了严重的贿选事件，许多人为了煤矿资源而争夺村庄公共权力。但在 XWZ 村却几乎没有竞争，不是该村的村民民主意识差，也不是该村的村民没有竞争意识，而是因为 XWZ 村的煤矿资源属于村集体所有，没有村民认为自己比郭书记有更大的能力，能够把村集体发展得更好。而且，大量的研究成果都表明，几乎每一个发展起来的明星村都有一个道德高尚、善于奉献的村治精英，在这样的村庄不会出现集体产权缺失的现象，更不会出现村集体资源被村干部霸占的事情，即使是父子共同掌握权力也不会把集体资源变成家庭私有财产。[①]

相反，在 LYT 村，主要村干部利用村庄公共权力私下低价承包村集体煤矿，而且在村干部之间瓜分集体煤矿收益，村民在村集体煤矿的经营和利益分配上没有任何知情权和参与权，村庄公共权力就是村干部霸占村集体公共资源的工具。在这样的村庄，谁拥有了村庄公共权力，谁就拥有

---

① 　山西 XWZ 村，曾经是一个"鸟儿飞过不垒窝"的穷山村，该村的党支部书记在担任村党支部书记之前，就在乡镇煤矿担任矿长，这个乡镇煤矿就是在他担任矿长后起死回生的，并成为当地发展最好的煤矿企业。也就是在这种情况下，对于苗氏父子掌握村庄公共权力和村集体煤矿的情况，村民不仅不反对，还高兴地认为："打虎亲兄弟，上阵父子兵。"

了村集体煤矿，谁就可以利用村集体煤矿迅速暴富。所以，这种村庄在村委会换届选举中，必然会形成对村庄公共权力的激烈争夺，金钱贿选不可避免。在村委会换届选举结束后，当选的村干部就会围绕着村集体煤矿进行权力运作，权力运作的结果必然是村干部的暴富和村民群众的贫困，随着村庄集体经济的衰败和村民生活的贫困，必然是经济全面衰退、社会风气败坏和道德滑坡。自山西 LYT 村以 200 万元制造了"中国贿选第一村"的选举事件后，金钱贿选的案件有增无减，而且规模越来越大，如河北某村村委会主任花 600 万元竞选成功，陕西省某村有人花 1300 万元竞选成功等。目前，大量的城中村在村委会换届选举中，不仅金钱贿选，还有黑恶势力参与，主要原因就是城中村有土地这一公共资源，谁拥有了村庄公共权力，谁就拥有了处置村集体土地的权力。

所以，在制度落实不到位的条件下，村集体产权能否使全体村民受益主要取决于村治精英的道德。这种村治精英大都是用自己高尚的道德感化人、教育人，其余的村干部大都会在长期的工作中被党支部书记的精神所感化，像书记一样不会计较个人利益的得失，把自己全部的心血贡献到村集体发展中。所以，在这样的村庄必然会形成团结战斗的"两委"班子，在"两委"班子的带领下，又会形成村民群众的巨大合力。XWZ 村的郭书记在用人上总是张扬优点、宽容缺点，解决矛盾时总是把集体利益和村民利益放在第一位，主动与村干部和村民沟通；在利益分配上先别人后自己、先群众后干部，遇到责任问题则是自己全部承担，很受村干部和村民群众的尊敬和佩服；在安排工作中总是把自己家人和亲戚朋友放在后面，先照顾有困难的群众。所以，XWZ 村的村干部之间没有意见分歧，从不计较个人利益得失，村"两委"班子在村民心目中一直都是一个团结战斗的村干部集体，得到了村民群众普遍的支持和认同。

反之，村庄如果没有一个善于奉献、道德高尚的村治精英出现，村集体资源就会成为村干部的猎物，在村干部之间就会形成争夺公共资源的斗争，进而形成尖锐的干群矛盾。如 LYT 村的村干部利用手中的权力霸占村集体资源，村干部之间因利益分配不平衡而产生矛盾和冲突，村民为了维护自身利益不断上访告状，整个村庄的政治生态就是围绕着村集体煤矿进行权力争夺和权力斗争。

2. 村治精英的治村能力是决定村庄命运的关键

村治精英是村庄发展的带路人，也是村庄发展的掌舵人，只有高尚道德和无私奉献精神是远远不够的，还必须具有很强的管理能力和发展能力。因为农村治理是一个涉及政治、经济、文化、社会和生态等方面共同发展的系统工程，不仅要根据本村实际情况和市场经济的要求，制定本村经济发展的规划和目标，尤其是在资源型农村，必须有能力在发展煤炭经济的同时，要有能力寻找资源企业的替代产业，实现村庄经济结构在资源枯竭后的成功转型。而且，还要有能力处理好效率与公平的关系，按照煤矿集体产权的要求，使全体村民共同分享集体煤矿利益，实现集体经济发展壮大和全体村民共同富裕。还要明白政治、文化、社会和生态建设对实现经济发展和共同富裕的重要作用，并有能力推进各项事业的全面发展。正如 XWZ 村的党支部书记郭 GF 所说："当村官难，当好村官更难！你不给乡亲们办事，他们就不认可你，不服你，不承认你这个村官！没有群众的信任基础，村干部有多大的能耐，村庄都发展不好。"

　　XWZ 村的党支部书记郭 GF 在多数资源型农村集中所有人力、物力和财力，以最低的成本投入、最快的速度在最短的时间内在煤矿开采中获取最大利益时，却能够高瞻远瞩，把发展文化教育事业和绿化荒山保护生态环境作为村庄发展的重中之重，从煤矿资源利润中抽出资金投资教育和绿化。而且能够在村庄集体经济发展的同时，进行新村建设和基础设施建设，完善农村养老、医疗等社会服务体系，不断提高村民的生活水平和生活质量，使广大村民都能够分享村集体煤矿带来的公共福利。在村集体煤矿被整合的过程中，郭书记又根据村庄实际、国家政策机遇和市场商机，及时利用煤矿利润发展大型种猪场、鸡场、煤矸石砖厂、蔬菜大棚等产业，实现了产业发展"从地下到地上"的成功转型，顺利解决了劳动力就业问题。郭书记之所以有如此出色的治村能力和远见卓识，还有一个主要的原因，就是他特别善于倾听和接受群众的意见①，善于集中全体村干

---

①　XWZ 村的郭书记善于倾听和接受群众意见在村里已经传为佳话，村民一口气能够讲出许多故事。如 1983 年村里利用铁矿井下的表层水为村民安装了自来水，但由于表层水容易受季节影响，村民经常吃不上水，村民们就以"看似自来水，不如当哭棍"的顺口溜表达不满，郭书记听到后，立刻认识到自己工作不到位给村民生活造成的不便，投资近百万元打了一眼深水井，彻底解决了村民的吃水问题。再如 20 世纪 90 年代初期，村集体和村民群众刚刚利用集体煤矿摆脱贫困，很多村民就在自家旧宅基地上盖了新房，结果新房与旧村很不相称，村民特别希望有一个漂亮整洁的新村，又用"看了 XWZ 的房，就像孩子没了娘"的顺口溜表达愿望，郭书记带领村"两委"班子成员为了满足村民群众的愿望，从 1996 年开始旧村改造和新村规划，到 2002 年就建成了一个环境优美、村容整洁、生活便利的新村。

部和村民群众的智慧，形成一股团结战斗的合力，进而使 XWZ 村走上全面协调可持续的科学发展道路。中共十八大提出的"经济、政治、文化、社会和生态"五位一体的战略布局，要求把生态文明建设贯穿到经济、政治、文化和社会建设的全过程中，这一要求正是郭 GF 书记带领 XWZ 村村民 38 年来走过的成功之路。

相反，如果村治精英只有高尚道德和无私奉献的精神，而没有先进的治村理念和出色的治村能力的话，村庄只可能取得某些方面的成功或某一时段的成功，但不可能取得全面长足的发展。这就是目前农村社会品德高尚的村治精英不少但明星村不多、实行煤矿集体产权的资源型村庄不少但真正发展起来的村庄也不多的原因所在。我们的调查发现：大量的资源型农村的煤矿集体产权并没有缺失，村治精英也会把集体煤矿的收益让全村村民共同分享，如村集体煤矿的收益面向全体村民发放，而且利益分配的办法大都是以村民会议或村民代表会议的方式决定，但在村集体资源枯竭了或被其他企业整合以后，村集体便失去了收入来源，村民也因此失去了就业机会。2008 年山西省新一轮的煤矿资源整合后，许多资源型农村陷入了发展困境。在这些村庄，村治精英只知道一门心思依托煤矿资源发展经济，也不断把集体煤矿的收益分配给广大村民，还会利用煤矿利润进行基础设施建设，但却不懂得为村庄发展寻找替代产业，不懂得提高村民文化素质和技术水平，缺乏更高更远的发展眼光，结果在失去煤矿后，村集体连基本的维持运转的经费都没有，村民也没有除挖煤以外的从事其他职业的技术技能。

这里有一个典型的案例可以说明这个问题。山西 JT 村是一个典型的资源型农村，该村在开办村集体煤矿以前是一个非常贫困的山村，全村 2000 多人大都居住在半山腰上的山洞里，主要依靠 900 多亩的河滩地生存，生产条件很差，村民生活非常艰苦。改革开放后，村党支部书记带领村民开办了一个村集体煤矿，随后又有两个国营煤矿在该村开办。当时，国营煤矿征用该村土地，采取每征用 1.5 亩耕地解决一个男劳动力就业、征用 3 亩耕地解决一个女劳动力就业的办法，使村里大量的青壮年劳动力脱离农业成为煤矿工人。其余劳动力参与村集体煤矿生产，村集体收入和村民收入大大增加。到 20 世纪 90 年代末，该村就建成了当地最好的舞台和小学，还从整体上进行了新村建设，使村民从破旧的山洞搬进新村。

2005 年，山西进行资源买断的产权改革时，该村的村集体煤矿被村党支部书记以 7000 多万元一次性买断，村民因这 7000 多万元资金如何分配的问题进行了长达两年多的斗争和上访，最后根据每个人在村里落户的时间进行分配，分配金额从每人 2000 元到 8 万元不等，村集体预留 1400 多万元。此后，村集体大量投资村庄建设，建成了科技文化活动室、2000 平方米的休闲游园和健身中心、1800 平方米的商业街、200 平方米的卫生计生室、300平方米的便民店、100 平方米的祠堂、长 500 米宽 10 米的景观大道、粉刷墙面 16280 平方米和改厕 100 座等，成为了山西省新农村建设示范村，1400多万元的集体资金全部用于村庄建设。然而，由于没有其他产业支撑，该村目前失去了经济来源，甚至没有了最基本的运转经费，村民也失去了收入来源（一些村民告诉我们他们当年分到的钱也都花费完了，有的是投资不善赔了），村里因雇不起清洁工而垃圾遍地，村集体投资建造的富丽堂皇的家族祠堂也变成了堆放杂物的库房，院子里也是杂草丛生，一片破败的景象，村干部和村民都在担心他们以后的日子没法过。在资源型地区像 JT村这样的情况有不少，失去资源的农村返贫现象比较普遍。

（三）民主制度及其有效性是农民权益保护的制度保障

从产权政治的角度看，集体所有权是指集体成员对资源的管理、经营和利益分享有平等的权利，当所有权及其派生的其他权利发生变化时，应该由集体成员通过全体成员大会或成员代表会议决定。集体产权的目的是通过产权制度安排规范集体成员在集体煤矿的承包、经营、收益、处置等方面的参与行为，以确保集体对资源的控制权。

在资源型农村，如果没有保障农民参与的民主制度，理论上的集体产权就会变成实际上的集体成员不占有资源，而少数成员却支配或占有资源，一方面少数人（掌握公共权力的村干部）拿着集体的公共资源肆意挥霍，胡作非为；另一方面，大多数农民守着集体财产却没有基本的生活保障。在这一状况下，集体和农民的关系就完全成了"两张皮"，农民与干部的关系也日益疏远甚至对立，公共权力完全成了村干部谋取个人私利的工具，村集体资源就会被掌握公共权力的村干部霸占，不合理的资源占有方式进而成了权力垄断资源的基础。所以，为了防止公共权力垄断资源，必须建立民主制度，制定合理的产权关系和产权规则，有效规范包括村干部在内的集体成员的行为和活动方式，促使集体成员按照产权规则谋取合法利益，最终实现资源的合理配置和有效使用。

1. 民主制度的核心在于监督和制约公共权力

中国农村村民自治的实质，不只是通过选举产生公共权力，更重要的是通过民主管理、民主监督和民主决策制约公共权力，保证民主机制按照村民的意愿有效运转。否则，选举会造成更大的专制和腐败。因为衡量民主的标准并不在于是否选举和如何选举，而是有效的参与、投票的平等、充分的知情和对议程的最终控制等内容。① XWZ 村的村民自治制度的实施主要体现在村庄公共资源的占有、使用和分配的全过程中，民主管理、民主决策和民主监督的程序化、规范化和制度化特征非常明显，因而没有出现村干部把持村政或村干部以权谋私的现象。而 LYT 村的村民自治制度的落实只体现为村委会选举，民主管理、民主决策和民主监督这后三个民主制度的落实几乎没有，在这样的村庄，因为没有后三个民主制度的落实，谁掌握了村庄公共权力，谁就拥有了村庄的公共资源。于是，村委会选举中的竞争就异常激烈。

XWZ 村和 LYT 村的案例说明，在资源丰富的农村，民主制度对实现资源利益的公平分享和农村经济社会的可持续发展非常重要，但如何落实民主制度、实现民主机制的有效运转则显得更为重要。XWZ 村不仅制定了财务、村务和党务公开制度，还建立了各种制度落实的机制和程序，进而使村庄公共事务的决策和执行都能够按照民主程序进行。也正是由于各种民主机制按照民主程序运转，才使得村庄公共资源不会被个别掌握村庄公共权力的人霸占，使得村庄公共事务的决策更加科学、更加合理。也正因为如此，XWZ 村能够摸索出一条政治、经济、文化、社会和生态全面协调可持续的发展道路，成为社会主义新农村建设的典范。而 LYT 村尽管也会按照国家政策的严格要求制定一些民主制度，但这些民主制度只是写在墙上应付检查，没有落实到村治的实践中。也正因为如此，LYT 村的公共资源为村干部所霸占，村庄的公共事务由村干部独断，实现村干部个人利益最大化，最终必然使村庄发展走向衰败。

在一个民主法制传统比较薄弱的国家或地区，对于文化水平和文明程

---

① ［美］罗伯特·达尔：《论民主》，商务印书馆 1999 年版，第 43—44 页。

度相对较低的农民来说，尊重和遵循民主程序非常重要。民主程序是各项民主制度赖以建立和有效运作的基础，没有严格的民主程序，民主制度就只能是一种制度文本，而无法在实践中落实。只要有了严格的民主程序，民主机制才能真正地有效地运转起来。在资源型农村，只有有了严格的民主程序，村民才能在村庄公共资源的占有、使用和分配中有知情权、参与权、决策权和监督权，经常经受民主训练的村民才能不断增强维权意识、提高维权能力，也只有这样，村干部才不至于在办理村庄公共事务中率性而为，而是依法建制、以制治村。

资源型农村通过民主程序实现民主机制有效运转的途径应该是：通过严格的村委会选举程序体现村庄公共权力为村民所有，通过村民会议或村民代表会议的决策程序和村务公开民主管理的管理程序体现村庄公共权力为村民所用，保障村民对村庄公共资源的占有、使用和分配有充分的知情权、管理权和决策权，最终以村庄公共资源的合理配置和利益共享体现村庄公共权力为村民共享。只有这样，才能防止村庄公共权力对村庄公共资源的垄断，确保集体资源为集体所控制。以民主程序选举掌握公共权力的人，以严格的民主制度约束掌权者的行为，限制权力的范围，把公共权力限制在公共事务的范围之内。

2. 民主制度的本质在于形成以公益为重的集体行动

产权保护是一种集体行动，任何个人都不可能依靠自己薄弱的力量和能力来确保自己劳动所得的安全，人类只有依靠协作、分工和互助才能提高力量、能力和确保安全。人们之所以能够组成社会，关键是他们能够从中感觉到或觉察到其中的利益。[①] 民主制度从本质上说，就是一种以公益为重的集体行动的制度，它要让人们热衷于公共事务，并参加到公共事务中来，这样的制度安排是出于限制私欲无限膨胀——人人私欲的膨胀最终将导致人人都不能实现自己的利益——的考虑，从而增进社会的公共利益。[②] 所以，如果没有民主制度，公共利益也只能是分解到每一个人的个人利益，村民也只能是维护个人利益的个体，无法形成保护自身利益的合力，只有通过民主制度的实施形成集体成员维护公共利益的集体行动。

---

① 休谟：《人性论》下册，商务印书馆1980年版，第525—527页。

② 唐贤兴：《产权、国家与民主》，复旦大学出版社2002年版，第114页。

对于中国农民来说，掌握公共权力的人无论是选举产生的，还是非选举产生的，无论采取什么方法竞选，都不是他们认同权力的心理基础，他们看重的是掌握公共权力的人能否维护他们的利益或者为他们带来更多的福利，而不是权力的产生。XWZ 村的郭 GF 书记当时是村民要求乡镇党委任命的村党支部书记，在以后的村党支部换届选举中，村民也没有要求以"两票制"、"两推一选"等方式产生村党支部书记，在村民们的心目中，郭书记自然就是铁定的领袖。他们对郭书记的认同绝对不是建立在民主选举的程序上，而是郭书记带领村民渡过的一个又一个难关和取得的一个又一个成绩，他们看重的是郭书记带领大家创造的来之不易的幸福生活。而LYT 村尽管在村委会和党支部换届选举中，都经历了激烈的竞选和严格选举程序，但村民对村干部不信任、不认同，因为村干部换了一届又一届，村干部尤其是主要村干部都在当选后富了甚至暴富，而村民群众却越来越穷，村庄面貌越来越差，村民在失去经济收入来源的同时也失去了最基本的生存环境。所以，对于村干部来说，其权力基础在于对村民利益和村集体利益的关注，而民主制度正是维护村民利益和村集体利益的基础和保障。

（四）加强政府保护产权的力度是农民权益保护的重要补充

产权对农民权益的保护不仅取决于民主制度的安排，也取决于政府对农民权益的保护程度。为了防止人们在追求个人利益时损害他人利益，或暴力劫取他人财产，以及由此引发的财产占有的不稳定性和社会动荡，政府必须依法规范人们追求利益的行为，督促并帮助人们签订维护共同利益的协议，保护和监督这种协议的实施，根据正义的原则判断和裁判利益纠纷，引导人们热心公共利益，进而实现公共利益和个人利益的统一。① 否则，民主制度难以有效运转。尤其是在中国农村村民自治的实践中，由于民主管理、民主决策和民主监督制度落实不到位，村民在维护自己利益方面处于弱势地位，如果没有政府的支持和保护，产权在维护农民利益中是无法发挥作用的。

以往学界对 LYT 村典型案例的研究，主要集中在贿选和农民素质方面，

---

① 休谟：《人性论》下册，商务印书馆 1980 年版，第 574—578 页。

认为 LYT 村的金钱承诺是农村基层民主失败的标志，农民素质低是导致农村基层民主失败的关键因素。其实，农民对金钱承诺的支持和热衷，主要是政府失职所造成的，政府失职使金钱承诺成了弥补利益损失的唯一机会。从 LYT 村村干部代表村集体垄断资源的过程中，村民群众普遍认为，政府职能的缺位、越位和错位是造成农民利益受损的重要原因。据许多村民反映，当 LYT 村的集体煤矿被村干部私下低价承包、后来又高价转包，村集体从中获得利益微乎其微，村民根本从中得不到任何利益，而村干部却利用村集体煤矿的承包和转包长期获取暴利，政府相关部门却对于村干部这一严重违法行为不闻不问，导致村集体和村民利益长期受损。当新当选的村委会干部与煤矿承包人争夺村集体煤矿而发生械斗时，政府相关部门的领导却对此事进行了不合适的干预，不经过公开审判就给村委会干部下发逮捕传票，同时极力说服村委会干部给钱私了。在村委会换届选举中出现了金钱承诺的情况下，政府及相关部门都没有做正面引导的工作，也没有对不正当的竞选行为进行制止，而是在选举结束后，在有人上访告状的情况下才着手处理选举中的金钱承诺问题，在处理问题时也不顾及选举中是否有严格的民主程序，而是全盘否定，将村民严格按照选举程序选举产生的村委会宣布无效。更为严重的是，在宣布此次选举无效后，却没有按照《村民委员会组织法》的要求，重新组织村民进行换届选举，结果导致该村长期处于无村民自治组织的状态，村民利益进一步遭受损失。

分配不公会导致两极分化，少部分人获得那么多财富，大多数人没有，这样发展下去总有一天会出问题，要利用各种手段、各种方法、各种方案来解决这些问题。① 然而，在资源型农村，村干部长期利用公共权力代表村集体垄断农村集体资源，造成所有权与控制权分离，进而形成了迅速暴富的村干部群体。同时，资源占有的不合理又造成了农村社会严重的贫富分化，农民利益严重受损而得不到补偿。对于村民自治中出现的"两委"矛盾，不及时解决，而且任其发展，结果使基层党组织成了个人维护自身利益的工具，这些都是因政府职能缺位所造成的；村干部公然违背《村民委员会组织法》，随意剥夺法律赋予农民的自治权，不经村民同

① 中共中央文献研究室编：《邓小平年谱（1975—1997）》下卷，中央文献出版社 2004 年版，第 1346 页。

意私下把属于公共资源的村集体煤矿据为己有，对于由此引发的干群矛盾和经济纠纷，政府官员却没有根据正义和法律进行判断和裁决；村委会选举中，真正的贿选行为得不到纠正，不公正的选举结果得到认可，而公开的竞选行为却被认定为贿选，村民认可的选举结果却被宣布无效，这些都是由政府职能错位造成的。如此等等，这些现象都是政府失职的表现，其结果必然是农民利益受损和政府公信力下降。

在 LYT 村由富变穷的过程中，农民利益的每一个损失和农村社会的每一次冲突，都应该并能够得到法律保障和妥善解决，但由于政府官员的不作为或乱作为甚至违规操作，最终导致农民利益一次次受损，干群矛盾一步步激化。政府职能之所以缺位、越位或错位，是因为财富是间接地但也是更可靠地运用它的权力的，是直接收买政府官吏和同政府交易所结成的联盟。① 所以，如何在政治体制改革中，通过民主机制的有效运转，建立人民信任的政府，由政府为所有人的所有权提供保障，进而为人民的财产安全提供保障，真正实现"权为民所用、情为民所系、利为民所谋"，这才是解决问题的关键。

（五）提高农民综合素质是农民权益保护的内在因素

产权对农民利益的维护还取决于农民个体在资产遭受侵害时的直接保护程度。由于财富因其稀缺性没有办法满足每个人的欲望和需求，个人财产可能会被他人劫取，导致自己财富遭受损害或对他人利益和公共利益造成损害。从这一点来说，个体对自身利益的保护和对他人及公共利益的关注至关重要。所以，要保护农村集体产权中的农民利益，有必要在制定并落实民主制度、加强政府保护产权力度的同时，加强对农民综合素质的培养，使农民在保护自身利益方面发挥主体作用。

1. 培养农民的公共意识和公益精神

我国社会主义市场经济的建立和发展，逐步为农村集体产权中的农民权利提供了法律的、社会的和道德的认可，广大农民作为市场交易中的自主交易主体，能够根据自己的意愿和愿望，自由选择交易和投资方式。但是，如果农民只关心自己的产权，而忽视与自己产权密切相关的他人产

---

① 《马克思恩格斯选集》第 4 卷，人民出版社 1995 年版，第 173 页。

权，最终会使个人利益和社会利益都得不到保护。LYT 村的村民利益之所以得不到保护，其主观原因就在于村民人人只关心自家利益，而忽视他人利益和集体利益或公共利益，无法在抵抗侵权中形成合力。

由此可见，农民在集体产权中参与社会经济活动追求自身利益最大化时，不仅必须自觉遵守产权制度所设置的行为约束规则，懂得对他人利益的互惠和尊重，而且更要弘扬社会主义制度下的集体主义和利他主义精神，增强其关注社会利益的公共意识和公益精神，进而使广大农民在维护公共利益中形成合力，在合作中维护个人利益。

2. 培养农民的产权意识和维权能力

马克思认为："从法律上来看，（所有权）交换的唯一前提是任何人对自己产品的所有权和自由支配权。"① 人们要想控制自己的资源产权，不仅需要拥有资源分配的决策权，而且需要具备在决策参与中相互依赖的自主意识和相互尊重的民主能力。如果农民不清楚自己在集体产权中的权利所在，不理解民主政治对产权保护的重要作用，只关注经济利益，而忽视政治权利，就无法保护产权。LYT 村的村民维权行为就明显体现出村民只关心自身利益不关心他人利益、只关心自己的经济利益不关心自己的民主权利的特征，在利益博弈中特别容易妥协，也特别容易被他人利用，最终使集体产权缺失。

由此，在对农民的教育中，我们不仅要重视对农民的知识教育，增强农民的产权意识，同时，我们还需要对农民进行民主能力的培养，确保农民在参与资源分配的决策中必须具备参与决策和监督决策执行的民主能力，并在参与的过程中对政策和法律施加有效影响，进而使个人产权和社会利益得到保护。

五 结语

按照人类"靠山吃山靠水吃水，一方水土养一方人"的生存逻辑，不同地区的村落共同体有不同的资源禀赋、生存条件和生活能力，在面临人类共同的生存问题时，应该有不同的解决办法。在煤矿资源丰富的农村地区，村

---

① 《马克思恩格斯全集》第 30 卷，人民出版社 1995 年版，第 450 页。

集体煤矿是村庄共同体得以发展的物质基础，但不是村庄共同体发展的必要条件。村庄共同体能否依靠集体产权煤矿发展起来，关键要看村集体产权能否为全体村民控制。如果村集体煤矿能够为村全体村民所有，村集体经济和村民个体经济都能够因此而得到发展。农村煤矿集体产权必须走集体经营、民主管理、群体村民共同劳动、共同富裕的经营之路，只有这样村民才能依靠村集体煤矿走上共同富裕的道路，如果村集体煤矿为个别人掌握，村民失去了对村集体煤矿的控制，村集体和村民就会失去收入来源。

而集体产权能否为全体村民所有，关键要看掌握村庄公共权力的村干部的治村理念和道德素质。如果村干部具有村集体资源归全体村民共同所有的民主管理理念，就会按照民主程序由村民共同决策村集体资源的占有、使用和分配，就会按照村集体和村民的要求决定村公共资源的有效配置和合理使用，进而实现利益最大化。当然，村干部还必须具备高尚的道德素质，具备无私奉献的精神和全心全意为人民服务的精神，把为全体村民服务和为全体村民造福作为自身人生价值的体现，愿意通过自己的努力让全体村民都富裕起来。否则，村干部就会因为自身能力的增强而要求获得比村民更多的利益分配。

在集体产权和村庄命运的关系中，村治中的民主政治建设是决定产权走向和村庄命运的制度保障。无论是权力还是权利的合法享有及其表达，都预设了该社会的较高的民主发展程度。否则，权力作为一种获取利益的手段，而权利则代表着人们获取利益一定的资格和身份，都会由于统治阶级的垄断而把被统治者排斥在外。正如西摩·马丁·李普赛特在《政治人：政治的社会基础》一书中所主要表达的，稳定的民主政治是冲突和一致的平衡。① 民主政治建设不仅可以监督公共权力，确保公共权力的行使必须沿着村集体利益和村民利益，而且还可以在村民之间形成维护公共利益和村民个人利益的集体行动，确保村民在尊重和关心他人利益和集体利益中使自身利益得到保护。

此外，村干部出色的管理能力和经济能力以及村民的综合素质等，都是村庄发展不可或缺的主要因素。

---

　　① 　西摩·马丁·李普赛特：《政治人：政治的社会基础》，张绍宗译，出版社 1997 年版，中译本序第 3 页。

第五章 改革开放后的煤矿个人产权与乡村治理

煤矿个人产权是指公民个人拥有煤矿的开采权，个人享有开采该煤矿资源的权利，承担因煤矿开采造成的负外部成本的义务，产权属于个人的煤矿也叫个体煤矿。个体煤矿尽管由于产权属于个人而具有较高的经济收益，但同时也由于多方面的原因对矿区农村产生更大更多的破坏和威胁：一是数量多，规模小，安全投资不到位，安全性能低等；二是个体煤矿很多是地方政府降低条件审批的，不合法的多；三是个体煤矿受地方政府及其官员庇护的多，违规操作的多；四是个体煤矿有很多是浙江等南方商人开办，他们不是本地人，不会关注煤矿开采对当地农村的影响与破坏，往往采取追求企业利益最大化的掠夺式开采方式，必然加大地质灾害的程度。而且个体煤矿由于其私人性，与矿区农村的关联度相对较小，使矿区农村的受益度相对较低。

一　个体煤矿的形成与发展

人民公社时期，煤矿资源企业有国有煤矿（包括国有重点煤矿和地方国有煤矿）和社队集体煤矿两种方式，其中以国有煤矿为主导，以社队集体煤矿为补充，这一时期的煤矿都是由国家或集体开办，不存在个人开办的个体煤矿。

改革开放后，国家走上了以经济建设为中心的发展道路，煤矿资源作为经济社会发展的重要的物质基础，需求量大大增加，而按照人民公社时期的煤矿经营模式，国有煤矿和社队集体煤矿的生产远远不能满足经济发展对煤矿资源的需求，这就为国家发展个体煤矿提出了现实要求。为了加快煤矿资源开采、解决煤炭资源紧缺的问题，国务院煤炭部于 1983 年连续出台多个政策、发出多个通知，以推动小煤矿的发展。1983 年 4 月，煤炭部发布了《关于加快发展小煤矿八项措施的报告》，对加快小煤矿的发展提出了具体要求。当年 6 月 28 日，煤炭部发布《关于进一步放宽政策、放手发展地方煤矿的通知》，进一步加大了中央在煤矿管理方面的放权力度。到当年 11 月 6 日，煤炭部又发布《关于积极支持群众办矿的通知》，决定对煤炭资源管理实行放开政策（即所谓的"有水快流"政策），允许私人从事煤炭开采，鼓励群众积极办矿，要求各级政府采取"在一切可能的地方、利用一切可能的形式"鼓励私人从事煤矿开采。以上各项政策的出台，大大刺激了个体小煤矿的迅速发展。

国家"有水快流"政策的出台，使一些思想灵活的、胆子较大的或者有办法搞到资金的个人都积极投身到开办煤矿的经济活动中，个体小煤矿随之迅速发展起来。在我们的调查中，有老人回忆，国家允许个人开办煤矿最初，在一些浅层煤丰富的地方，开办小煤矿非常容易，用矿区农民的话说，父亲带着儿子或者夫妻双方，扛着镢头进山挖煤，挖个坑就是一个小煤矿。临汾市乡宁县有一个 200 多口人的资源型小山村，当时全村开办的个体小煤矿几乎达到了人均 1 座。而在煤炭资源储存相对较深的地方，寻找煤矿资源就不是那么容易了，因为那个时候，多数人都不懂得也没有条件利用科学技术探矿，而是凭借自己的感觉，就像老鼠打洞一样，满山遍野寻找煤矿，没有耐心的人一个月可能会打几十个洞，挖几米换一个地方，有耐心的人就可能挖十几米甚至几十米，直到找到煤为止。在我们的调查中，还发现了一户人家开几个煤矿的情况，在一个煤矿资源丰富的村，该村党支部组织人力在村里连续挖了 7 个矿井，最深的洞挖到了 350 米深的地方，最后终于成功挖到了煤，然后办理煤矿开采证等相关手续，开办了该村第一座个体煤矿。继该村第一座个体煤矿开办之后，党支部书记的儿子也组织人力在村里找到了煤，开办了该村第二座个体煤矿。其他村民也纷纷贷款在地里打洞找煤，找到煤后就办理开办个体煤矿的手续，通过这种方法该村前前后后共开办了 8 座个体煤矿。

1986 年，中央进一步提出了"群众办矿、国家修路"的方针，进一步激发了个人开办煤矿的积极性。在这一背景下，各地出现了"群众办矿一哄而起、一发而不可收拾"的局面，山西省在很短时间内就冒出了大大小小的煤矿 8000 多座，其中无开采证的煤矿就有很多。与此相适应的是，随着个体小煤矿的出现，又冒出了不计其数的小炼焦炉、小炼铁炉和小化工厂。一时间，在山西资源型地区出现了"村村点火、处处冒烟"的奇怪现象。到 20 世纪 90 年代初，全国个体煤矿采煤每年高达 4000 多万吨，大大增加了煤矿产量，对缓和煤炭供求紧张局面以及解决部分农村劳动力就业等问题，都起了一定的积极作用。①

个体小煤矿的又一个迅速发展时期，是在 20 世纪 90 年代。自国家出台"有水快流"政策到 20 世纪 80 年代末，这一时期尽管开办了大量的个体小煤矿，但与社队集体煤矿相比，数量还相对较少，因为那时煤炭需求量很大，且办理煤矿开采的成本不高，尤其是地方政府的大力支持和帮助②，社队集体开办煤矿的积极性非常高。但进入 20 世纪 90 年代后，煤炭价格却持续下滑，很多煤矿都处于越挖煤越亏损的状态；到 20 世纪 90 年代中后期，由于市场主导的资源价格机制没有形成。煤炭市场持续低迷。煤炭价格持续走低，再加上开采成本逐步加大，除了部分煤矿还继续由集体或国家经营之外，很多社队集体小煤矿为了避免亏损，都急于把集体煤矿承包给个体，导致煤矿价格非常便宜，一座小煤矿只需要几万元就可以买到，而且手续非常简单，不需要采矿证、探矿证，也不需要交纳资源税。煤矿资源领域的这一混乱状况，吸引了一大批掌握资本的南方商人来山西投资煤矿开采业。

在这种背景下，为了避免企业亏损和财政下滑，地方政府极力通过改制、托管、承包等方式把大量的社队集体小煤矿转变为个人经营，其中多数的社队集体煤矿承包给了村党支部书记或村委会主任，有的承包给了本村人，也有的承包给了外村人，有的承包给了本地人，也有的承包给了外地人，还有的村因村集体无资金，集体煤矿由个人投资建矿的方式，然后由投资人承包集体煤矿，承包期由几年到二十年不等。除此之外，还有许

---

① 1991 年 7 月 11 日，国务院发出《国务院关于清理整顿个体采煤的通知》。

② 地方政府之所以有支持集体或个体小煤矿的积极性，主要是因为国有煤矿的税费主要向中央财政上缴，而集体或个体煤矿的税费主要是向地方财政上缴，是地方财政收入的主要来源。

多个体小煤矿被其他煤矿整合。总的来说，这一时期的农村集体煤矿承包很不规范，大多数农村集体煤矿的承包或转包没有走民主程序，也没有采取公开招标的方式，而是由个体商人私下与乡村主要干部达成煤矿转让或转包协议，通过与集体负责人合谋获利的方式，给乡村集体很少的煤矿使用费，给农户很少的占地补偿费，致使大量的集体所有煤矿实际上成了个人投资的个体煤矿。到 1998 年，全国有个体小煤矿 8 万多座，小煤矿产量占煤矿总产量的 43% 以上。

个体小煤矿的发展尽管在缓和煤炭供求紧张局面以及解决部分农村劳动力就业等方面发挥了一定的积极作用，但同时也引发了许多问题，主要表现在：大量小煤矿没有取得采矿许可证，乱采滥挖现象比较普遍；煤矿回采率很低，破坏和浪费国家煤炭资源的现象比较严重；许多小煤矿不具备起码的安全生产和劳动保护条件，事故频发，伤亡严重；有的偷税漏税，损害国家利益。① 在这一背景下，国务院于 1991 年 7 月 11 日，发出了《国务院关于清理整顿个体采煤的通知》，提高了个体开办煤矿的条件和要求。但由于地方政府在落实中央这一政策中缺乏积极性和主动性，不仅致使中央整顿小煤矿的目标难以实现，而且造成小煤矿乱采滥挖的现象更加严重。于是，1998 年 11 月，国家对个体小煤矿采取了"规范治理和关井压产、总量控制"的措施，并连续发布一系列的法律政策②，为治理整顿个体小煤矿提供政策支持和制度保障。国家这次治理整顿个体小煤矿的行动力度较大，取得了一定效果，到 1999 年底，全国关闭了 33220 座小煤矿。但由于地方政府与个体小煤矿早已结成了利益共同体，给小煤矿的关闭造成了很大的麻烦，实际上许多个体小煤矿仍然处于明停暗开的假关状态。

2002 年，随着全球能源危机和国内市场对煤炭需求的增加，煤炭市场迅速转好并持续上涨，以 2 号煤为例，2001 年，每吨煤的价格只有 30 元，除去成本，利润只有一两元钱；到 2003 年，2 号煤的价格就上涨到

---

① 1991 年 7 月 11 日，国务院发出《国务院关于清理整顿个体采煤的通知》。

② 《国务院批转国家经委、计委关于立即整顿国营煤矿井田内各种小井的意见的通知》《国务院关于清理整顿个体采煤的通知》《乡镇煤矿矿井安全生产条件合格证实施办法》《关于制止小煤矿乱挖滥采确保煤矿安全生产意见的通知》《矿山安全法》《乡镇煤矿管理条例》《小煤矿安全规程》以及《煤炭法》。

每吨 300 多元，尽管生产成本也大幅上涨，但每吨煤的利润最少也达到了 100 多元，是 2001 年的近百倍。而且，煤炭市场出现严重的供不应求，许多外地企业纷纷派人到山西矿区排队购煤。[①] 在这一背景下，大量的掌握资本的外地商人纷纷来山西投资煤矿产业，再加上这时山西一些大型的国有重点煤矿和中型的地方国有煤矿也由于经营困难，借机不断向个人转让或出卖股权，导致个体小煤矿出现了又一个增长高峰。除了外地商人在山西抢购煤矿生意外，山西内地掌握资本的经济精英甚至矿区农民也都乘煤价上涨之机，纷纷到煤矿资源型地区"淘金"，小煤矿遍及矿区各个角落，矿区私开乱采的现象非常普遍，大大小小的煤矿老板形成了矿区农村最为显眼的精英群体。

以山西柳林县为例，2001 年，全县国有煤炭企业欠税总额超过 1 亿元，欠发职工工资 5000 多万元。2002 年，县委县政府针对全县国有煤矿的这种情况，提出了"一退两置换"[②] 的办法对国有煤矿进行改革，并以全县规模最大的兴无煤矿作为改制试点。兴无煤矿年产 60 万吨，是当时柳林县最大的国有企业，也是矛盾最多、负债最多的国有企业，欠发职工工资长达 7 个月，债务累计近 2 亿元。当时的县委县政府主要领导多次找到中煤、太原煤气化等多家公司协商，希望这些实力强大的国有企业能够收购兴无煤矿。当时县委县政府提出的兴无煤矿转让条件是：一是 5000 万元的转让价款；二是负担该煤矿累计的所有债务；三是要接收该煤矿原有的 1000 名职工。结果由于煤矿转让的条件太高，山西几家较大的国有企业都不愿意收购兴无煤矿。在兴无煤矿面向国有煤矿转让或拍卖的做法失败之后，柳林县委县政府就通过山西电视台发布了一个面向社会公开拍卖兴无煤矿的公告，这一公告发出之后，立刻引起了煤矿工业领域及社会各界的广泛关注。兴无煤矿的公开拍卖是在 2002 年 6 月 8 日，当时县内外约有 12 家企业参加了公开竞标，现场拆开竞标书之后，发现参加竞标的各家企业的报价差距非常悬殊，其中最高报价是 8000 万元，条件是：愿意承担兴无煤矿累积产生的所有债务，并承诺不让一名职工下岗，同时

---

① 郑亦工：《乡宁，慈善的另类表达》，《山西经济日报》2005 年 5 月 31 日。

② "一退两置换"中的"一退"是指国有资产有偿退出；"两置换"是指产权置换、职工身份置换。

还额外承担县委县政府提出的必须在当地建一座希望小学、一座焦化厂的要求。报价第二高的是 5000 万元，对于职工的接收提出考试上岗等附加条件。在这一次公开竞标中，评标人包括县委书记、县长及各个相关职能部门一把手在内共有 40 人，最终有 39 人同意最高报价企业中标。中标企业共出资 5.8 亿元买断兴无煤矿全部国有资产，其中现金支付 8000 万元，承接债务 1.93 亿元，偿付资源价款 3.1 亿元。这是中国历史上第一例由个体企业买断国有企业的案例。

2002 年底，山西 98% 的煤矿还都是年生产能力在 9 万吨以下的个体小煤矿。2003 年，山西出台了《探矿权采矿权转让管理办法》（以下简称《办法》），要求对新增资源探矿权和采矿权有偿出让，并对采矿权的有偿取得和转让审批制度进行了严格规定。该《办法》第三条规定，除按照下列规定可以转让外，采矿权不得随意转让：已经取得采矿权的矿山企业，因企业合并、分立，与他人合资、合作经营，或者因企业资产出售以及有其他变更企业资产产权的情形，需要变更采矿权主体的，经依法批准，可以将采矿权转让他人采矿。该《办法》第九条规定，转让国家出资勘查所形成的探矿权、采矿权，必须依法进行评估，并由主管部门对其评估结果依法确认。原国有独资企业无偿占有的国家出资形成的探矿权、采矿权，因企业合并、分立、重组等需要变更民事主体而又未改变国有独资性质的煤矿企业，可以不进行探矿权、采矿权价值评估，但必须依法办理主体变更手续。除此之外，该办法还对采矿权价款作了规定，主要包括转为国有股份、转为国有资本金和货币缴纳三种方式，对于大部分农村集体煤矿普遍适用的货币缴纳方式，除了储量在一定标准下的较小资源要一次缴清外，其余资源的采矿权价款要采取定量、分期、分段出让的办法，按照省人民政府公布的标准执行。

2004 年 1 月，山西省政府出台了《关于深化煤矿安全整治的决定》（以下简称《决定》），在该《决定》中，省政府首次提出了对全省煤矿坚持"资源整合、能力置换、关小上大、有偿使用"的原则，规定煤矿整合标准为 9 万吨/年，交费标准为主焦煤 2.5 元/吨、配焦煤 1.8 元/吨、动力煤 1 元/吨。并要求在煤矿的转让和承包中，承包人在办理换证手续时，直接由煤矿承包人转为煤矿经营者。就在《决定》出台不久，2004 年 4 月 30 日，山西临汾梁家河煤矿发生了瓦斯爆炸，造成了 36 人死亡的重大煤矿安全事故。时任山西省省长的张宝顺第一时间到达事故现场，经过简短调查，就很快发现：临汾梁家河煤矿产权复杂，该煤矿原本是一个集体煤矿，后来转包给个人。但在该煤矿转包给他人时，国家法律不允许个人承包和经营煤矿，地方政府为了规避法律上不允许个人承包、经营煤矿的规定，就通过变通的办法，把煤矿真正的控制者和受益人由集体转变为承包者个人，但承包或托管的煤矿持有的各种证件不变，仍然由原来的集体挂名。而且，该煤矿在不合法的情况下承包转让后，又经历了层层转包和多次转手，形成了十分复杂的产权关系，结果在安全事故发生后很难找到事故责任人。针对煤矿领域的这种混乱现象，时任省长张宝顺在处理梁家河煤矿事故的现场就做出了这样的决定：以临汾市为山西省"煤炭采矿权有偿使用"试点城市，对全省煤炭资源进行有偿使用的制度改革。

2004 年 5 月，山西省开始对临汾市的所有煤矿进行煤炭资源有偿使用的试行改革，当时临汾市煤矿资源有偿使用改革的方法，是对适应市场的煤矿采矿权以公开招标、拍卖、挂牌等形式竞价出让，通过协议转让、拍卖等方式明确乡村集体煤矿的采矿权，通过股份制改革由个人或大型企业买断经营国有煤矿。按照临汾市试点的规定，临汾市境内的所有煤矿此后都需要缴费使用，也就是煤矿承包人要通过缴纳资源价款的方式获得煤矿使用权和经营权，政府部门在换证时将煤矿承包人变成煤矿经营者。

继临汾市试点改革之后，山西吕梁市按照临汾经验也对全市煤矿进行了煤矿资源有偿使用的改革。当时，临汾、吕梁两市大量的乡村集体煤矿和国有煤矿相继由个人买断经营，成为煤矿产权属于个人的个体煤矿。2005 年 4 月，国家发改委、财政部、国土资源部、劳动和社会保障部、环保总局与安监总局组成煤炭资源管理调研组在山西调研后，决定继临汾、吕梁两地试点之后继续在山西大同、阳泉两市开展煤矿资源有偿使用改革的试点活动，然后向全省铺开。当时，山西全省的非法个体小煤矿多达三四千座，正规的个体小煤矿也有几千座。

山西在进行煤炭资源有偿使用的同时，进行资源整合。这次煤炭资源整合是以现有合法煤矿为基础，对 2 座以上煤矿的井田合并和对已关闭煤矿的资源储量及其他零星边角的空白资源储量合并，实行统一规划，提升矿井生产、技术、安全保障等综合能力，并对布局不合理、经过整改仍不具备安全生产条件的煤矿实施关闭。2005 年 6 月 27 日，山西出台了《山西省人民政府关于推进煤炭企业资源整合有偿使用的意见（试行）》。同年 8 月 8 日，山西省政府召集全省 11 个市的市长、副市长和国土、煤炭、安监等部门及国有重点煤炭企业负责人在太原召开了"全省推进煤炭资源整合和有偿使用工作会议"，就全面推进煤炭资源整合和有偿使用工作进行了安排部署，作出了在"十一五"期间将全省 9000 多座煤矿压缩到 2000 座以内的计划安排。

2006 年 2 月 21 日，山西省人民政府第 66 次常务会议通过了《山西省煤炭资源整合和有偿使用办法》，要求煤炭资源整合坚持科学规划、淘汰落后、明晰产权、资源／储量与生产规模和服务年限相匹配的原则和公开、公平、公正的原则，规定煤炭资源整合以现有合法煤矿为基础，对 2 座以上煤矿的井田合并和对已关闭煤矿的资源／储量及其他零星边角的空白资源／储量合并，实现统一规划，提升矿井生产、技术、安全保障等综合能力，并对布局不合理和经整改仍不具备安全生产条件的煤矿实施关闭。煤炭资源整合可以采取收购、兼并、参股等方式，鼓励大中型企业参与煤炭资源整合，组建和发展大型企业集团。煤炭资源有偿使用要求通过行政审批取得采矿权的采矿权人，除缴纳采矿权使用费外，还应当依法缴纳采矿权价款。① 这一办法是在煤矿资源国家所有权不变的前提下，进行的一次把国家和集体煤矿通过资源买断的方式转让给个人的重大改革。

2006 年 3 月，山西省时任省长于幼军以 187 号令，公布了《山西省煤炭资源整合和有偿使用办法》，明确界定了 2006 年采矿权价款收取标准。将试行意见进一步具体化，包括参与改革的资源范围、价款的收缴、分配、用途和各政府部门在改革中各自的职责以及法律责任等，并要求"县级以上人民政府应当向社会公布经批准的煤炭资源整合和有偿使用工作方案，并规定了省、市、县的采矿权价款分配比例为 3：2：5。"自此以后，山西省资源有偿使用改革进入了实质性的操作阶段，在全省范围内全面实施，山西煤矿资源有偿使用的结果是个体煤矿的规模越来越大。2006 年 4 月，经国务院批准，将山西煤炭资源有偿使用的做法推向内蒙古、黑龙江、安徽、山东、河南、贵州、陕西等煤炭主产省份，并在这 8 个煤炭

---

① 《山西省煤炭资源整合和有偿使用办法》，山西省人民政府令第 187 号，2008 年 3 月 17 日发布。

主产省份开展了深化煤炭资源有偿使用制度改革试点工作。规定这些省区新设的煤炭资源的探矿权、采矿权除特别规定的以外，一律以招标、拍卖、挂牌等方式有偿转让。到 2008 年山西省进行煤矿兼并重组时，山西全省共有煤矿主体 2200 多家，矿井数量多达 2500 多座，个体煤矿仍然占据绝大多数。

2008 年，山西省政府相继出台了《关于加快推进煤矿企业兼并重组的实施意见》《山西省煤矿企业兼并重组整合规划方案》及其他相关政策，提出了"规划先行、稳步推进、整合为主、新建为辅和以大并小、以强并弱、扶优汰劣"的煤矿整合原则，要求建立以大型煤矿企业为主的办矿体制。2009 年 4 月，山西省又出台《关于进一步加快推进煤矿企业兼并重组整合有关问题的通知》，要求"到 2010 年底，全省矿井数量控制目标由原来的 2500 座调整为 1000 座，整合后煤企规模原则上不低于 300 万吨/年，矿井生产规模原则上不低于 90 万吨/年"。在这一背景下，全省煤矿停产整顿。

到 2010 年底，山西省的煤矿整合基本达到了目标。一是形成了以大型煤矿企业为主的办矿体制。煤炭企业主体由 2200 家减少至 130 家，其中年产亿吨的特大型集团 4 个、年产 5000 万吨的大型集团 3 个；二是形成了以国有、民营、股份制等多种成分并存的办矿体制，其中国有企业占 20%，民营企业占 30%，股份制企业占 50%；三是矿井规模显著扩大，全省矿井由 2500 多座压减到 1053 座，平均单井规模提高到年产 100 万吨以上。至此，资源回收率低的小煤矿全部关闭，资源浪费问题基本解决，煤矿安全系数大大提高。

从以上分析可以看出，改革开放以来，绝大多数的集体煤矿都通过改制、托管、承包等方式转为个人经营，一些国有煤矿也通过公开招标、拍卖或股份制改革等方式转变为个体煤矿，个体煤矿越来越成为煤矿经营的主体。

二　个体小煤矿对乡村治理的影响

煤矿开采本身就是一种生态和地质的破坏性产业，大量的"集体挂名、个体经营、责权模糊"的小煤矿，成为破坏矿区农村生态环境和造成矿区农村地质灾害的主体力量，必然会加大矿区农村生态破坏和地质灾害的程度。山西煤矿资源整合和煤矿产权改革的过程，说明只有通过明晰产权的办法才能从根本上解决小煤矿泛滥的局面，进而使矿区生态破坏和地质灾害问题逐步得到解决。

（一）个体小煤矿违规开办和开采者多，造成的地质灾害多

企业是以利润最大化为目标的一种组织，煤矿开采本来就是一种对生态和地质破坏性很大的破坏性产业，所以煤矿企业的开采活动在追求企业利益最大化的同时，必然对生态环境造成巨大破坏。改革开放以后，大量的个体小煤矿逐渐成了煤矿企业的主体力量，也就逐渐成为影响矿区农村生态平衡和地质安全最主要的破坏力。所以，大量的个体小煤矿的形成，必然会对乡村治理产生重大的负面影响。更为重要的是，大量的个体小煤矿由于受到办矿条件不具备、开采行为不规范、安全投入不到位等因素的影响，必然对矿区农村造成更大的生态破坏和地质灾害。

个体小煤矿与国有大型煤矿相比较，有以下两个方面的特征：

一是个体小煤矿受地方政府支持的多。地方政府尤其是县级政府特别青睐于鼓励开办个体小煤矿，其原因主要在于山西煤矿资源丰富的县大都是单一的以煤矿开采和加工为主导产业的县，这些县在煤矿资源开采之前，大都缺乏经济收入来源，基本上属于"吃饭财政"，有的县甚至连工资都不能按时开出，自顾不暇，根本没有投资开办地方国有煤矿的资金来源。而大型的国有重点煤矿缴纳的税费又与地方政府的财政收入关系不大，煤矿资源型地区的地方政府没有资格参与国有煤矿的利益分配。因此，一般情况下，地方政府为了增加地方财政收入，只能通过鼓励民营企业搞小型煤矿或租赁经营地方国有煤矿等方式增加地方财政收入，用以缓解地方财政尤其是县级财政的困难。所以，地方政府尤其是县级政府有充分的发展个体小煤矿的积极性和主动性，这也是造成个体小煤矿私挖滥采、久禁不绝的重要原因之一。

二是个体小煤矿中违规开办的较多。资源型县域地方财政的增加，主要来自个体小煤矿缴纳的税费，而税费的多少又取决于个体小煤矿数量的多少。所以，地方政府官员总会采取各种手段增加个体小煤矿数量。为了增加个体煤矿的数量，地方政府常常利用管理资源的职务之便，利用办理

煤矿开采证等机会，把一些早已废弃不用的国有煤矿或社队集体煤矿变成正规开办的个体小煤矿。同时，地方政府还有意钻国家政策的空子，采取降低煤矿开办条件等手段，为一些达不到国家标准和要求的个体煤矿发放煤矿开采证，从而导致不合格不合法的小煤矿大量存在。在国家下令整顿或关闭不合法小煤矿的活动中，地方政府官员又采取与上级政府检查机关捉迷藏的手段，对国家政策的实施进行暗中抵制。例如，一些地方官员在收受小煤矿主的贿赂后，名义上严厉打击不合格小煤矿，实际上暗地与小煤矿勾结，或对小煤矿违法开采睁一只眼闭一只眼，或无视个体小煤矿的明停暗开等方式，使大量不合格个体小煤矿不仅存在，而且还疯狂开采。当时，山西煤矿资源丰富的地区个体小煤矿非常多，用"满山遍野都是矿"来形容一点都不过分，而且多是违规开办的个体小煤矿。据兴县的一位老人回忆，当时，在政府打击违法小煤矿期间，小煤矿白天停产歇业，但一到晚上，整个山上灯火辉煌，有数不清的煤矿在违规生产。

违法的个体小煤矿之所以要采取疯狂开采手段，主要在于以下两个方面的原因：

一是大量存在的违法个体小煤矿本来就是在不符合开办条件的情况下，通过贿赂地方官员等方式违规开办的，而且有的为了避免高额的安全投资，往往采取贿赂官员或让官员入股等方式获取煤矿开采资格，付出了大量的贿赂成本。这些个体小煤矿为了在最短时间内收回成本，必然会在权势力量的保护之下以最快的速度疯狂开采。这是个体小煤矿疯狂采煤的一个重要原因。二是很多个体小煤矿本来就是早已废弃的老旧煤矿，这些煤矿要办理煤矿开采证和进行煤矿开采需要花费更多的贿赂资金，煤矿主都有急于收回成本并从中获利的迫切心理，必然要采取在最短时间内获取最大收益的短期开采行为。这是个体小煤矿采取掠夺式开采行为的又一重要原因。

除了以上两个方面的原因之外，国家政策不稳定和治理煤矿事故的方式也会导致小煤矿疯狂开采。国家为了解决资源浪费和煤矿安全等问题，经常性地整顿个体小煤矿，使煤矿标准处于不断的变化之中。例如，2004年1月山西省出台的《山西省人民政府关于深化煤矿安全整治的决定》规定山西省的煤矿整合标准为9万吨/年；而2006年4月中央下发的《关于加强煤矿安全生产工作规范煤炭整合的若干意见》又规定山西的煤整合标准为 30 万吨/年；2009 年 4 月山西省出台的《关于进一步加快推进煤企兼并重组整合有关问题的通知》规定山西省的煤矿整合标准又提高为 90 万吨/年。同时，上级政府的资源管理部门为了解决资源浪费、煤矿安全事故等问题，对小煤矿采取接二连三地一压再压的措施，使个体小煤矿长期处于可能被关闭的压力之下，很多煤矿投资者都认为自己煤矿的生存发展空间越来越小，但煤矿的投资却越来越大，小煤矿所处的这种生存和发展环境，必然导致个体小煤矿急于收回成本，采取掠夺式开采的方式。而且，地方政府管理资源的方式简单粗暴，往往一个煤矿发生事故，就采取本地区所有煤矿全部停产整顿的方式解决问题，这就使得煤矿不能通过个人行为规范来保障煤矿的正常经营，也只能采取疯狂开采的方式，在最短的时间里获取最大的利益。正是在这种政策多变和随时可能遭遇关闭的压力下，小煤矿的生存逻辑是能生产就生产、产多少算多少、卖多少算多少，它们没有精力和耐心考虑煤矿的安全隐患和回采率。这是个体小煤矿采取掠夺式开采行为的又一重要原因。

正是由于地方政府干预太多，导致煤炭市场一直没有建立起一个健全的市场价格机制，最终使煤矿企业面临巨大的市场风险。在煤矿企业应对市场风险方面，国有煤矿由于有公共财政投资，应对市场风险的成本也自然由公共财政负担，而个体煤矿由于由个人投资，市场风险也完全由个人承担。所以，个体煤矿必然有急于收回成本的心理，为了追求企业利益最大化必然采取掠夺式开采的方式，而不会顾及资源开采造成的地质灾害和生态破坏，这是造成地质灾害加大的重要原因。

总之，自改革开放初期的"有水快流"政策到 2008 年的煤矿资源重组整合，我国小煤矿从无到有，从有到多，再到泛滥，逐步成为煤矿生产的主体力量，也逐步成为引发地质灾害和煤矿灾难、破坏生态环境、浪费国家资源的主要载体，并逐渐成为国家在煤矿领域的主要治理对象。在此期间，国家对小煤矿发展的政策经历了一个扶持发展—规范治理—整顿关闭的过程，因为规范治理是治理扶持发展阶段不正常现象的重要手段，是扶持发展的延续，所以这三个过程又可以划分为两个阶段：

一是 1982—1998 年间的扶持发展阶段。在这一阶段，一方面乡镇企业异军突起和国家经济发展对煤矿资源需求量的急剧增加，另一方面是计划经济时期形成的煤矿经营体制和落后的煤矿生产方式和生产技术，使煤矿的生产量远远不能满足经济发展对煤矿资源的需求，在煤矿资源领域形成严重的供需矛盾。在这一背景下，国家采取扶持发展小煤矿的手段增加煤矿生产。

二是 1998—2008 年间的整顿关闭阶段。在这一阶段，大量的非法采矿者通过各种手段进入煤矿经营领域，导致不合法的小煤矿大量存在。一些地方官员为了地方利益尤其是个人利益，为非法小煤矿广开绿灯，纵容非法小煤矿主从事非法生产，以明停暗开等方式欺骗上级检查，一旦煤矿安全事故发生后，又帮助小煤矿主谎报和瞒报事故情节，欺骗上级主管部门，甚至抵制安全监察人员对事故进行调查，使非法生产者得不到应有的惩罚，结果造成了地质灾害加大和矿难事故频发等严重后果。在这一背景下，国家为了减少地质灾害和矿难事故，采取措施对小煤矿进行规范治理，在规范治理效果不佳的情况下，政府采取严厉措施对小煤矿进行"关、停、并、压"，但由于煤矿开采带来的巨额利润，国家整顿关闭小煤矿的效果不太明显，很难达到政策的预期效果。

（二）个体煤矿中官员投资较多，影响公共服务和政府公信力

在数量众多的个体小煤矿中，有很多煤矿属于地方官员投资或入股的煤矿企业，严重影响了煤炭市场的正常运转。为了防止官员开办企业，中央早在 1984 年就出台了《关于严禁党政机关和党政干部经商、办企业的决定》，要求各级党政领导机关及其领导干部，要坚持政企职责分开、官商分离的原则，不能运用手中的权力经营商业或兴办企业。为了落实中央这一决定，中共中央办公厅、国务院办公厅联合下发了《关于党政机关在职干部不要与群众合办企业的通知》（中办发〔1984〕26 号），要求坚决执行中央关于严禁党政机关和党政干部经商、办企业的决定，对于不执行决定的行为要坚决纠正，妥善处理，并将检查处理的情况和问题及时向上级报告。然而，由于煤矿开采的高额利润，国家严禁官员开办煤矿的政策难以落实，官员开办煤矿的现象仍然非常之多。官员开办的个体煤矿主要包括官员以他人名义投资开办个体煤矿，或官员与亲戚朋友合伙开办煤矿企业等。

以煤矿资源丰富的山西省 P 县为例：P 县属于省级贫困县，下辖 4 镇 5 乡，共 10 万人口，全县总面积 1510.61 平方公里，其中煤矿储存面积

就多达 1360 平方公里，占全县国土总面积的 90.3%，煤矿的地质储量高达 181.7 亿吨。该县从 20 世纪 90 年代开始，官员开办或参股的煤矿就占到全县煤矿的 80% 以上，其中官员直接投资的煤矿多达 18 家，遍布 P 县的 4 个主要产煤乡镇，涉及政法委、教育局、劳动局、公安局、反贪局、检察院、法院、安监局、人事局、工商局、外贸局、煤炭局、地矿局等部门的领导及相关人员。2005 年，由于该县的一个煤矿发生特大安全事故（该事故造成 25 人死亡），中纪委、监察部、国务院国资委和国家安全生产监督管理总局针对此次煤矿事故联合下发了《关于清理公务员入股煤矿问题的通知》，要求凡国家机关工作人员以本人或以他人名义已经投资入股煤矿（依法购买上市公司股票的除外）的上述人员，必须在 2005 年 9 月 22 日之前撤出投资，并向本单位的纪检监察部门或人事部门报告并登记。当时，查处 P 县参与煤矿经营的官员有 20 名，分别是时任的政协主席、时任政协副主席（原副县长）、时任煤炭局局长、时任人大副主任（原教育局局长）、党校校长、原劳动局局长、原劳动局副局长、工会主席、公安局副局长、县长助理、反贪局局长、检察院纪检组长、法院副院长、安监局局长、人事局局长、工商局副局长、外贸局局长、地矿局局长、原煤炭局局长和原煤炭局办公室主任。这 20 名参与煤矿经营的官员当时都填写了《山西省清理纠正国家机关工作人员和国有企业负责人投资入股煤矿登记表》，还提供了书面的《退股协议》和《情况说明》，并出具了还款证明和发货清单等，表明该县官员彻底从煤矿经营中撤退出来了。然而，到 2008 年山西进行煤矿兼并重组时，该县仍然存在官员参与煤矿经营活动的现象，很多煤矿的实际投资人仍然与官员有关，一些隐藏在煤矿背后的官员又一次浮出水面。煤矿兼并重组以后，山西官员参与煤矿经营的现象才基本消除。

　　官员参与煤矿经营具有破坏煤炭市场的作用，导致煤炭市场难以形成合理的价格机制，严重影响地方煤炭行业的发展和地方经济社会的发展。而且，官员经营的煤矿企业还通过侵吞国家资源和偷税漏税等方式，使地方财政大受损失。这里仍然以山西 P 县煤炭局局长经营的个体煤矿为例，该煤矿在煤矿经营以及与其他企业的合作中，通过不开或少开增值税发票的方式，通过少列收入进行虚假申报或不申报等手段，共偷逃税款 1871 万元，偷税逃税额最高占到应纳税额的 82%。经地质部门测算，该煤矿自 2002—2008 年间共生产原煤 213.5 万吨，按照当时的煤炭平均价格计算，经营收入约 7.1 亿元。

官员参与煤矿开采与经营，不仅影响煤炭市场、减少地方财政收入、侵吞地方煤炭资源，而且，官员大都忙于煤矿经营为自己谋取私利，就没有了从事公共服务的时间和精力，导致政府公共服务能力和质量普遍下降，引发人民群众对政府服务的普遍不满。尤其是官员在与煤矿企业形成利益共同体后，在处理矿村矛盾和矿民矛盾中有偏袒煤矿企业的倾向，造成了人民群众对政府的极度不信任，严重影响到政府的公信力。在我们关于各级政府信任度的调查中发现，多数群众认为中央政府绝对可信，省政府基本可信，县乡政府完全不可信。这一结论与县乡政府的服务水平和服务质量低密切相关。此外，官员开办煤矿，还会在征地补偿、地质灾害赔偿等方面损害矿区农民利益。

（三）个体煤矿的经营者有很多是外地人，他们对矿区农村利益考虑更少

煤矿开采和加工作为一种高利润行业，吸引了大批掌握资本的外地商人来山西投资煤矿产业。山西煤矿开采历史上先后出现了两次南方商人来山西投资煤矿的高潮。个人获取煤矿的方式基本都是通过行政审批，无偿获得采矿资格。

第一次是 20 世纪 90 年代中后期。这一时期，由于市场主导的资源价格机制在全国范围没有形成，煤炭市场长期低迷，煤炭价格持续走低，再加上煤矿开采的成本逐步加大，许多煤矿难以继续经营，除了部分煤矿还继续由集体或国家经营之外，很多乡村集体煤矿都停产了，没有停产的中小煤矿也大都通过改制、托管、承包等方式转为个体经营。也有许多小煤矿企业的产权名义上属于集体所有，但小煤矿层层转包的现象特别严重，实际上完全成了私人经营的个体煤矿，这种煤矿产权不清的问题，严重影响着煤矿资源的生产和经营。在 20 世纪 90 年代中后期的煤矿改制、托管、承包中，拥有巨额资本的南方商人乘机将资本投入到煤矿领域，纷纷到山西接手处于资金困境中的国有煤矿、集体煤矿或个人煤矿，进而使南方商人经营的个体煤矿迅速发展起来。还有些新建煤矿因付不起井巷工程款，地方矿主就把该新建煤矿的采矿权转让给来自浙江温州的井巷工程队，通过转让采矿权的方式获取资金顶替工程款。也有的乡镇或村集体将集体煤矿低价转让给温州商人，一座年产 10 万吨的煤矿只需 10 余万元的资金，巨大的利益空间吸引了大量的温州商人来山西炒煤，第一代"温州炒煤团"也是在这一时期诞生的。

第二次是在 2002 年以后。这一时期，随着煤炭市场逐步复苏，以及全球能源危机，电荒、煤荒等问题困扰全国，国内外市场对煤炭的需求大大增加，煤炭市场迅速转好并持续上涨，煤炭行业的平均利润率远远高于社会平均利润率，掌握巨额资本的南方商人又一次纷纷承包或购买煤矿，国有煤矿为摆脱困境借机面向社会转让股权。例如山西柳林县在这一年就把全县 5 座国有煤矿的股权全部转让，股金收入高达 6.47 亿元。当然，这一时期的国有煤矿股权转让并不是全部面向南方商人，也有当地的个体商人。以山西省柳林县为例，2002 年 6 月，该县决定面向社会公开转让全县最大的国有煤炭企业——兴无煤矿的国有股权，县领导当时将这次国有煤矿转让称为"一个划时代的创举"，因为这是中国历史上第一次由个体商人购买国有煤矿的案例。兴无煤矿的转让底价，最初确定为 6800 万元，由于竞标激烈，最后以 8000 万元的价格转让给一家民营企业。当年，柳林县其他 4 家国有煤矿股权转让总收入为 5.67 亿元。这一时期的煤矿开采资格，基本上都是通过行政审批的方式无偿获得。除了国有煤矿转让给个体煤商以外，更多的是集体煤矿和个体煤矿转让给了南方商人。在我们调研过的临汾市尧都区的一个村庄中，同时就有 3 座个体煤矿转让给南方商人，转让金分别是 200 万元、300 万元和 800 万元。

乡土感情是中国传统文化的重要内容，热爱自己的家乡、热爱家乡的山山水水是渗透到中国人骨子里的文化根基。所以，与当地人开办煤矿相比较，外地人在山西开办煤矿对当地利益考虑得更少，尤其是对矿区生态环境和地质安全考虑得少，因为他们开采的矿区不是他们自己的家乡，他们对矿区的自然环境缺乏天然的乡土感情，他们以后也不会继续在矿区生活，对自然环境也缺乏生活需求的考虑。所以，在煤矿产权不明晰的情况下，由于缺乏严格的产权规则限制，外地商人在缺乏内在自觉性和外在约束力的情况下，必然在煤矿开采中很少考虑煤矿开采对矿区农村造成的生态破坏和地质灾害，他们关注更多的是自己的利益最大化，为了自己利益最大化而疯狂开采，这种开采心理和开采行为必然加大了矿区农村的地质灾害程度和生态破坏程度。

外地人在山西开办煤矿与当地人开办煤矿相比较，还有一个比较大的区别，就是外地人经营的煤矿更不愿意招收当地人为煤矿工人，不愿意给当地人就业机会，尤其是不要本乡人，更不要本村人，而是喜欢雇用远离山西的四川籍或贵州籍等贫困地区的农民。而且，个体煤矿企业一般都是家族企业，重要的管理岗位都由自家人或亲朋好友担任，比较轻松的工作和挣钱多的工作也都是自家人干，而对于一些劳动强度大、安全性能低的井下作业则雇用外地人做。出现这种状况的原因主要有以下几点：一是因为当地人人脉关系多，在遇到煤矿安全事故或者劳动纠纷等问题时，容易采取集体行动，进而造成群体性事件，威胁到煤矿企业发展；二是在遭遇煤矿伤亡事故的赔偿中，外地人往往是采取花几千元到几万元不等的钱私了的办法，事故处理成本较低，而本地人的煤矿伤亡事故赔偿则要涉及父母子女甚至兄弟姐妹等诸多问题，其事故处理成本要远远高于外地人；三是因为外地人对当地人及其风俗习惯都不熟悉，特别害怕当地人形成集体力量，尽量减少与当地人发生关系。

三　个体煤矿引发的贫富差距和社会矛盾

（一）个体煤矿经营者的暴富

1. 个体煤矿与矿区农村的关联性较低

从以上分析我们可以看出，改革开放以来的山西煤矿企业的主体力量逐步由国有煤矿和集体煤矿转变为个体煤矿，而个体煤矿却由于煤矿产权不清晰、安全投资不到位及其他方面的原因，违法煤矿和不合格煤矿普遍存在，其煤矿开采造成的生态破坏和地质灾害大大超过国有煤矿和集体煤矿。而且，当矿区农村因煤矿开采遭受治理困境时，个体煤矿对矿区农村的支持和帮助又大大少于国有煤矿和集体煤矿。

按照人们一般的共性思维，国有煤矿、乡村集体煤矿和个体煤矿代表着完全不同的三个领域的资源所有者的利益。国有煤矿属于全国人民共同所有的（公有的）煤矿，全国人民人人都在其中有份，人人也都可以从中分享利益。而且，在人们的一般认识中，国有煤矿不能因为所有人的共同利益而损害个别人的私人利益；乡村集体煤矿属于乡村集体成员共同拥有的（共有的）最大资源，是乡村共同体内所有成员都可以有份的，每个集体成员都会关注集体煤矿对农村集体和所有村民的贡献。所以，在平时的生产和生活中，矿区农民更多地关注国有煤矿对乡村造成的地质灾害和生态破坏，遇到困难总会考虑从国有煤矿中得到补偿，从中争取村庄集体利益和公共利益。在村庄内部，村民特别关注村集体煤矿的占有、使用和分配，一般也懂得争取和维护自己在集体煤矿中的利益，从中争取村民个人利益或家庭利益。相反，个体煤矿因其个人私有的特性，矿区农民总觉得与自己关系很少甚至没有关系，所以很少关注个体煤矿与自身利益的关系。

在我们的调查中，许多农民反映：村民在遭受煤矿开采造成的地质灾害时，如果他们遭受的地质灾害与国有煤矿有关，反应就比较激烈，就会提出很高的赔偿要求，有时甚至是狮子大开口，而当他们提出的补偿要求得不到满足时，他们就会采取一些措施有时甚至是暴力抵抗的方式，迫使国有煤矿给予更多的赔偿。而在遇到个体煤矿造成的地质灾害时，反应就相对比较平静，总认为是私人的，大家抬头不见低头见，没有必要撕破脸皮。对于官员开办的个体煤矿，或者官员参与开办的个体煤矿，矿区农民更是采取"惹不起、躲得起"的态度，很少提出自己的利益诉求。所以，矿区农民对于个体煤矿造成的地质灾害和生态破坏，一般会采取能忍则忍的态度。

另外，资源型农村的土地一般由于长期的煤矿开采造成的影响，农业效益相对较差，农民家庭的经济收入主要依靠煤矿资源型产业，农业收入在家庭收入中占的比重非常小，有时小到可以忽略不计的程度。矿区农民由于可以从事与煤矿开采相关的产业而获取较为丰厚的报酬，对于煤矿开采造成的农业生产生活条件的破坏和生存环境的破坏关注度不高。而且，煤矿造成的地质灾害是慢性的，有的是潜在的灾害，需要相当长时期才能表现出来，有的甚至是当代人受益而后代人受损。所以，矿区农民对煤矿尤其个体煤矿开采造成的生态破坏和地质灾害关注度不高，有时甚至是麻木，结果导致矿区农村的生态环境和地质被严重破坏，资源带给赋存地人民的是诅咒而非福祉。

然而，当暴富的煤矿经营者和贫困的矿区农民之间成为两个严重对立的群体时，也就是说，资源型地区的贫富差距达到了矿区农民无法容忍的程度时，矿区农民就会对煤矿经营者采取共同抵抗的集体行动。以山西资源丰富的 L 村为例，该村原本是一个依山傍水的古老村庄，山清水秀，地肥水美，自然环境和农业生产条件非常好。所以，直到 20 世纪 90 年代以前该村没有一座煤矿，村民一直以农业为主导产业，生活恬淡幸福。但是，20 世纪 90 年代后，随着 L 村地下丰富的煤炭资源被发现，煤矿资源就像一颗定时炸弹立刻打破了 L 村的宁静，村干部们或者能够贷款的村民们都一窝蜂地开办个体小煤矿，致使该村小煤矿最多时达到 24 个。这些个体小煤矿的开办在使个别人暴富的同时，却使多数村民因此而贫困，村庄因此而衰败。由煤矿开采造成的地质灾害也非常严重，涉及房屋裂缝、耕地下陷、道路断裂、林地被毁、水土流失、地下水断路等多种问题，村民由此失去了最基本的生存环境和生产生活条件，没有水喝，没有路走，没有安全的房屋居住。很显然，这里的资源给村民带来的不是福祉而是诅咒，村民在没有享受煤矿开采任何福利的前提下却完全承担了因煤矿开采造成的负外部成本。

2. 个体煤矿经营者的暴富

实现共同富裕是中国共产党始终如一的奋斗目标。毛泽东早在 1953 年就明确提出，通过建立农业生产合作社，"逐步实现农业的社会主义改造，……使农民能够逐步完全摆脱贫困的状况而取得共同富裕和普遍繁荣的生活。"① 特别强调实现共同富裕对巩固党的执政基础的重要性，明确提出："如果我们没有新东西给农民，不能帮助农民提高生产力，增加收入，共同富裕起来，那些穷的就不相信我们。"而要实现共同富裕，就必须走社会主义道路，实现农业合作化。所以，毛泽东坚定地认为，"只要合作化了，全体农村人民会一年一年地富裕起来"，中国共产党有必要"领导农民走社会主义的道路，使农民群众共同富裕起来"。② 同时，毛泽东对实现共同富裕的困难也有充分的估计，他进一步指出：我们"要有几十年的时间，经过艰苦的努力，才能将全体人民的生活水平逐步提高起来，实现共同富裕。"③ 但由于人民公社时期共同富裕的实践，采取了纯

---

① 中共中央文献研究室：《毛泽东文集》第六卷，人民出版社 1999 年版，第 442 页。
② 《毛泽东选集》第 5 卷，人民出版社 1977 年版，第 197 页。
③ 《毛泽东著作选读》下册，人民出版社 1986 年版，第 775 页。

而又纯的公有制度和绝对平等的价值取向，最终导致农村发展背离了政策预期的共同富裕，走向了追求平均主义和吃"大锅饭"的共同贫穷与落后。

中国共产党的奋斗目标就是带领中国人民实现共同富裕，而要使中国人民摆脱人民公社时期造成的共同贫穷走向共同富裕，又必然会引发贫富分化的政治现象。因为财富是一个逐步积累和逐渐增长的过程，要想实现财富的逐步积累和逐渐增长，就必须制定政策鼓励有能力、有条件的人或地区创造财富，而要让这些有能力、有条件的人积极地、主动地创造财富，就必须允许他们首先富裕起来，这是实现由共同贫穷到共同富裕的基本逻辑。而且，"地域大、人口多、底子薄、资源分布极不均衡、生产力水平不高"是我国的基本国情，中国共产党在这一基本国情背景下，要想在短时间内实现全国人民的同步均等富裕是绝对不可能的，只有通过政策支持激发人们创造财富的积极性和主动性，迅速增加财富，才能为实现共同富裕奠定物质基础。也正是在这一背景下，邓小平在改革开放之初就提出了"让一部分地区、一部分企业、一部分工人农民先富起来"①的政治主张。

邓小平在提出其"先富"理论的同时，也设计了让谁先富、如何先富的基本思路，明确提出要坚持按劳分配的社会主义原则，避开政治地位和资格，完全按照劳动的数量和质量（包括劳动好坏、技术高低和贡献大小）进行分配。"要允许一部分地区、一部分企业、一部分工人农民，由于辛勤努力成绩大而收入先多一些，生活先好起来。"②也就是让资源丰富、自然条件优越的地区先发展起来，让规模大、实力强的企业先发展壮大，让有文化、有技术、勤奋努力、善于奉献的人依靠知识、技术及其对社会的特殊贡献先富起来。当然，先富既可以促进经济发展，同时也会拉大贫富差距，处理不好就会产生两极分化。所以，邓小平在提出"让一部分人先富起来"的同时，也提出了慎重告诫：偏离共同富裕目标的先富必然会导致两极分化的严重后果，"如果富的愈来愈富，穷的愈来愈

---

① 《邓小平文选》第 2 卷，人民出版社 1994 年版，第 103、152 页。

② 同上。

穷，两极分化就会产生。……如果我们的政策导致两极分化，我们就失败了。"① 所以，为了避免两极分化的出现，必须实行先富带后富的政策，"我们的政策是让一部分人、一部分地区先富起来，以带动和帮助落后地区，先进地区帮助落后地区是一个义务"②。为了保证该政策的成功，邓小平还设计了先富带动后富的具体措施：一是让"先富起来的地区多交点利税"③；二是发挥先富者的榜样作用，"一部分人生活先好起来，就必然产生极大的示范力量，影响左邻右舍，带动其他地区、其他单位的人们向他们学习，这样，就会使整个国民经济不断地波浪式地向前发展，使全国各族人民都能比较快地富裕起来。"④ 所以，邓小平把先富带后富的政策看成影响整个国民经济的大政策，并提出消除两极分化、实现共同富裕的时间是 20 世纪末"达到小康水平"的时候。⑤

　　然而，由于资源产权制度不合理和利益分配不均衡，资源型地区实行的先富政策不仅没有实现先富带后富的目标，而且引发了严重的贫富差距，煤矿经营者因煤矿开采迅速暴富起来。而且，个体煤矿经营者的暴富主要依靠的是对煤矿资源的不公平占有和使用，依靠的是国家的资源开发政策和煤炭市场的机遇，他们是利用国家由计划经济向市场经济转轨过程中法制不健全而暴富起来的。而不是依靠自身的辛勤劳动致富的，也不是自己掌握的知识和技术技能致富。也就是说，煤矿经营者的暴富大多与智慧、知识和技术没有多少关系，煤矿经营者发的不是智慧财，而是政策的和机遇的财，只要在煤炭市场好的情况下经营煤矿就一定能够发财。更为重要的是，他们的暴富建立在矿区农村和农民利益损失的基础之上，对矿区农村造成了严重的生态破坏和地质灾害。一座当初花费 10 余万元转包的煤矿，在后来很快就发展成为一座几千万元甚至超过亿万元的煤矿。

　　个体煤矿最初是在国家出台"有水快流"政策的背景下开办的，再加上有地方政府及其官员的支持和帮助，开办成本较低。后来多是在国有煤矿和集体煤矿经营困难的背景下，以很低的价格转包或购买的，获利的

---

① 《邓小平文选》第 3 卷，人民出版社 1993 年版，第 374 页。
② 同上书，第 155 页。
③ 同上书，第 374 页。
④ 同上书，第 103、152 页。
⑤ 同上书，第 374 页。

空间非常大。山西煤矿经营者不仅暴富的程度高，而且是一个较大的暴富群体。在资源型县域，巨额利润流向少数人甚至承包者个人，有时相同规模的矿井上交利润比例差距较大，同样质量和同样规模的煤矿，地质条件也差不多，但煤矿经营上交利润却相差几百万元，甚至近千万元，常常有很多煤矿经营者的财富甚至超过全县几十万人的总收入，有的煤矿经营者的财富是几个县甚至是十几个县的财政收入的总和。以山西临汾市的乡宁县为例，全县共有104座煤矿，在这100多个煤矿经营者中，有资产过亿的，也有资产近亿的，更多的是有资产（四）五千万的，乡宁县的银行里90%以上的存款都是煤矿经营者的。如果煤矿经营者把自己的银行资金向外转移的话，该县的银行就立刻陷入了运转困境。再以山西省资源丰富的柳林县为例，在自2002—2012年的10年间，柳林县从一个国家级贫困县、财政补贴县一跃成了全国的富裕县，2012年财政总收入达到86亿元，排名位居全省第一，柳林县的煤炭开采在成就"资源型县域发展奇迹"的同时，也造就了一个非常显眼的暴富群体。如在2009年煤炭资源整合以前，柳林民营煤矿有60多座，拥有上亿资产的煤老板就多达100多个，民间资本上百亿元。

在山西省资源型县域，煤矿老板的暴富令人咋舌，有时一个煤矿老板的年收入，就相当于一个或多个贫困县的年财政收入，而贫困的矿区农民却解决不了最基本的生存问题。山西P县的煤炭局局长郝鹏俊因开办个体煤矿，设有账户100多个，其中70多个户头的银行存款就多达1.27亿元；有房产40套，其中北京33套、海南三亚1套、临汾2套、P县4套，合同价款高达1.69亿元。而矿区农村严重的生态破坏和地质灾害已经使得当地农民失去了最基本的靠天吃饭的能力，解决不了最基本的生存问题的农民还有很多；在山西省河津市的LYT村，该村的煤矿经营者在煤炭价格好的时候，一天的资金收入就高达几百万元，而普通村民的人均年收入却不足1000元，上不起学、看不起病、盖不起房的现象非常普遍，多数农户的房子都还是人民公社时期盖的，早已成了无法居住的危房。

山西煤矿经营者暴富起来后，有些暴富者希望有一个利于煤矿生产经营的良好的社会环境，希望能够得到社会的认可和尊重。也有的煤矿老板心中有积德行善回报家乡，以及为自己营造一个良好社会声誉的愿望。所以，山西煤矿老板从事慈善公益事业者不乏其人，自 2004 年胡润中国慈善排行榜发布以来，山西联盛能源有限公司董事局主席邢××、山西潞宝集团董事长韩××、山西省宝山矿业白××等都荣登胡润中国慈善排行榜，山西华晟荣煤矿李××荣登 2011 年福布斯慈善榜。此外，还有很多做慈善不留名的煤矿老板。在我们的调查中，我们经常看到煤矿老板回报家乡的事情，有的煤矿经营者还经常出资为矿区农村修路、造田、植树，有些为矿区农民发油发面，有些组织村里老人外出旅游，有些拿出资金帮助优秀贫困大学生上学等。

但也有一些煤矿经营者不懂得珍惜稀缺资源带来的财富，更不懂得回报社会，而是有着极强的攀比心理，总是通过各种炫富的方式和手段，炫耀自己的身份和地位。一开始，暴富的煤矿经营者买名牌烟、手表、车、服装，买昂贵的珠宝首饰，买繁华地带的高价房子等，凡是能够显示自身地位的东西，他们都要买。在他们的心目中，只有通过这种才能得到社会的认可和尊重，也只有通过这样的方式更容易谈生意。他们还要通过花大价钱购买车牌号和手机号（所谓的吉祥号码）等方式显示自己的身份高贵。到后来，因煤暴富者的生活越来越奢侈，他们带着家人甚至情人到世界各地旅游，购买奢侈品，他们还到北京、上海、广州等发达城市购买高档楼盘，购买悍马、奔驰、宝马等豪华名车，有的疯狂豪赌，大肆挥霍，为富不仁，造成了广大人民的仇富心理。

（二）矿区农村的衰败和矿区农民的贫困生活

1. 矿区农村的衰败

资源开采造成了严重的生态破坏和地质灾害。矿产资源开采本身就是一种破坏性产业，存在很大的负外部性，再加上我国资源企业长期的掠夺式开采和粗放式经营，加大了资源型地区的地质灾害程度，如大面积的山体采空、植被毁坏、地面下陷、水土流失、土壤污染等问题，致使矿区农民及其后代在失去资源的同时，也失去了最基本的生存环境和生产生活条件。资源开采不仅没有解决矿区农民的移民搬迁、居住、生活救助和就业安置等问题，也没有在资源开采后进行矿区水土和生态恢复，矿区农民不仅享受不到资源带来的公共福利，还必须承担因资源开采带来的负外部成本，陷入贫困与衰败的悲惨境地。

煤矿开采是一种见效很快、经济效益很高的产业，是地方经济社会发展的优势产业。但是，依靠煤炭资源富起来的只能是极少数人，绝大多数农民无法从煤矿开采中直接受益。而且，煤炭资源是一种不可再生的稀缺资源，一旦枯竭，就会给矿区农村留下一片荒凉和衰败。山西的煤矿资源型地区在煤矿开采之前，大都是山清水秀，地肥人美，矿区农民多是以粮食作物为主导产业，柿子树、果树、枣树等满山遍野，各种果树遍布山野的田园农庄，在家族领袖和德高望重的村庄社会精英的领导下，村民之间与世无争，和睦相处，生活过得恬淡而又幸福，共享着大自然赐予的财富。

煤矿资源开采之后，矿区农村以往的蓝天绿水渐渐变成了灰天黑水，生态环境造成严重破坏。土地塌陷、房屋受损、水源枯竭、耕地破坏等地质灾害非常严重，对矿区农民生命财产安全形成威胁，农民无耕地可种，无安全房屋可住，无干净水可喝，无平坦路可行，生活水平和生活质量明显下降，成为利益分化和冲突严重的破败村落。首先，煤矿开采严重破坏了地下水源。据专家测算，挖一吨煤大约需要减少地下水 2.5 吨，也就是说，挖 1000 万吨的煤就需要减少 2500 万吨的水，长期疯狂采煤就可能造成河流干涸，人畜饮水困难，使人民群众经济生活负担大大加重。其次，煤矿开采还严重污染了环境，这些受到污染的环境直接影响矿区农民的生活，给矿区农民的生存和身体健康带来了不同程度的伤害，造成农业劳动生产率低，粮食生产安全性降低。最后，矿区农村的排灌设施、道路、管道等基础设施严重损毁，致使矿区农民失去了最基本的生产生活条件，给矿区农民的生产生活造成严重困难。在我们的调查中，矿区农民告诉我们，在当地一个几十平方公里的煤矿开采区内部，竟然有近 200 座废弃井口，地表塌陷的情况严重，有毒有害气体大量渗出，直接威胁着矿区居民的身体健康和生命安全。

以上那些生态破坏和地质灾害如果得不到及时解决，就必然会造成矿区农民"仇富"、"嫉富"的对立情绪，进而形成不和谐的社会生产关系，影响农村社会的稳定和发展，甚至影响到政府的形象。

2. 矿区农民的贫困生活

煤炭开采给煤矿经营者带来了巨额利益，造就了一大批千万富翁，甚至是亿万富豪，他们买高级名车、住豪华别墅、建高楼，有的甚至吸毒、赌博、嫖娼，还有的带着妻儿甚至情人在国外办了绿卡，过着骄奢淫逸的腐化生活。但他们的富裕多是建立在对矿区农民利益损失的基础之上，他们把煤矿资源开采之后，给矿区农村和农民留下的却是严重的生态破坏和地质灾害，由此，伴随着他们富裕的是矿区农民失去最基本的生存环境和生产生活条件，他们发的是资源财，断的是子孙路。而且，我国资源资产收益分配中几乎不考虑资源资产收益的外部效益，分配主体中也没有考虑矿山当地居民，居民不但无法获益，反而要承担采矿所带来的环境污染和生态破坏。个体煤矿在煤矿开采中过多关注个人利益最大化，忽视了对矿区农村和农民利益的补偿，造成了煤矿企业与矿区农民之间的矛盾冲突。另外，矿区农村悬殊的贫富分化，必然造成当地生产资料价格的飙升，农民的生产生活负担随之加大。

　　煤炭市场的变化是决定煤矿经营效果的主要因素，2001 年的煤矿市场价格是每吨 30 多元，除去煤矿开采成本，每吨获利就只有一两元。但到了 2003 年，煤炭市场却急剧上升，每吨煤的市场价格高达 300 多元，尽管这一时期的煤矿开采成本也大大增加，但每吨煤的利润也高达 100 多元，煤矿经营者为了利益疯狂开采并迅速暴富起来。煤矿经营者依靠资源和市场机遇而不是勤劳与智慧暴富，这就决定了暴富者必然会一掷千金，而矿区农村却处于普遍贫困的状态，没有干净的水喝、没有安全的房子住，也没有了收入来源，矿区农村上不起学、看不起病、盖不起房的现象非常普遍。山西临汾市乡宁县的县长张效标在上任伊始的农村调查中就发现：贫困的矿区农民在寒冷的冬天却烧不起自己脚下的煤，孩子上学的学校也没有取暖的煤，孩子们的脸冻得发紫，手背满是冻疮。许多农民的炕头都是冰凉的，一些农民因承受不了寒冷，不得不上山砍树烧柴，这对矿区的生态环境更是雪上加霜。他说："我下乡，走在一条坑坑洼洼的路上。突然，尘土飞扬的路上冲出一辆奔驰 600，就跟电影镜头一样。人们告诉我，这是我们县一个煤老板的车。回到办公室，一封关王庙乡小学教师的来信让人看着心酸。信中说，由于煤价上涨，学校已经无钱买煤，孩子们的手都长了冻疮。我去看了一下，教室里的火果然半明半暗，孩子们上了一会儿课，就得下地跑。大一点的孩子，都弓着腰，趴在土台上。我进村一摸，有的农民炕也是凉的。"① 因为在资源型地区，煤炭市场价格

---

① 《山西乡宁县政府"劝富济贫"成效显著》，人民网市场报，http：//www. people. com. cn/GB/paper53/16905/1485281. html，2006 年 2 月 20 日。

越高，贫困的农民在寒冷的冬天就越是买不起脚下的煤。在一个资源型地区的农村，农民用不同的"五子"形容这矿区农民和煤矿老板的贫富差距，农民的生活是"土窑子、泥孩子、破庙子、烂路子、毛票子"，而暴富的煤老板的生活却是"盖房子、买车子、包妹子、掷骰子、抽料子"，这就是资源型地区两极分化的现实写照。[①]

（三）个体煤矿引发的社会矛盾

悬殊的贫富差距及其煤矿开采造成的生态破坏和地质灾害，极大地加剧了矿区农民与煤矿经营者之间的矛盾。因公共资源的开发造成的生态破坏和地质灾害，及其由此引发的大量的社会问题和矛盾，如因政策不完善和法制不健全造成贫富悬殊的问题，官员体制外"灰色收入"和"法制外黑色收入"的问题，矿区农民对这些社会问题和矛盾非常不满，他们不断与煤矿老板交涉，不断到各级政府上访，渴望煤矿开采对自身利益的损失能够进行合理补偿。在资源型地区，多数群众上访事件是由于煤矿开采造成的生态破坏和地质灾害以及由此引发的灾害补偿不合理而引发。以山西省信访局统计为例，2008 年 1—5 月受理的涉农信访案件中，涉及矿产资源型农村的占 80.7%。再以山西省吕梁市为例，该市 2007 年 1 月至 2009 年 9 月期间涉及煤矿的 46 起群体上访中，因地质灾害造成的上访就多达 27 起，占所有上访事件的 58.6%。

1. 煤矿开采引发的矿村矛盾

村民、村集体和煤矿企业在资源开采中因地质灾害补偿、征地补偿、道路占用、环境污染、合同纠纷、收益分配等一系列经济利益问题，如煤矿经营者提供的土地补偿、采煤塌陷地补偿和塌陷地复垦补偿偏低等，引发大量的村矿村企矛盾，很多事件演变为群体性恶性事件。村民为了得到合理的利益补偿，或是直接找煤矿经营者协商，或是请村干部与煤矿经营者协商，或是向政府申诉，或是到矿上阻工闹事，对煤矿施加压力。而煤矿老板或是积极处理，或是置之不理，抑或是让当地村干部甚至黑恶势力成为其争取利益的工具并参与利益的分配。矿区农民经常会因为利益诉求

---

① 《临汾"劝富济贫新政"调查》，新华网地方联播，http：//www.xinhuanet.com/chinanews/2005－12/28/content_ 5919370. htm，2005 年 12 月 8 日。

得不到满足而对煤矿进行群体性暴力抵抗，也因此发生过很多群体性恶性案件或绑架勒索的刑事案件。

　　一般情况下，在村干部没有入股个体煤矿或从煤矿得到好处的村庄，都会出现村干部指使一些村民与个体煤矿进行抗争的现象。但在村干部与煤矿结成利益共同体的村庄，则是村民组织起来采取与煤矿抗争的集体行动。对于村矿村企之间的矛盾，地方政府及其官员总是先从地方经济利益的视角和官员个人利益的视角，与煤矿企业结成利益共同体，在处理村矿村企矛盾中具有偏袒煤矿企业的倾向。而当农民与煤矿企业之间的暴力械斗发生后，地方官员又为了避免事态的扩大，要求煤矿负责人无论如何绝对不能对村民行使暴力，必要时也只能挨打、不能动手，要尽力控制局面等待政府出面解决。这种利益博弈的过程往往严重影响到矿山企业的发展和当地的社会安定。

　　这里仍然以山西 L 村为例，在煤矿开采严重破坏了村民的生产生活条件，导致村民生活陷入困境而长期得不到合理补偿的情况下，村民经常组织起来采取集体行动向煤矿企业要钱要物，煤矿企业也会在村民的强烈要求下，为村民发放一些油、面和现金。如果一点都不给，就会受到村民的暴力抵抗。有一次，村民组织起来，手持棍棒打砸煤矿财务，还打伤了几个煤矿工人。煤矿老板因怕事情闹大，不敢擅自对村民还击，只能向政府官员汇报，而地方官员在得知情况后，坚决要求煤矿不能主动向村民还手，只能被动防御。再以沁水县某村为例，该村集体煤矿因为当初开办时缺乏资金，就与一个外地商人签订了投资建矿合同，但在 2003 年煤矿建成开始生产获利时，原村委会主任在村委会换届中落选，新当选的村主任要求不承认原村委会主任签订的煤矿承包合同，要求重新承包，严重损害煤矿承包人的利益，官司从县法院一直打到省法院。

　　而且，由于个体煤矿经常随意转手，农民住房等财产遭受损失后找不到责任人，得不到赔偿，形成了"冤无头、债无主"的局面。个体煤矿一般也不会主动从事支持新农村建设的公益事业，也不愿意投资有利于增加农民收入和地方经济可持续发展的非煤产业，在政府或村集体提出要求后，还要讨价还价。这也是矿区农民采取集体行动与煤矿企业抗争的重要原因之一，村民找不到补偿自己损失的责任人，只好组织起来采取集体行动，阻止煤矿企业的生产，导致煤矿企业停产。

2. 政府处理矿村不公引发的官民矛盾

大量的村矿村企矛盾因得不到及时有效的解决，进而引发了大量的群众性集体上访事件。地方政府在处理群众集体上访事件中，由于存在煤矿企业对地方财政贡献的考虑，以及官员与煤矿企业之间的权钱交易和权力寻租等问题，必然会产生政府官员偏袒煤矿企业的行为，进而引发上访群众对政府及其官员的不满情绪，严重时会把村民对煤矿企业的仇恨转化为村民对政府及其官员的仇恨，对国家和政府的不认同、不信任，最终导致大量的群众集体上访事件演变为群体性恶性事件。村民往往通过打砸政府办公场所、公务用车等方式抗议政府官员的不公行为，政府通过动用警察等暴力机器的方式镇压群众，最终导致地方治理陷入瘫痪。

地方政府与矿区农村和农民之间的矛盾，还表现在工农业发展中的煤矿利益分配不公。在资源型地区，由于地方财政主要收入来源是煤矿工业，农业对地方财政的贡献很小，甚至可以忽略不计。所以，地方政府在地方经济社会发展中，重视工业发展、轻视农业发展的思想特别严重，如处处维护和支持煤炭企业的发展，而对于农业的发展不够重视；制定一些不公正政策，如对农民的土地补偿、采煤塌陷地补偿和塌陷地复垦补偿的标准设定过低，根本无法满足当地农民的生产生活需要，不利于农村社会经济的长远发展。地方政府与矿区农民之间不均衡博弈行为，必然会造成贫富差距拉大的后果，社会不平等、政府公信力的下降和社会风气的不佳，最终导致严重的信任危机。

3. 煤矿承包不规范和利益分配不合理造成的村庄内部的矛盾

改革开放后"有水快流"政策的出台和乡镇企业异军突起对煤炭需求量的急剧增长，致使乡村集体煤矿和个体小煤矿大量出现。20世纪90年代后期，由于市场主导的资源价格机制没有形成，煤炭价格持续走低，多数由乡镇或村集体开办的集体所有的中小煤矿，普遍由于乡镇和村集体无力投入，不得不通过改制、托管、承包等行政审批方式把集体煤矿转包给个人经营，有的承包给主要村干部，有的承包给普通村民，有的承包给当地人，也有的承包给外地人。而且大多是以协议的方式层层转包，年限从三五年至一二十年不等，而这种方式正是为法律所严令禁止的。2002年后，煤价持续上涨，煤矿利润丰厚，承包合同不规范、不完善的问题渐渐显现，争夺承包经营权的问题大量发生，成为农村问题的"焦点"。据山西晋城市的调查显示，80%的煤矿承包都引发了干群之间或村干部之间不同程度的矛盾。而且在当时调查的40座乡村煤矿中，其中就有35座煤矿的承包租赁没有走民主程序，既没有经村"两委"的同意，也没有经村民代表的认可，更没有通过村民代表大会决策。具体表现为以下几种形式：

一是党支部书记与村委会主任争夺煤矿承包权。按照村民自治制度的设计，村党支部是村民自治的领导机构，在村民自治中发挥领导核心作用；村委会是村民自治组织，组织村民对村庄公共资源和公共事务进行民主管理和民主决策，属于村民决策的执行机构。但在村民自治的实践中，存在着村党支部与村委会争夺村庄公共事务决策权的斗争，"两委"斗争严重阻碍着村民自治的顺利进展。表现在煤矿承包权的争夺上，往往是党支部书记煽动部分村民与村委会主任争夺煤矿承包权，或者是村委会主任鼓动部分村民与村党支部书记争夺煤矿承包权，或者村党支部书记和村委会主任各选自己的人争夺村集体煤矿的承包权。

以山西河津市 LYT 村为例，该村党支部书记和村委会主任争夺煤矿承包权的斗争充分表现在村委会换届中，因为该村集体煤矿承包权掌握在村委会主任手中，谁当选了村委会主任，谁就有权决定村集体煤矿的占有、使用和分配问题，而村党支部书记却在村集体煤矿的占有、使用和分配中没有决策权。所以，在每一届村委会换届选举中，村党支部书记总是想尽办法支持一个自己信任的村民与时任村委会主任竞选，由此造成了该村村委会换届选举激烈竞争的局面，甚至在村委会换届选举中出现了金钱大战的现象，早在 2002 年的第六届村委会换届选举中就制造了 200 万元选村官的政治事件。山西沁水县某村有两座集体煤矿，其中一座煤矿由村党支部书记承包，2004 年 4 月承包期满，但却没有进行重新承包。村委会主任为夺回承包权就鼓动部分村民上访告状，并强行把两座煤矿承包给了翼城人，该承包人带人强行占矿，和原承包人发生激烈冲突。再以山西晋城市某村为例，村党支部书记和村委会主任各选自己的承包人，导致双方在"两委"联席会议上发生严重分歧，村党支部书记强行和自己支持的煤矿承包人签了承包合同，村委会主任立刻组织村民群众集体上访告状。

二是村干部与村民争夺村集体煤矿承包权。按照《村民委员会组织法》规定，涉及村民利益的村庄重大公共事务由村民会议或村民代表会议集体决策，村集体煤矿的承包与经营应该由村民通过村民会议或村民代表会议的方式决策。但是，在村集体煤矿承包中，许多村集体煤矿的承包都没有经过村民会议或村民代表会议的决策，而由村干部擅自决定，所以在资源型农村矿长或煤矿法人代表随着村干部的更换而更换的现象非常普遍，并由此引发了村民对村干部的严重不满，形成了村民与村干部争夺村集体煤矿承包权的斗争。具体表现形式为：村民组织起来从村干部手中抢夺村集体煤矿承包权，采取各种手段阻止煤矿正常生产，或者村干部代表煤矿承包者与村民争夺，暗中支持黑恶势力报复村民等。

村民与村干部除了因村集体煤矿承包权产生矛盾以外，还存在着许多其他方面的利益分配不均的矛盾，如村干部在处理地质灾害补偿、征地补偿、合同签订、福利分配等与村民利益密切相关的经济事务中，工作方法简单，民主程序不到位，导致利益分配不合理。有的村干部以权谋私，把公共资源据为己有，通过暗箱操作中饱私囊。有的甚至与煤矿企业内外勾结，私下低价出卖村庄公共资源，严重损害了村集体和村民利益，引发了村民对村干部的极大不满，造成了严重的干群矛盾。

在利益补偿方面，个体煤矿一般只给村集体和矿区农民一些污染费、占地费，而且很少。他们一般通过贿赂村干部或让村干部暗地入股等办法，花很少的成本就能够开办煤矿，而村集体和村民几乎得不到任何收益，还要承担煤矿开采造成的巨大的地质灾害和生态破坏的成本，也由此造成了资源型村庄村干部频繁换届的政治现象，山西一个资源丰富的村庄因村干部与个体煤矿勾结获利，导致村集体和村民利益严重受损，致使村庄在短短的 9 年期间村委会换届选举达 11 次之多。

四　结语

与国有煤矿和农村集体煤矿相比较，个体煤矿产权是改革开放后，在党中央的工作重心由人民公社时期的以阶级斗争为纲转变为以经济建设为中心，经济体制由人民公社时期的以公有制为主体、以集体所有制为补充转变为以公有制为主体、多种经济成分并存的背景下，形成了一种刺激经济发展的新体制。应该说个体煤矿产权的出现是经济体制改革进步的结果，也为改革开放初期满足乡镇企业发展、促进地方经济社会发展作出了巨大贡献。然而，在个体小煤矿开办和发展的过程中，由于产权不明晰、政策不完善、制度不规范、监督不到位等方面的原因，导致个体小煤矿成了乡村治理诅咒而非福祉。

从国家层面来说，要转向以经济建设为中心，就必须采取措施加大煤矿资源的生产量，因为煤矿资源是经济社会发展最主要的物质资源，而要加大煤矿资源的生产量，就必须对煤矿产权进行改革，因为人民公社时期实行的煤矿国有产权和集体产权成本高、效益低，远远不能满足国家经济社会发展的需要。在这一背景下，为了解决煤炭供应紧张的问题，国家相关部门连续出台多个政策，如煤炭部发布的《关于加快发展小煤矿八项措施的报告》《关于进一步放宽政策、放手发展地方煤矿的通知》和《关于积极支持群众办矿的通知》等，对煤矿资源的管理和开采采取放宽政策，要求地方政府采取"在一切可能的地方、利用一切可能的形式"鼓励开办个体煤矿。

从地方政府对煤矿产权模式的选择来说，由于国有煤矿尤其是国有重点煤矿主要向中央财政缴纳税费，与地方政府的财政收入关系不大，特别是资源型地区在资源开采之前多是贫困山区，财政收入来源少，基本上是吃饭财政，有的甚至无法保证正常运转，很少有资金开办地方国有煤矿。而个体煤矿和集体煤矿主要向地方财政缴纳税费，是资源型地区地方财政尤其是县级财政增加收入的主要来源。尤其是1994年分税制改革后，地方政府的财政收入大大减少，但承担的公共服务却不断增加，出现了事权与财权不匹配、收支不平衡的矛盾，地方政府不得不关注经济发展和财政收入。在这种情况下，地方政府尤其是县级政府有很强的开办个体煤矿的积极性和主动性。

由于中央政策的支持和地方政府的积极主动，个体煤矿得到迅速发展，但由于多方面的原因，个体煤矿的发展完全偏离了中央的政策要求。一是由于中央在下放煤矿资源管理权限时没有建立起有效的激励—约束机制，导致地方政府在执行国家政策时选择了地方利益和官员个人利益，在审批个体煤矿中采取钻国家政策空子、降低煤矿审批标准、无视申请者的虚假材料、无视不合格煤矿的非法开采等手段，导致非法个体煤矿和不合格个体煤矿大量存在。二是地方官员也乘机利用职权、违背国家政策直接或间接参与个体煤矿开采，如借他人名义开办个体煤矿、入股个体煤矿或收受贿赂帮助他人开办个体煤矿等，地方官员的参与使得个体煤矿的违法开采行为更加肆无忌惮。三是国有煤矿面向社会出卖股权，尤其是集体煤矿面向个人承包程序很不规范，既没有走基本的民主程序，也没有采取公开的招标方式，而是由个体商人与乡村干部私下协商，采取个体商人与乡村干部合谋获利的手段，象征性地给乡村集体一些煤矿使用费或环境污染费，就把集体的公共资源变成了个人的私有财产，大量的集体煤矿都是通过这种方式变成了个体煤矿，而农民在集体煤矿的转手中，得到的只是很少的占地补偿费。由此造成的结果必然是：无约束的地方权力与非规范的煤炭市场相结合，最终形成权钱结合、官煤勾结的资源管理体制，这种体制的基本特征就是，地方政府及其官员通过权力干预市场的方式，实现对公共资源的控制。

个体煤矿与国有煤矿和集体煤矿相比较，具有数量多规模小、受地方政府照顾多、违规开采多等特征，造成了严重的生态破坏和地质灾害、煤矿事故频发、社会矛盾加剧、群体性事件增多、地方治理失序等后果。在这一背景下，国家对个体小煤矿不得不采取规范治理和整顿关闭等措施，但由于个体煤矿无力支付安全投资或者不愿意支付安全投资，往往采取行贿等手段与官员结成了牢固的利益共同体，地方政府为了地方利益尤其是官员的个人利益，有意曲解政策，甚至对中央的三令五申置若罔闻，导致国家政策的执行效果很差，许多个体小煤矿在国家整顿治理中，一直处于明停暗开的假关状态。

就个体煤矿经营者与矿区农民的关系来说，由于个体煤矿经营者受到地方政府及其官员的庇护，是地方政府不当行为的直接受益者，他们的财富获取不是通过正当的手段，而是与政府官员合谋的结果，所以，对地方合作方式的不当行为他们不仅不会抗衡，还会成为政府不当行为的支持者。也正是由于这方面的原因，个体煤矿经营者很少采取自觉行动，拿出一部分利益所得回报社会，而是完全听命于政府的安排，为地方政府及其官员捞取政绩提供服务。于是，个体煤矿经营者与矿区农民之间就形成断裂，他们对自己的煤矿开采行为给矿区农民造成的损害缺乏反省和忏悔，无视矿区农村的衰败和矿区农民的贫困，而是以矿区农民不能接受的方式炫耀自己的财富、身份和地位，不断累积矿区农民的怨愤甚至仇恨，触犯矿区农民能够忍受的心理底线，激起矿区农民极端的"仇富"情绪。个体煤矿经营者与矿区农民之间的断裂，及其由此引发的矿区农民的"仇富"心理，最终必然会造成矿区乡村治理的严重危机。既然资源使用和利益分配缺乏公平正义，矿区农民也只能采取极端措施寻找自己的生存逻辑：你不让我生存，我就不让你发展；你不让我过好日子，我就让你的日子不好过。他们必然会采取各种手段甚至是暴力手段，阻止煤矿正常生产，绑架煤矿经营者及其家属，导致社会冲突和社会危机不断加大，乡村治理随之失序。

第六章　基于煤矿资源的利益博弈及策略选择

煤矿资源是地方经济社会发展的物质基础，但是，煤矿产权制度不科学会形成中央与地方政府之间、政府与煤企之间、煤企与矿区农民之间等多元主体之间的利益博弈，造成官商一体的政治生态和煤矿资源的严重浪费。煤矿开采和利用不当又会产生危害地方经济社会发展的地质灾害、贫富分化、社会冲突等资源诅咒，导致资源型地区陷入难以自拔的治理困境，需要通过产权改革为实现外部效应内部化提供动力。这一部分运用博弈论理论分析中央政府、地方政府、煤企和矿区农民之间的相互博弈及其策略选择空间，探索有利于地方经济社会发展的策略选择途径。

一　官商一体：产权制度不科学造成的政治生态

资源产权反映的不仅是人与资源的关系及其从中获得一定收益的权利，也是人们占有、使用某种稀缺资源的规则以及由此建立的权、责、利关系。产权制度是通过一定的产权关系和产权规则的结合实现对稀缺资源的合理使用和有效配置的制度安排，影响人们的经济行为，维持资源配置的效率与公平。产权制度不科学会造成不同利益主体为了个体私利而损害公共利益或他人利益的非规则博弈，这种利益博弈实际是稀缺资源使用中公利与私利的争夺。但不同利益主体的博弈目标不同决定了公与私的内涵有所不同：在国家整体利益与地方局部利益的博弈中，国家整体利益为公利，建立在损害国家整体利益上的地方局部利益为私利；在地方公共利益与集团利益或官商个体利益的博弈中，地方公共利益为公利，建立在损害公共利益基础上的集团利益或官商个体利益为私利；在集团之间的利益博弈中，涉及公共利益和双方共同利益为公利，不为对方利益考虑的集团自我利益为私利。缺乏科学的产权规则约束的博弈行为必然是损公肥私及其由此形成的官商一体的政治生态。

（一）地方与中央博弈中的地方利益选择

缺乏有效监管的公共资源必然会因其公共性而陷入管理困境，造成公共资源的过度使用和枯竭。亚里士多德认为，"凡是属于最多数人的公共事物常常是最少受人照顾的事物，人们关怀着自己的所有，而忽视公共的事物。"[①] 埃莉诺·奥斯特罗姆认为："在一个信奉公地自由使用的社会里，每个人追求他自己的最佳利益，毁灭的是所有的人趋之若鹜的目的地。"[②] 我国煤矿资源属于国有，是全国人民的共同财产，由全国人大委托国务院代表全国人民行使资源所有权。在这种产权结构中，所有权主体不是独立的个人，而是以国有形式存在的国家共同体，全国人民作为共同体成员都是所有权的构成部分，共同分享资源收益。但由于缺乏每个国民拥有和使用资源的产权关系和产权规则，使国民个体丧失了拥有煤矿资源的主体资格，剥夺了个人处置自己财产的权利。体现在经济上，国家所有权处于虚置状态，资源收益归企业所有，最终导致煤企追求企业利益而不为国有资源负责的"公地悲剧"。

国家所有权虚置也为官员权力寻租提供机会，形成中央目标和地方实践之间的巨大差异。我国采取中央委托地方的委托—代理方式对资源进行监管，实行国务院委托资源管理部行使资源管理权和开发权，资源管理部又委托各级地方政府行使勘探权和开采权的分级管理体制，再由各级地方政府按事权划分煤企的审批与监管，实现政府对煤矿行业的控制。这种层层委托的关系，必然由于中央和地方利益目标不同形成利益分割，也会因资源产权界定不清发生利益冲突。按照委托—代理理论的要求，委托人要想让代理人按照自己的利益目标选择行动，就需要建立激励—约束机制，通过奖惩代理人的方式激励或迫使代理人选择对自己最有利的行动。[③] 在计划经济体制下，国家对煤矿资源实行垄断经营和计划调拨，地方政府只是

---

① 亚里士多德：《政治学》，吴寿彭译，商务印书馆1983年版，第48页。

② 埃莉诺·奥斯特罗姆：《公共事务的治理之道》，余逊达、陈旭东译，上海三联书店2000年版，第11页。

③ 张维迎：《博弈论与信息经济学》，上海三联书店、上海人民出版社2004年版，第239页。

中央政策的接受者和执行者，能够保障中央政策目标的落实。但在市场经济体制下，中央以搞活地方经济为目标不断向地方放权，赋予地方政府越来越多的煤矿监管和经营自主权，为地方政府按照地方利益目标执行中央政策提供空间，进而形成地方背离中央目标的代理失效现象。按照卢梭的政府自利性理论，政府的自利性包括国家自利性、地方自利性和官员个人自利性三个层次，按照公利原则这三种自利性的排序依次是国家利益、地方利益和官员个人利益。[①] 但如果没有强制性的法律强迫官员遵循公利，就会导致官员以地方利益和官员个人利益为重，轻视甚至忽视国家利益。

首先，地方政府作为一级行政代理人，其行为目标必然是实现本地区可支配财政收入最大化，增进本地区人民的公共福利。因为地方不参与国有煤矿的利益分配，集体或个人小煤矿是地方财政的主要来源，所以地方政府有开办小煤矿的积极性。改革开放初期，国家出台"有水快流"政策，实行"国营、集体、个人一起上"的办矿方针，鼓励有资源又有运输条件的地区开办小煤矿，允许集体或个人开采国营矿区大矿采不到的边角煤和采后残留煤。"有水快流"政策出台后，各地掀起了开办小煤矿的高潮，资源型县域全民总动员开办小煤矿，非资源型县也纷纷与有资源型县搞联营煤矿，小煤矿迅速成了煤矿生产的主体力量，并对国有煤矿形成包围。于是，群众办矿一哄而起，山西几乎在一夜之间，就冒出大小煤矿8000 多座，此外还有很多无证开采的小煤矿。与此同时，依托小煤矿开办的小炼焦炉和小炼铁炉也大量出现，资源型地区"村村点火、处处冒烟"的现象非常普遍。

其次，1994 年分税制改革后，地方财政收入逐年下降，承担公共服务却有增无减，造成事权与财权不匹配、收支不平衡等问题，促使地方政府更多地去关注本地区的经济增长和财政收入。所以，地方政府为了增加地方财政收入，在执行国家的政策中就会由单纯的政策执行者转化为相对独立的行为主体，必然会从地方利益出发，采取各种手段逃避政策规制，违背中央政策要求，滥用审批权和监管权为乡村集体煤矿或个体小煤矿提供支持和保护，进而使国家利益遭受地方利益的侵蚀：一是在为小煤矿办理各种手续中，一些地方政府官员不严格按照国家要求的审批条件操作，

---

① ［法］卢梭：《社会契约论》，商务印书馆 1982 年版，第 83 页。

违规审批乡村集体煤矿和个体小煤矿。对于申办小煤矿的虚假材料也不严格审查，导致不合格小煤矿大量存在。二是与中央讨价还价，寻找各种借口降低标准，为小煤矿办理《采矿许可证》和《营业执照》。允许小煤矿可以先开采生产、后办理手续，甚至允许集体或个人非法购买已经停产的煤矿的采矿许可证，或以资源枯竭煤矿接替井的名义获得煤矿采矿证，进而使大量的不合格小煤矿合法化。三是根据地方利益需求解读中央政策，把中央鼓励乡村集体开采不利于大机器开采的边角煤矿的政策解读为动员乡村力量开办小煤矿，在组织乡村集体开办小煤矿中，表面上是执行中央政策，实际却站在地方利益上，无视甚至有意包庇小煤矿无证开采和蚕食国有煤矿等行为。四是小煤矿是地方政府及其官员获取政绩的重要手段，可以用来提高地方 GDP，可以解决农村剩余劳动力的就业问题，增加农民收入。所以，减少或关闭小煤矿不仅意味着减少了地方税收，更重要的是影响了地方官员的政绩。也正是因为如此，地方政府及各监管部门不会对非法小煤矿进行有效查处，而是睁一只眼闭一只眼，甚至表面打压、暗中支持。小煤矿尤其是非法小煤矿的存在也令人震惊，据山西兴县的一位老人回忆，该县改革开放初期小煤矿尤其是非法小煤矿特别多，在政府打压小煤矿期间，漫山遍野的小煤矿是"白天风平浪静、晚上灯火辉煌"。

最后，在资源开采的实践中，煤矿资源名义上属于全国人民所有，实际上通过国有重点煤矿、地方国有煤矿、乡村集体煤矿和个体私有煤矿四种形式分别被中央、地方、集体和个体等不同利益主体占有和使用，导致国有、集体和个体企业之间的产权不清以及由此产生的资源争夺和权益纠纷增多，煤矿资源的国家所有权实际上处于一种虚置和模糊状态。煤矿资源所有权虚置和模糊导致小煤矿蚕食国有重点煤矿成为可能，对于国有企业来说，资源属于国家所有，资源开采及收益分配完全由国家计划安排，企业只负责按照计划完成生产任务，而不负有保护资源的责任，而且企业的投资和经营、企业领导及员工的工资都由国家统一规定，与企业的效益关系不大。而且，国有煤矿的生产与经营活动必须在地方辖区内开展，在很多方面要与地方政府及相关部门发生关系，企业及其领导人的利益与地方密切相关，所以必须与地方搞好关系，为煤矿的经营和生产营造良好的外部环境。在这种情况下，对于不具有资源所有权和收益权的国有企业来说，很可能与地方政府成为利益共同体，不具备保护国有资源的积极性和主动性，对小煤矿的蚕食行为采取容忍甚至默认的态度。地方政府为了增加地方财政必然采取与小煤矿合作的方式，不会站在保护国有资源的立场上。

从地方与中央的利益博弈来看，在中央与地方利益分割的情况下，地方政府作为代表地方利益的理性经济人，必然会利用中央授权追求地方利益最大化，在执行中央政策中偏离中央目标或曲解中央意图，有时甚至对中央政策置若罔闻。同时，地方政府还会利用"资源代理人"身份与中央讨价还价，争取中央政府逐步下放权力，在资源管理和使用中争取主动权。而当地方政府以地方利益目标执行中央政策时，中央政策目标的实现就会大打折扣。据煤炭部统计，1993 年，全国 103 座重点国有煤矿周围约有 10000 座小煤矿[①]；1994 年增加到 14557 座，其中 70% 属于无证非法开采[②]。

（二）地方与煤企博弈中的政企合谋与官煤勾结

一个开明的政府实际上是为了增进公共利益的一套有组织的制度安排[③]，否则政府行为的结果必然是追求个人利益而忽视甚至损害公共利益。在资源丰富的国家和地区，资源产权的不确定性必然会造成利益集团之间的竞争与冲突，并可能引发"贪婪效应"[④] 和"寻租活动"[⑤]。我国实行的中央委托地方的资源管理模式，由于中央向地方授权时，没有建立保障地方按照中央意图选择行动的激励—约束机制，导致资源的所有权、管理权和经营权集地方政府于一身，地方政府既是资源所有者，又是管理者，权力寻租空间增大，代理成本增高。在这一背景下，地方政府掌握资源越多，控制地方的能力和权力就越大。而资源所有权的集中程度与权力的集中程度是一致的，地方政府维持并扩张其行政地位和权力的过程，其

①　李俊杰：《运用产权机制保护和合理开发煤炭资源》，《煤炭经济研究》1995 年第 10 期。

②　王立杰等：《矿产资源损失浪费的根源与解决对策》，《中国矿业》1996 年第 7 期。

③　密尔：《代议制政府》，商务印书馆 1989 年版，第 26—29 页。

④　P. R. Lane, A. Tornell. *The Voracity Effect*. American Economic Review, Vol. 89, No. 1, 1999, pp. 22 – 46.

⑤　G. McMahon. The Natural Resource Curse: Myth or Reality? World Bank Insitute, 1997. Available at: http: // econ. Worldbank. Org.

实就是强化和扩大公共资源的过程，而强化和扩大公共资源的途径就是增设机构和加强管理。

我国煤矿管理在地方政府及其相关部门之间形成多头管理模式，导致地方政府在控制和监管煤矿中形成庞大的利益链条，涉及煤矿审批、安全生产、经营等各个环节。其中煤矿生产所需的"六证"涉及获得《采矿许可证》的国土部门、获得《安全生产许可证》的安全生产监督部门、获得《煤炭经营资格证》的煤炭局、获得《营业执照》的工商和税务部门等，煤矿经营涉及政府采购、物价、供应、质检、安检、称重、财务等部门，这些部门的领导及相关人员都会以权谋私，致使官煤勾结充斥于煤矿审批、生产和经营的各个环节。另外，我国资源所有权虚置制度缺陷，容易造成所有权主体缺位和地方官员的监督缺位，权钱交易不可避免。我国资源所有权和使用权分立的产权制度，也使占用和使用资源的煤企与管理资源的地方官员形成利益共同体，追求个人利益而损害公共利益。

尽管中央政府三令五申禁止政府官员参与煤矿经营①，但地方官员仍然采取多种方式直接或间接参与煤矿经营。一是采取以亲属名义办矿、暗地入股或收受贿赂等方式，成为事实上的煤矿投资者、经营管理者和财产所有者；二是通过违规发放采矿许可证、违规审批资源开采范围、不按规定收取资源价款、越界开采等方式，非法侵占国有资源；三是为非法采矿者广开绿灯，以明停暗开等手段欺骗上级检查部门。以煤矿资源丰富的山西蒲县为例，郝鹏俊在担任该县地矿局局长、安监局局长和煤炭局长期间，1996 年利用职务之便，编造虚假材料，以 2 万元的价格把一座废弃的煤矿变成了具有采矿许可证的合法煤矿，由地矿局核定井田面积为 2.16 平方千米。1999 年把该煤矿的煤田面积扩大到 4.76 平方千米。2003 年利用公款把该煤矿单井年产量由 3 万吨提高到 30 万吨。2004 年缴纳 1500 万元的采矿权价款就把这座地质储量 1200 万吨、总资产 5285 万余元、净资产 1700 万元的大型煤矿买断。据统计：该县从 20 世纪 90 年代

---

① 1984 年出台《关于严禁党政机关和党政干部经商、办企业的决定》，要求各级党政领导机关及其领导干部，要坚持政企职责分开、官商分离的原则，绝不允许运用手中的权力，去经营商业、兴办企业。并下发专门通知要求地方政府坚决执行中央决定，对于不执行决定的行为要坚决纠正，妥善处理，并将检查处理的情况和问题及时向上级报告。1993 年国家颁布的《国家公务员暂行条例》，又明令禁止公务员经商、办企业以及参与其他营利性的经营活动。

开始官员开办或参股的煤矿占全县煤矿的 80%，其中官员直接投资的煤矿就多达 18 家，涉及政法委、教育局、劳动局、公安局、反贪局、检察院、法院、安监局、人事局、工商局、外贸局、煤炭局、地矿局等部门领导及相关人员。在 2005 年国家清理公务员入股煤矿问题中，该县从煤矿退股的官员多达 20 名，但在 2008 年底的煤矿重组整合中，很多煤矿的实际投资人仍然与官员有关①。在这次治理官煤勾结的行动中，山西全省共清理出 922 名官员投资入股煤矿，涉及金额达 9247.47 万元。由此可见，地方官员在煤矿审批中铤而走险违规操作，不仅仅是为地方财政收入考虑，更大的利益驱动还在于官煤勾结中的官员个人利益。

地方官员还在资源经营中，通过偷税漏税牟取暴利。地方官员一般采取提供虚假材料或不开少开增值票等手段偷税漏税，山西蒲县的郝鹏俊仅在 2003—2008 年的 5 年间，就通过销售原煤不开或少开增值税发票、少列收入进行虚假申报或不申报等手段，偷逃税款 1871 万元，逃税额最高占应纳税额的 82%。此外，其他小煤矿也通过贿赂地方官员偷税漏税，沁水县 2003 年煤炭行业上交税金共 1.68 亿元，而生产量占全县 50% 的乡村小煤矿仅上交了 3756 万元，仅占所有税费的 20%。高平市 2003 年煤炭行业上交利税 2.4 亿元，其中产量只有 260 万吨的国营煤矿提供的利税就高达 1.3 亿元，而年产量超 1000 万吨的乡村煤矿仅上交 6500 万元的税金，乡村煤矿提供的税金和国营煤矿比较差距很大。煤矿承包者个人所得税流失也相当严重。沁源县在执行国家"有水快流"政策期间，全县开办的小煤矿非常之多，仅依托小煤矿开办的小焦炉、小铁炉几千座，村村点火、户户冒烟，但全县的煤焦税收却只有几千万元。县委县政府在 2000 年对本县煤焦领域进行了严格整顿，坚决取缔了不合格的违法小煤矿和小焦炉，规范煤焦领域的税费征收，结果使煤焦税费收入当年就翻了

---

① 例如，在 2005 年 8 月 30 日中纪委、监察部、国务院国资委、国家安全生产监督管理总局等联合清理公务员入股煤矿的问题活动中，要求凡本人（国家机关工作人员）或以他人名义已经投资入股煤矿（依法购买上市公司股票的除外）的，要在 2005 年 9 月 22 日之前撤出投资，并向本单位纪检监察或人事部门报告并登记。蒲县在执行中央这一政策中，对于当时官员退股的证明材料不做任何审查，导致许多官员表面上退出，实际上仍然参与煤矿经营，给国家和地方财政造成严重损失。在郝鹏俊案发后，蒲县纪委借口"当时时间要求紧、申报人员集中、工作任务重、工作人员少、没有对任何人员的情况进行调查核实"推卸责任。

一番，可见煤矿企业的偷税漏税现象非同一般。高平市建宁乡乡、村两级 11 个生产矿井，2003 年以前承包费为 168 万元，乡党委和乡政府为了缓解群众不断上访告状的势头，采取完善合同的办法，提高了承包费，承包费一下子涨到 3500 万元。其中承包到期的郭庄和建北 2 座煤矿，承包费由原来的 68 万元上升到 1005 万元，增加了 14 倍。陈崛镇 19 座煤矿，2003 年以前承包费为 850 万元，完善合同后，承包费涨到 3670 万元，增加近 5 倍，其中流失的个人所得税无法估量。由于地方官员的干预，税收部门无法对煤矿纳税进行有效监督，导致资源税金大量流进官员和煤企负责人的腰包。

小煤矿由于缺乏资金和技术支撑，按照国家规定的标准是很难在煤矿生产和经营中获取利益的，必然要利用地方官员权力寻租的机会，采取贿赂地方官员的手段，非法获取资源开采资格证，或投资少量资金获取国有或集体的废旧小煤矿，还要在安全投资不达标的情况下进一步通过贿赂地方官员的手段进行煤矿生产和经营，并在地方官员的庇护下逃避上级政府的检查。由此可见，小煤矿必须与地方官员结成利益共同体，才能在煤矿生产和经营中实现其利益目标，这说明在中央整顿地方小煤矿的政策中，作为政策执行者的地方官员与作为政策实施目标的小煤矿具有高度的利益一致性，官煤勾结牟取暴利已经成为资源型地区权力腐败的重要手段。正如一位资源型省份的省委书记所说：一些地区社会、经济秩序混乱，关键是干部，要害是利益，领导干部深陷非法利益格局。一定要用制度保证公平，把人民的利益还给人民。①

（三）　煤矿产权不规范造成的煤企利益选择

企业的性质是实现利益最大化，追逐高额利润是煤企的利益目标，我国资源税费不合理、煤矿规模和建设标准的随意提高和政策不稳定性等，都是煤企选择短期开采行为的原因。

首先，我国资源税以煤企的资源生产量和销售量为依据，而不是以资源占用范围和实际拥有量为依据，必然造成煤企只为开采出来的资源交税，而不会为企业占有的资源交税，其行为动机必然是以最快速度获取最

---

① 《四川靠什么赢得先机》，《人民日报》2005 年 11 月 4 日第 10 版。

大利益，这一行为动机反映在煤矿生产中，必然是开采容易采和价值高的优质煤，而不考虑资源回采率的高低。而且国家征收资源税多考虑资源开采的成本，而很少考虑生态修复和灾害治理成本（这一点从我国 1000 元/平方千米的资源使用费缴纳标准就可以看出），最终导致稀缺资源的严重浪费，地方治理成本的无限加大，国家利益严重受损。

其次，朝令夕改的煤矿整顿政策也是煤企选择短期开采行为的重要原因。2004 年，山西省的煤矿整合标准为 9 万吨/年；2006 年，中央规定山西的煤矿整合标准为 30 万吨/年；2009 年，山西省的煤矿整合标准又提高为 90 万吨/年。① 这种经常性的政策变化，使小煤矿经营者经常处于被整顿的威胁之中，即使进行巨额投资也难以保证其合法存在，有的小煤矿即使疲于奔命也难以达到国家要求的整合标准，小煤矿的生存发展空间越来越小，再加之投资较大，为了尽快收回投资，必然导致煤企选择掠夺性的短期获利行为，产多少算多少，卖多少算多少，不管隐患大小，不顾回采率高低。

再次，地方政府简单粗暴的煤矿安全监督办法也是煤企采取短期开采行为的重要原因。地方政府违规审批的小煤矿，本来就是一些不符合开采条件的废旧煤矿，在煤矿审批过程中又花费巨额资金贿赂地方官员，而且煤矿审批成功后也没有充足的资金对煤矿进行安全投资和技术改造，只能在地方官员的庇护下违规生产和经营，必然会采取掠夺式开采的短期获利方式，也必然造成巨大的安全隐患。而政府在安全方面的惯用做法，就是采取简单粗暴的办法解决矿难：只要有一座煤矿发生矿难，就会把全县、全市乃至全省的小煤矿全部关闭，导致很多煤企经常遭受无过错惩罚。正是由于煤企的未来预期不明确，即使企业花钱买到了采矿权，也不能保障矿里的煤属于自己，能否开采由政府决定。在这种情况下，小煤矿都会抱着"及时捞一把"的快速获利心态，只要有了允许生产的机会，就会以最快的速度采最好的煤，根本不顾及安全建设、资源保护和地质灾害治理。

---

① 2004 年 1 月山西省出台的《山西省人民政府关于深化煤矿安全整治的决定》，2006 年 4 月中央下发的《关于加强煤矿安全生产工作规范煤炭整合的若干意见》，2009 年 4 月山西省出台的《关于进一步加快推进煤企兼并重组整合有关问题的通知》。

最后，政府干预致使煤炭市场的价格机制难以形成，使煤企面临巨大的市场风险和市场机遇，遇到煤炭市场上涨时就会日进斗金，遭遇市场低迷时就会负债累累，这也是导致煤企疯狂开采的重要原因。20世纪90年代煤炭价格持续走低，再加上开采成本加大，大量的乡村集体煤矿无力经营，地方政府只好通过改制、托管、承包等行政审批方式实行煤矿无偿转让。在乡村集体煤矿转让中，地方官员和商人通过非法程序"承包"乡村集体采矿权，在集体企业持有采矿权的庇护下非法开采矿产资源，许多煤矿名义上属于乡村集体实际上却由官员或商人投资，出现了采矿权与经营权、收益权的分离，形成了采矿权属于乡村集体而经营权和收益权属于官员或商人的煤矿产权模式，这种产权模式必然产生"企业获取利益而由乡村集体承担成本"的直接后果。在这种产权混乱的情况下，煤矿企业必然采取企业利益最大化的短期获利行为，而不会考虑煤矿开采所造成的外部成本。

总之，由于我国煤矿产权制度安排的不合理，造成地方政府和煤企在煤矿资源的利益博弈中，都选择自己的利益目标而损害公共利益或他人利益。我国资源领域出现的"地方保护主义"、"官煤勾结"、"非法经营"和"偷税漏税"等现象，都是制度安排不合理背景下利益冲突和博弈的必然反应。在缺乏产权规则约束的前提下，利益主体都会在公利与私利的冲突中选择"损公肥私"的短期行为，而矿区农民作为煤矿开采直接受害者，却在利益主体的博弈中缺乏话语权和参与权，只能在没有获得任何煤矿利润的情况下被动承担煤矿开采造成的负外部成本。

二　资源诅咒：利益分配不合理造成的治理困局

自20世纪80年代实行"有水快流"政策以来，由于经济发展需要和政策扶持，小煤矿数量急剧增多，在一定程度上缓解了经济发展带来的能源危机。但由于我国资源产权不明晰和结构不合理，再加上约束资源管理者和使用者行为的制度供给严重不足，导致资源管理中缺乏利益主体的关注，造成小煤矿的掠夺式开采和粗放式经营，加大了煤矿开采的负外部成本，主要包括由资源开采造成的资源浪费巨大、安全事故频发、地质灾害严重和由利益分配失衡造成的贫富分化加剧、社会矛盾激化以及政治、经济、文化的衰败等社会危机，陷入难以自拔的治理困局。

（一）资源开采造成的显性困境

煤矿资源是国家工业化发展和经济社会发展中不可缺少的、不可再生的物质基础，但资源开采与加工是一种严重污染环境的破坏性产业，再加上我国因资源产权占有和使用规则失当而导致的改革开放以来相当长时期掠夺式开采和粗放式经营，最终造成了巨大的资源浪费、严重的地质灾害和频发的安全事故，资源由此成了地方经济社会发展的诅咒而非福祉。山西有一首民谣可以反映资源开采带来的灾难："挖了一山煤，流了一河水，冒了一股烟，富了煤老板，留下一堆灰……"，留下的不只是一堆灰，而是给山西矿区农村带来的无穷无尽的灾难。

1. 巨大的资源浪费

在我国，煤矿作为国有资源因其公共性而成了多元利益主体竞争性争夺的无主资源，再加上煤矿所有权的虚置和模糊，必然使得煤企和个人使用资源的直接成本小于社会所需付出的成本，最终导致煤矿资源的过度开采和严重浪费。

首先，大量的国有资源转为个人私有财产。我国煤矿资源所有权、经营权和收益权的分离，造成了国有煤矿的煤田成为乡村集体和个体小煤矿的公地，小煤矿运用各种手段与国有煤矿争夺资源，大量的小煤矿在国有煤田周围蚕食国有煤矿的煤。据煤炭部统计，1993 年，全国 103 座重点国有煤矿周围大约有 10000 多座小煤矿[1]；1994 年增加到 14557 座，其中 70% 属于无证非法开采[2]。小煤矿的蚕食，导致国有煤企大都濒临破产，如 1998 年，全国 94 个矿务局，足月发放工资的只有 3 个，大同矿务局欠发职工工资达 10 多亿元。中央只好把国有重点煤矿转归省政府管理，地方国有煤矿和集体所有煤矿纷纷低价向个体煤商转让采矿权。

其次，小煤矿的低回采率造成巨大的资源浪费。小煤矿长期的疯狂开采行为和采优质煤丢弃低质煤的开采行为，导致煤矿的回采率很低，资源被大量浪费。据不完全统计，我国自新中国成立到 2003 年，累计产煤只

---

[1]　李俊杰：《运用产权机制保护和合理开发煤炭资源》，《煤炭经济研究》1995 年第 10 期。

[2]　王立杰等：《矿产资源损失浪费的根源与解决对策》，《中国矿业》1996 年第 7 期。

有 350 亿吨，而煤矿资源的实际消耗量却超过了 1000 亿吨，约有 2/3 的煤矿资源被浪费。再据国家安全监督管理总局公布的数据显示：2005 年中国煤矿开采量超过 3400 亿吨，其中回采率只有 10% 至 15% 的小煤矿开采量超过 2200 亿吨，浪费现象十分惊人。一些国有煤矿为了与小煤矿争夺资源，也加快开采速度，降低了煤矿回采率。

最后，煤炭作为中国重要的战略性能源，在中国能源产业和消费结构中所占比例高达 70%，而煤矿资源多被用于原煤燃料，其中蕴藏的高价值成分没有被提取，这种高价值资源的浪费远远超过煤矿资源本身的浪费。而在煤矿中高价值成分被研发提取之前，中国的煤矿资源正在被消耗殆尽。

2. 严重的生态破坏和地质灾害

生态环境是经济社会可持续发展的前提和基础，资源开采与加工是一种严重污染环境的破坏性产业，再加上我国改革开放以来相当长时期采取的掠夺式开采和粗放式经营方式，尤其是技术手段落后的小煤矿太多，给资源型地区造成了严重的生态破坏和地质灾害。如资源开发导致大量的山体采空、植被毁坏、房屋建筑破坏、地面塌陷、道路被毁等地质灾害。煤矿开采出现大面积地下水泄漏，导致地下水位下降和地下水均衡遭受破坏，严重影响了矿区农民的生产生活用水。地下水泄漏进而使采矿塌陷区变成沼泽或水塘，土地下陷又会导致雨水无法存留，形成大面积的水土流失，农民失去了靠天吃饭的机会。采矿排出的废水、废液造成了水污染、土壤污染、土地退化等环境问题，对居民生命财产和生产生活造成威胁。据专家估计，山西每年因挖煤遭受的损失高达 300 亿元。[①] 如山西每年因采煤排放的煤层气（甲烷）约 116 亿立方米，接近于西气东输的总量；每采 1 吨煤要破坏 2.48 吨水，山西每年生产 5 亿吨煤约 12 亿立方米的水资源遭到破坏，相当于引黄工程的总引水量，可以造成约 600 万人、几十万大牲畜面临饮水困难。由此可见，煤矿开采导致矿区农民失去了最基本的生态环境和生产生活条件，煤矿资源给矿区农民带来的不是福祉而是诅咒。

对于煤矿开采造成的地质灾害，地方政府治理地质灾害的投入严重不

---

① 肖兴志等：《煤矿资源产权制度改革的战略思考》，《辽宁师范大学学报》（社会科学版）2008 年第 6 期。

足。据有关部门调查，从 1978 年到 2003 年，山西共采煤 653108.8 万吨，因采煤造成的水资源破坏、水土流失、人畜缺水、房屋建筑破坏等 15 项损失共计 3988.54 亿元，处理历史遗留问题总投资需求为 1035.44 亿元，但山西投资环境治理和生态恢复的资金仅 13.85 亿元。2004 年，山西能源基金收入 30 亿元，各项收费约 5000 万元，但仅采矿造成的环境和资源损耗就高达 300 亿元。[①] 而且，还有一些企业借治理地质灾害之名行开采资源之实，造成了旧灾不除、又添新灾的结果，给矿区农村和农民造成巨大损失。山西省政府于 2007 年 3 月 31 日出台《山西省煤炭工业可持续发展政策措施试点工作总体实施方案》，决定投资约 1400 亿元集中治理 676 个村庄的地质灾害，建立健全煤炭开采生态补偿机制，构筑煤炭开发的"事前防范、过程控制、事后处置"三大生态环境保护防线，承诺"渐还旧账，不欠新账"，"严禁以治理地质灾害的名义开采煤矿资源"。2008 年，山西省委省政府把农村地质灾害治理列入了该年度要办的 10 件实事之中，并承诺力争用 3 年左右的时间，全面完成因采矿造成的地面塌陷、房屋损坏和地下水疏干等严重地质灾害的集中治理任务。然而，在治理地质灾害的过程中，仍然有企业借口治理灾害开采煤矿资源。以山西某村为例：该村共 450 人 1000 亩耕地，政府按照每人 5000 元和每亩地 5000 元的标准进行搬迁补偿，治理任务是整村搬迁后造地 117.4 亩地。县政府按照程序对治理工程进行公开招标，中标的是某建设工程公司，但负责灾害治理的却是该公司的合作伙伴某实业有限公司，该实业有限公司又把工程倒卖给一个福建工程队。福建工程队进驻该村后，不是填沟造田，而是开沟挖煤，造成了新的地质灾害，引起民愤。福建工程队以 1 个亿（村民每人分了 15 万元）的补偿平民愤，之后继续进行煤矿开采，而且是超范围开采，使国家利益和矿区农民利益遭受巨大损失。

据统计，山西因煤矿开采造成 5000 平方公里的采空区，3000 平方公里的沉陷区。

3. 频发的安全事故

改革开放后小煤矿成了煤矿生产的主体力量，且承担着开采大煤田边角

---

① 《"挖煤，山西生态环境之痛"系列报道之五想恢复生态花费要超千亿元》，《山西晚报》2005 年 4 月 29 日。

地带资源的责任，这些地带地质构造比较复杂，隐藏着大量的安全隐患。再加上地方政府从增加地方财政的角度不断把一些国有或集体经营不善的废旧煤矿、老矿廉价转包给个体经营者，允许个体小煤矿在安全投资不到位的情况下进行煤矿生产。尤其是无视大量的无证和不合格的非法小煤矿存在，这些非法小煤矿无力投资安全设备和技术改造，安全检测和监控手段都很落后，一些小煤矿安装的安检系统甚至是应付检查的摆设，造成大量的煤矿安全隐患。但高额的利润回报、煤炭市场的供不应求、政府整顿煤矿政策的不稳定性等，致使煤企采取迅速获利的掠夺式开采，导致煤矿安全事故频发。

据不完全统计，2001 年 1 月到 4 月，全国煤矿共发生重大、特大事故 118 起，死亡 891 人，这些事故中的绝大多数都是存在安全隐患的小煤矿。2002 年至 2004 年，随着煤炭价格持续上涨，煤炭开采业也由此成为最有利可图的行业，小煤矿数量的急剧扩张，大量的小煤矿在高利润的引诱下进行超负荷生产，导致安全事故频发。到 2004 年，全国煤矿事故死亡人数达 6027 人，其中乡镇小煤矿死亡人数是国有煤矿的 6 倍。2005年，全国小煤矿发生事故 2575 起，死亡 4457 人，占全国煤矿总死亡人数的 74.5%。据山西省安检厅统计，2007 年山西乡镇小煤矿每百万吨死亡率是国有重点煤矿的 17.8 倍。再根据一份在维基百科上列出的 2007 年与2008 年山西省矿难数据，2007 年山西总共发生矿难 24 起，死亡 308 人；2008 年山西总共发生矿难 16 起，死亡 557 人，其中不包括在煤矿事故中的失踪人数和不报瞒报人数。因此，有人称山西经济是带血的 GDP。

（二）利益失衡造成的社会危机

社会发展是一个整体的概念，包括经济增长在内的人民生活、科技教育、社会保障、医疗保健、社会秩序等各个方面，其中经济社会转型是最本质的内容。煤矿开采造成的地质灾害多、环境污染严重、贫富悬殊大、社会矛盾多等一系列严重的社会问题，导致矿区农民的生产生活条件、生存环境、社会福利、医疗、教育、社会公平等进步因素被当做经济增长的代价牺牲了。[①] 在资源开采和收益分配中，矿区农民完全被排斥在外，最

---

① 李培林：《另一只看不见的手：社会结构转型》，社会科学文献出版社 2005 年版，第 4页。

终因生态环境和地质环境的严重破坏导致矿区居民陷入"生存悲剧",并由此产生一系列的社会危机。

1. 悬殊的贫富分化

我国煤矿资源因产权制度安排不合理,导致长期的掠夺性开采和粗放式经营,并由此造成巨大的地质灾害和严重的生态破坏,矿区农民在没有获取煤矿资源利益的背景下,却被动承担了煤矿开采带来的负外部成本,失去了生存环境和生产生活条件,陷入极度贫困。政府官员利用煤矿资源的监管权把国有资源据为己有,或在煤矿审批和经营中收受贿赂,成为煤矿资源开采和经营的暴富群体。煤矿经营者在煤炭价格的飞涨中获取暴利,但却很少承担资源开采带来的负外部成本,成为又一个拥有大量资本的暴富群体。由此,资源型地区因煤矿开采出现了"富了一人、穷了一片"的社会现象,形成了巨大的贫富差距。根据胡润百富统计,截至2010年底,山西有亿万富翁和千万富翁分别为1250人和14000人,在全国排名分别位居第10位和第13位。

在煤矿资源型地区,政府官员因煤矿开采暴富者非常多,且暴富程度也令人咋舌,以山西蒲县的郝鹏俊为例,他担任该县地矿局局长、煤炭局局长等职务期间,利用职务之便通过为废旧煤矿办理煤矿开采证、利用亲戚名义承包集体煤矿、把集体煤矿低价转变为个体煤矿、利用公共资金对个人煤矿进行技术改造、偷税漏税等手段,在煤矿资源的开采和经营中获取暴利。据有关部门测算,郝鹏俊经营的煤矿仅从2002年到2008年间就生产原煤213.5万吨,即使按当时的煤炭平均价格计算,经营收入也高达7亿多元。

在煤炭资源型地区,煤炭经营者的暴富主要是源于国家工业化发展对煤矿资源的大量需求以及由此带来的煤炭产量增加和煤炭价格飞涨、煤炭收入在GDP中所占比重的增加等因素而造成的。而矿区农村和农民的贫困主要来源于当地经济结构单一,资源开采对农业生产条件的破坏、粮食产量减少与价格不高以及农业收入在GDP中所占比重减少等因素造成,资源主导型经济占主体地位非常明显。煤老板的富裕是全国乃至全世界知名的。以煤矿资源丰富的乡宁县为例,该县从2001年以后,随着煤炭价格飞速上涨,造就了资产数千万元甚至逾亿元的富翁100多个。一个老板的收入,就相当于一个或多个贫困县的财政收入。

与政府官员因煤矿资源的暴富相比较,煤矿经营者的暴富更为扎眼。

政府官员参与煤矿经营是中央三令五申禁止的行为，所以，他们在平时的生活中要尽量掩盖自己的财富。比如，蒲县的郝鹏俊尽管依靠煤矿经营暴富，但他从来都不敢让人们知道自己的富有，不敢以自己的身份存款，只能把大量的资金以他人的名义存进银行或放在自己家里，也从来都不敢使用这些不义之财，即使连自己正当的工资收入都不敢消费，使得自己及其家人的生活非常的节俭，总是把自己打扮成百姓心中的清官。但煤矿经营者的做法就与官员截然不同，有的煤矿经营者有强烈的事业心和责任心，经常做公益事业和慈善事业，深受人民喜爱；有的却过着穷奢极欲的豪华生活，建别墅、买豪车、疯狂豪赌、大肆挥霍，形成百姓的"仇富"心理。

严重的生态破坏使矿区农民失去了最基本的生存环境，巨大的地质灾害使矿区农民失去了最基本的农业生产条件和生活条件。而且，煤矿开采还导致了矿区农村人力资源短缺和农民失业。在煤矿资源丰富的地区，一般通过扩大资源开发规模获取高额利润，而不注重人力资本的大量投资，严重影响人力资源开发、管理创新和技术研发等，进而形成了地方经济社会可持续发展的"瓶颈"。煤矿资源型地区一般都是以煤矿开采和加工为主的单一产业，矿区农民的经济收入也大都来自于煤矿产业。但煤企在雇用劳动中歧视当地农民，愿意招收外地人而不愿雇用当地农民工，使矿区的农民失去了就近就业的机会和最基本的经济收入来源，只能依靠背井离乡进城打工维持生活，加剧了矿区农村和农民的贫困。

在地方官员和煤矿经营者暴富的背后，是矿区农村和农民的普遍贫困，危房得不到改造、孩子上不起学、村民看不起病、老人得不到赡养、贫困得不到救助等现象非常普遍。在资源丰富的资源型地区，贫困的农民在寒冷的冬天甚至用不起煤。而暴富的煤矿经营者在国外买奢侈品，在北京、上海等大城市购买高档楼盘，开高级轿车，住豪华别墅，甚至赌博、吸毒、玩女人。乡宁县的老百姓用两种不同的"五子"分别形容穷人与富人截然不同的生活，暴富的煤矿经营者的生活是"盖房子、买车子、包妹子（嫖娼）、掷骰子（赌博）、抽料子（毒品）"，而贫困的矿区农民的生活是"土窑子、泥孩子、破庙子、烂路子、毛票子（指以毛为单位的纸币）"。①

---

① 《临汾"劝富济贫新政"调查》，新华网地方联播，http：//www.xinhuanet.com/Chinanews/2005－12/28/content_5919370.htm，2005 年 12 月 8 日。

政府官员和煤矿经营者利用国有煤矿资源暴富起来，因此而造成的巨大的负外部成本却由广大矿区农村和农民承担，暴富者的财富获得建立在损害矿区农村和农民利益的基础之上，矿区农村和农民因此遭受的损失却长期得不到补偿，农民的相对剥夺感不断增强，进而形成了较强的"仇富"心理和对社会的不满情绪。

2. 村矿村企矛盾与煤企受阻

按照产权理论，人们在享有财富收益的同时必然要承担与这一收益相关的成本[①]。我国由于煤矿产权制度的不合理，造成了煤企获取煤矿收益的暴利，却把由此造成的负外部成本转嫁给矿区农村和农民。按照公平与效率的替代关系，"如果富人集团无视穷人集团福利进一步恶化的现状，当穷人采取集体行动的边际成本接近于零时，穷人集团与富人集团的谈判就不再依赖于市场规则，而转变为游离于土地、资本和劳动力之外的强取。"从这一公平和效率的替代关系来看，如果煤企长期关注年企业效率，而忽视煤矿开采给矿区农村和农民造成的损失的话，也就是说，如果矿区农村和农民因煤矿开采造成的损失长期得不到合理补偿而进一步恶化的话，必然会对煤企采取集体抵抗行动，进而造成整个煤矿领域的公共悲剧。

煤矿经营者因开采煤矿暴富起来，但对煤矿开采造成的地质灾害不闻不问，对矿区农民的贫困和艰难视而不见，甚至歧视或侮辱贫困农民。矿区农民因煤企的开采行为失去了最基本的生存条件、稳定的职业和收入来源，当他们的生存受到威胁的时候，斗争不可避免。在这种情况下，矿区农民只能也必须起来维护自身利益，而且他们有充足的时间、精力和动力采取各种维权行动抵抗煤企的经营行为，迫使煤企为了避免煤矿停产造成的巨大经济损失而为矿区农民的利益损失作出补偿。他们针对煤企的行动逻辑是，"你不让我生存，我就不让你发展"。

村民、村集体针对资源开采引发的地质灾害补偿、征地补偿、道路占用、房屋震裂、地下水破坏、环境污染、合同纠纷、收益分配等一系列经济利益问题与煤企产生矛盾和冲突，尤其是一些煤矿经营者一掷千金、挥

---

① ［南］平乔维奇：《产权经济学——一种关于比较经济体制的理论》，经济科学出版社2000年版，第28页。

金如土的生活方式和炒地皮、买楼盘、开名车、包二奶等炫富行为，导致农民的相对剥夺感不断增强，进而形成了对煤矿经营者的"仇富"心理和对社会的不满情绪。矿区农民不断采取各种手段甚至暴力手段阻止企业正常生产，如卡车挡道、矿口静坐等，企业雇用黑恶势力和不法分子报复村民，很多事件演变为群体性恶性事件，村矿械斗、煤矿经营者被绑架等恶性事件也经常发生，严重影响到煤企的生产与经营，也严重威胁到煤矿经营者的人身安全。一位煤矿老板曾感慨地说："金钱是惹祸的根，我出去都不敢说我是开煤矿的，老百姓见你总想一刀子放死你。"矿区农民绑架勒索煤矿经营者的事件很多，勒索金额从几十万元到上百万元不等，山西乡宁县有个煤老板曾经被绑架十余次。

矿区农民针对煤企的抗争对煤矿生产和经营造成严重影响，有时会导致煤矿停产，甚至是企业破产。比如在山西省临汾市，有一位煤矿老板投资数千万元开办的煤矿，就是因为与当地村民的产权纠纷，致使其错过了办理产权证的最后期限，该煤矿最终被列入关停行列，数千万元的投资却没有得到任何回报。像这种煤企因得不到矿区农民的支持而遭受巨大损失的案例非常多，如果煤企在开办煤矿的过程中，懂得建立与矿区农民共赢机制，懂得让矿区农民也从煤矿开采中获取利益，煤企面临的这种风险就可以避免。

以上情况充分说明，煤企的发展不仅需要煤矿资源这一物质基础，还要有矿区农民支持这一群众基础，失去了矿区农民的支持和矿区农村稳定的社会环境，企业是没有办法正常生产与经营的，更不要说发展。从这一点来说，企业发展的人文因素要远远大于其物质因素，所以，煤企应该主动放弃部分既得利益，做一些有利于矿区农村和农民发展的慈善事业和公益事业，为矿区农民提供更多的公共福利，使矿区农村和农民的损失逐步得到补偿，以获取矿区农村和农民的广泛支持。

3. 官民矛盾与治理瘫痪

政府是社会治理的主体，也是实现社会良好治理的关键因素。一个开明的政府实际上是为了增进公共利益的一套有组织的制度安排。① 建立政府的优势就在于存在政府的市民社会能使人们的谈判达成"合作解"，减

①　密尔：《代议制政府》，商务印书馆1989年版，第26、29页。

少自然状态下的风险，降低产权交易费用。① 中国实行生产资料公有制，政府应该保障利益在所有人之间公平分配。但政府也是理性经济人，在产权安排为其谋取地方利益和私人利益提供空间时，或者不存在风险或风险很小时，它就会放弃公共利益，谋取私利。

在我国煤矿资源的利益分配中，中央关注较多的是矿产资源稀缺性补偿的资源保护和煤矿安全问题，而对矿区农村补偿的关注明显不足。地方政府在行使煤矿监管权中选择地方利益或官员个人利益，损害公共利益，导致煤企长期的掠夺式开采和粗放式经营，加大了资源型农村地质灾害程度。煤企在煤矿生产和经营中追求利益最大化，不会主动放弃部分既得利益，为矿区农村和农民的损失作出补偿，结果造成了悬殊的贫富分化和严重的社会不公。可见，矿区农村和农民利益被各方忽视，煤矿开采不仅没有在煤矿开采之前解决矿区农民的移民搬迁、居住、生活救助、就业安置等问题，也没有在煤矿开采之后解决矿区水土治理、生态恢复等问题，煤矿开采造成的负外部成本大都由矿区农民承担。

矿区农民在其利益长期受损而得不到合理补偿的情况下，只能选择集体上访的方式求助于政府。他们不断组织起来，采取集体上访的方式与各级政府接触，要求政府出面维护农民利益，治理地质灾害，进行合理补偿，导致因矿村矿民矛盾引发的群众上访事件随之增多，以 2008 年 1—5 月的信访案件统计为例，山西省信访局受理的涉农信访案件中，涉及矿产资源型农村的占 80.7%，村矿矛盾严重影响着矿区农村的社会稳定、煤企的经营和地方经济社会的发展。② 地方官员在处理群众上访事件中，有的因上访群众的赔偿要求过高不能满足，有的因官煤之间的利益瓜葛而有偏袒煤企的行为，进而导致大量的群众针对煤企的上访事件演变为针对政府的群体性事件，村民通过打砸政府大楼、公务用车等方式进行抗议，政府通过动用警察等暴力机器的方式镇压群众，最终导致地方治理陷入瘫痪。在这种情况下，官民矛盾取代矿民矛盾成为影响地方社会发展的重要因素。

除了矿民矛盾、官民矛盾外，农村干群矛盾也是影响地方治理的重要

---

① 唐贤兴：《产权、国家与民主》，复旦大学出版社 2002 年版，第 73 页。

② 《山西综合整治农村环境解决资源型农村的村矿矛盾》，《山西日报》2008 年 12 月 17 日。

因素。有的村干部在处理地质灾害补偿、征地补偿、合同签订、福利分配等与村民利益密切相关的经济事务中，不按照村民自治的制度要求做，工作方法简单，民主程序不到位，导致村民对村庄公共事务的决策权、对村庄公共资源的管理权和对村干部的监督权严重缺失，村民自治异化为村干部自治。有的村干部更是以权谋私，把公共资源据为己有，通过暗箱操作中饱私囊。有的甚至与煤企内外勾结，私下低价出卖村庄公共资源，严重损害了村集体和村民利益，引发了村民对村干部的极大不满。

另外，煤矿开采造成的严重的生态破坏、巨大的地质灾害和频发的煤矿安全事故，大大增加了地方治理的成本和难度，严重影响了地方经济社会的发展。因矿村矿民矛盾造成的煤企停产或破产，也大大影响到地方的财政收入和经济社会发展。尤其是一些暴富者住高级别墅、开高级轿车等炫富行为，挥金如土的生活方式，对待穷人的冷落态度，还有赌博、吸毒、嫖娼等堕落行为，都使得农村原本的淳朴文化和习俗道德完全走样，金钱至上取代道义成了资源型农村文化的主流，勤劳致富的优良传统不再被认可，知识、能力、技术等也不再是获取财富的主要生产要素等，这一系列的农村文化衰败现象，都是影响地方财政收入和地方经济社会发展的重要因素。

由此可见，煤矿资源的不断开采和 GDP 的不断提高，带来的不是经济社会的全面协调可持续发展，而是矿区农村秩序的破坏和无增长的发展悖论，主要表现为：经济增长与生态破坏的并存，城市繁荣与村落衰落的并存，少数人暴富与多数人贫困的并存，经济收入增加与社会诚信和道德水平下降的并存，文化多元与价值观扭曲的并存。这一系列的发展悖论充分显示，煤矿资源带给矿区农村和农民的不是福祉而是诅咒。

三　以煤补农：政企合作破解治理困局的策略选择

中国一直是以农民为主体的农业大国，农民问题始终是决定中国命运的根本问题。中国的发展必须首先把占人口绝大多数的农民安置好，工业的发展，商业的和其他的经济活动，不能建立在农村人口贫困的基础之上[①]。当矿区农民原有的生存方式和生产生活方式被资源开发打破后，解

---

① 《邓小平文选》第 3 卷，人民出版社 1993 年版，第 117 页。

决好农民与资源的关系问题就成了推进资源型农村和农民发展的关键问题。如果不解决好矿区农民与资源的关系问题，使农民在煤矿开采中陷入生存危机和生活贫困，煤矿企业就会遭受农民抵抗而不能正常生产，地方治理陷入混乱，资源也就成了地方经济社会发展的严重阻碍。而中国资源型地区的经济发展恰恰是建立在损害矿区农民利益的基础之上，是资源利益分配的严重不公造成了严重的两极分化和尖锐的社会矛盾。所以，资源型地区走出治理困境的关键，是重新分配那部分依靠权力、凭着对公有资源的垄断而不是按市场规则行事获取利益的富人的财富，使煤企主动放弃部分既得利益，承担起煤矿开采造成的负外部成本。

（一）"以煤补农"策略选择的条件

1. 煤企发展的需求

按照理性经济人理论，"各个人都不断努力为他自己所能支配的资本找到最有利的用途。固然，他所考虑的不是社会利益，而是他自身的利益，但他对自身利益的研究自然会也必然会引导他选定最有利于社会的用途。"[①] 这种理论预设是建立在个人具有考虑自身利益的理性和智慧，建立在科学的产权制度安排的基础之上。再按照帕累托最优理论，要实现资源配置的逐步优化，帕累托改进使得增加一个人的福利必然要求减少另一个人的福利，这就要求富人主动分割自己的利益来弥补穷人遭受的利益损失。根据胡润百富统计，山西的亿万富翁和千万富翁多出自资源领域，平均年龄在 45 岁左右，这些中青年人中从事慈善公益事业者也不乏其人，自 2004 年胡润中国慈善排行榜发布以来，山西联盛能源有限公司董事局主席邢××、山西潞宝集团董事长韩××、海鑫钢铁集团董事长兼总经理李××、中阳钢铁集团董事长袁××和山西省宝山矿业白××榜上有名，山西华晟荣煤矿李××上榜 2011 年福布斯慈善榜。此外，做慈善不留名的煤矿老板也有很多。

然而，在资源产权关系和产权规则不明确的情况下，煤企为了自身经济利益最大化，进行粗放式经营和掠夺式开采，造成了严重的生态破坏和巨大的地质灾害。煤企长期过度追求经济利益而忽视对矿区农民的利益照

---

① 亚当·斯密：《国民财富的性质和研究的原因》，商务印书馆 1981 年版，第 25 页。

顾，导致矿区农民利益长期受损而得不到合理补偿。当矿区农民的利益损失到了无法忍受的程度时，就会组织起来采取集体行动，抵制煤企的生产与经营，煤企由此失去了稳定的生产环境。而且，煤企长期的掠夺式开采和粗放式经营，必然引起企业内部的无序竞争，有的甚至利用黑恶势力争夺利益，最终给煤矿行业的发展造成威胁。更为重要的是，煤矿经营者因煤暴富后，不愿意居住在生态和地质遭受严重破坏的当地，而是选择到北京、上海等大城市，或者海南三亚等宜居城市，甚至是美国、英国等发达国家生活消费。尤其是个别煤矿经营者暴富起来后，过着穷奢极欲的奢华生活，炒地皮、扫洋货、建别墅、买豪车、疯狂豪赌、大肆挥霍、为富不仁，引起了人民群众的极大反感，使煤矿企业的发展完全失去了人民群众的支持。所以，从煤矿企业的短期利益目标来看，煤矿企业为了追求利益最大化而不会顾及农民利益的严重损失，最终会因为农民抵抗而导致企业受阻或破产的公共悲剧。但从长期可能出现的公共悲剧的结果来看，煤矿企业的发展需要矿区农民的支持和帮助，而煤矿企业要想得到矿区农民的支持和帮助，就必须采取集体行动，改变现存的规则，主动放弃部分既得利益为矿区农民的损失作出合理补偿。

由此可见，如果煤矿企业长期关注自己的利益最大化，而忽视煤矿开采给矿区农村和农民造成的损失和危害，当矿区农民无法容忍煤矿企业给自己造成的损失时，就会采取集体行动，对煤矿企业进行彻底清算，导致企业利益受损甚至破产。而且，因资源开采而暴富起来的煤矿经营者不仅没有发挥先富带后富的责任，反而利用不正当手段谋取财富，加大了矿区农村的地质灾害和矿区农民的贫困，可以说，资源开采造成的贫富差距已经不是正常的发展过程中的问题，而是富人不正当的行为造成的。所以，煤矿企业的发展不仅需要市场经济，而且还需要矿区农民的支持，需要得到社会的认可和尊重。煤矿企业为了避免由于矿区农民的抵抗而导致的失败，就需要采取一致行动，主动放弃部分既得利益，回报矿区农民。但是，由于煤矿经营者素质的不同，有的煤矿经营者会出于长远的考虑，出于社会道德和责任的要求，主动放弃部分利益用于弥补矿区农村和农民的损失。但更多的煤企并不会自觉将自己的部分财富转移到矿区农村和农民手中，由此导致煤企的集体行动无法形成。为了达成煤企集体回报矿区农民的一致行动，就需要在煤企之间建立协商机制，通过谈判制定行业规则，规范煤企行为，形成煤企回报社会的集体行动。但在产权不明确的现实情况下，煤企之间缺乏约束和牵制，也没有平等的参与权和话语权，主要依靠财富多少和煤矿大小说话，多数煤企出于对自己利益的担心而不会考虑与其他企业的合作。所以，煤企必须借助外力形成回报矿区农村和农民的集体行动，而在煤企内部陷入僵滞状态的背景下，这种外力就是超越财富的政府强制力。

2. 政府治理的需求

按照经济学理论，理性经济人的行为都是追求自身利益最大化，追求自身利益是人类行为的根本动因。正是在这个意义上，马克思认为，人的一切努力都与自身的利益有关[1]。但个人只有在集体或社会中才能得到发展，利益才能得以实现，公共政策因此成为实现利益的手段之一。[2] 如果没有公共政策激励或约束个人行为，每个人追求自身利益最大化的行为就必然对他人利益造成损害。

对于煤企长期追求企业利益最大化给矿区农村和农民造成的严重损失来说，一方面，煤企造成的负外部性需要政府干预来纠正，而政府需要在理论上满足四个条件，才能采取有效的干预措施：一是政府对相关因素有充分了解；二是政府必须按照公共利益行事，其目标是实现社会利益最大化；三是所有企业都清楚政府行为，而且能够以理性的方式作出回应；四是政府与企业之间不存在交易成本。[3] 然而，中国地方政府在煤矿资源管理中，不是按照公共利益行事，而是从地方短期利益和官员个人利益出发，通过权钱交易和权力寻租与煤企形成利益共同体，形成了官煤勾结的态势。地方政府不仅不干预煤企对矿区农村和农民的损害，而且为煤企违法行为作庇护，导致煤企的负外部影响不断加剧，矿区农村和农民的损失不断加大。另一方面，煤企也需要借助地方政府的外在力量，在企业内部形成主动放弃部分既得利益回报矿区农村和农民的集体行动，以争取矿区

① 《马克思恩格斯全集》第 1 卷，人民出版社 1995 年版，第 187 页。

② He J1. The Foreign Direct Investment (FDI) and Air Pollution in China: The Case of SO₂ Concentration in Chinese Cities. Hong Kong Better Air Quality in Asian and Pacific Rim Cites Conference, 2002.

③ edourdo croci. The handbook of environmental voluntary agreements – design , implementation and evaluation issues. Springer . 2005.

农民支持至少不阻碍企业发展。再加上许多煤企经营者有荣誉性的政治身份，如党代表、人大代表、政协委员、劳动模范等，还有对煤企经营者有实质性的政治身份，如领导干部或党政机关工作人员、村党支部书记、村委会主任等，煤企经营者拥有的政治身份和政治地位，会导致大量的矿村矿民矛盾演变为党群、干群矛盾，这些矛盾的转化必然影响社会稳定和地方治理。

资源型地区悬殊的贫富分化主要由政府职能的缺位或越位造成，一是煤矿承包利润过低，政府没有按照市场规律及时调整煤矿资源的税率，致使集体资源转变为矿主的个人资本。二是国家对煤矿资源的管理和使用没有科学规划和有效监督，造成经营者为追求利益最大化违法开采，获取超额利润。三是煤企通过资源开采获取高额利润，由此带来的负外部成本却由矿区农民承担。而且煤企在雇佣劳动中对外地人的偏好，使矿区农民失去了就近就业的机会。四是煤企偷税漏税使大量的税金变为经营者私人资本，财富分配严重不公，导致地方经济和社会事业发展资金严重缺乏，公共产品和公共服务供给严重不足。资源型地区贫富分化的加剧，最终导致地方治理陷入困境。

由此可见，政府治理的行为选择与煤企发展有共同之处，也取决于矿区农民的态度。当矿区农民的生存危机和利益损失到了难以承受的程度时，就会采取上访甚至暴力抵抗的方式，导致矿区治理陷入瘫痪。从短期利益目标来看，地方政府及其官员会选择地方利益和官员个人利益与煤企形成利益共同体，将煤矿开采的负外部成本都转嫁给矿区农民。但当矿区农民采取集体行动抵抗煤企和地方政府时，就会造成企业停产甚至破产和地方治理陷入困境甚至瘫痪。据统计，2007年1月至2009年9月，吕梁市涉及煤矿的46起群体上访中，因地质灾害造成的上访就有27起，占58.6%。所以，从地方政府的长期利益目标来看，它们最重视的不只是一时的经济效益和个人收入，而是地方经济社会的发展和官员权力的增强。当因煤矿开采引发的矿村矛盾和农民上访影响到社会稳定与发展时，政府就必然会采取有力措施，为煤矿开采的外部成本内部化提供制度保障和法律保障，确保农民利益不受损失，尽最大努力满足农民的利益诉求。

从地方治理的需求来看，悬殊的贫富差距还是地方政府治理的巨大阻力。一方面煤企长期的掠夺式开采和粗放式经营所造成的地质灾害和生态破坏及其由此引发的农民上访活动加大了地方政府的治理成本，另一方面资源财富过度集中到个别人手中又大大减少了地方政府治理的资金来源。地方政府无论作为制度的供给主体，还是地方经济社会发展的责任主体，都必须积极破解治理困局。在这种情况下，地方政府必须选择与矿区农民结为利益共同体，要求煤企拿出部分既得利益回报矿区农村和农民。再从企业发展的角度来看，煤企也特别需要政府出面为其搭建一个平台，在政府外力的推动下，在煤企内部形成一个有利于发展的集体行动。在这一背景下，企业和地方政府合谋获利的状态必然被打破，进而形成政企合作对矿区农民的损失做出适当补偿的策略选择，一个政府主导、企业主体的"以煤补农"机制应运而生，这个机制既是企业扭转不利局面获取收益的最佳策略选择，也是政府调整利益分配结构、提升社会福利水平、实现地方良好治理的策略选择。山西各级地方政府不同形式的"以煤补农"策略就是在这一背景下形成的。

3. 中央"统筹城乡"发展的政策背景

按照马克思主义的城乡关系理论，"某一民族内部的分工，首先引起工商业劳动和农业劳动的分离，从而也引起城乡的分离和城乡利益的对立"[1]。随着生产力发展和社会进步，城乡分离会造成城乡差距，当城乡差距到了阻碍生产力发展的程度时，"消灭这种对立日益成为工业生产和农业生产的实际要求"[2]。中国是一个以农民为主体的农业大国，"中国的经济必须要照顾到农业……，农业不前进，一定要拖工业的后腿"[3]。中国的发展必须首先把占人口绝大多数的农民安置好，工业的发展，商业的和其他的经济活动，不能建立在农村人口贫困的基础之上[4]。改革开放以来，我国综合国力的快速增长推动了社会主义现代化进程，但城乡二元结构造成的城乡差距却逐步拉大，农村基础设施仍然很差，农民收入水平和农业生产力水平仍然很低。尤其是进入 21 世纪后，巨大的城乡差异严重阻碍了我国生产力发展，缩小城乡差距、消灭城乡对立迫在眉睫。由此，

①　《马克思恩格斯全集》，第 1 卷，人民出版社 1995 年版，第 68 页。

②　《马克思恩格斯全集》第 3 卷，人民出版社 1995 年版，第 215 页。

③　中共中央文献研究室编：《邓小平年谱》，中央文献出版社 2004 年版，第 514 页。

④　《邓小平文选》第 3 卷，人民出版社 1993 年版，第 117 页。

党的十六大明确提出"统筹城乡经济社会发展"的战略任务①，十六届三中全会正式提出"统筹城乡"的思想②，十六届四中全会宣布我国已经进入"以工补农、以城带乡"的发展阶段，要求把"以工补农、以城带乡"作为统筹城乡的具体手段③。

中央统筹城乡的战略要求，落实到资源型地区的具体实践中，就是开展"以煤补农"活动，倡导富起来的煤企投资、兴办非煤产业和社会公益事业，加快城乡一体化步伐。同时，通过开展"以煤补农"活动，引导煤矿经营者以兴办非煤产业和公益事业的方式回报家乡、奉献社会，以此达到调整产业结构、增加农民收入渠道、缩小贫富差距、构建和谐社会的目的。并通过"以煤补农"活动激发煤矿老板的社会责任感，培养煤矿老板的公共意识和公益精神，实现煤企与矿区农民的和谐相处，进而为煤企经营创造良好的社会环境。这一活动还可以使煤企以一种非常体面的方式纠正错误或弥补失误，为煤矿开采给农民造成的损失作出补偿，因而能够得到煤企的积极响应和大力支持。

（二）山西省"以煤补农"政策的出台及其实施

从以上分析我们可以看出，煤矿资源开采造成的生态破坏和地质灾害已经严重破坏了矿区农民的生存环境和生产生活条件，煤炭经营收入分配的严重不公使贫富分化日益加剧，使贫富差距日益拉大，宏观调控和市场发展使煤矿经营者占有了大量社会资本，突出的社会矛盾使改革发展稳定面临新的挑战，经济增长迅速与经济结构单一、经济发展缓慢、农民增收困难的矛盾提出了新的课题，煤炭企业的扩大再生产与农业的简单再生产，煤炭产量增加、价格飞涨与粮食产量减少与价格徘徊，煤炭收入在GDP中所占比重的增加与农业收入在GDP中所占比重的减少，资源主导型经济占主体地位与现代化的经济形势已成为毋庸置疑的客观现实④，矿

①　江泽民：《全面建设小康社会，开创中国特色社会主义事业新局面》，《人民日报》2002年11月18日。

②　中共十七届三中全会通过的《中共中央关于推进农村改革发展若干重大问题的决定》。

③　中共十六届四中全会通过的《中共中央关于加强党的执政能力建设的决定》。

④　张效彪：《推进科学发展　构建和谐社会的有益探索：对山西省乡宁县开展"一矿一业一事"活动的几点思考》，《中国区域经济》2005年第10期。

区农民面临着严重的生存危机。按照詹姆斯·斯科特的生存伦理要求，支配小农经济行为的主导动机原则就是"安全第一"和"极力避免风险"，以及"在同一共同体中，尊重人人都有维持生计的基本权利和道德观念"。①"生存伦理就是根植于农民社会的经济实践和社会交易之中的道德原则和生存权利"②，当矿区农民的生存出现危机时，就会采取集体维权行动，他们的集体行动逻辑是："你不让我生存，我就不让你发展。"

对于煤企来说，多数煤矿经营者都承认良好的社会环境对煤企发展的重要作用，也特别需要得到社会的认可和尊重，他们不会为富不仁，常常会通过修田造地、修路架桥、救济贫困、兴办教育、增加公共福利等方式，积德行善回报家乡。也有的煤矿经营者想做但找不到平台和途径，特别需要政府的引导和支持。这就需要地方政府采取措施，将煤企零星的个体行善行为变为煤企整体的集体行为。在这一背景下，矿区乡村治理走出困境的关键是政府主导的资源财富再分配，使煤企主动放弃部分既得利益，并借助政府推动力在煤企之间形成回报社会的集体行动。

而且，中国资源型地区悬殊的贫富差距是改革开放与经济发展的必然结果。一方面，资源型农村从共同贫穷的时代到共同富裕的时代必然要经过一个贫富分化的过程，因为财富不可能一夜之间从天上掉下来，只能是逐渐积累并增长起来的，这一过程必然要注重鼓励财富的创造并让一部分人先富起来；另一方面，以效率为准则的市场经济体制是促进经济发展的基础力量，而市场经济体制必然导致一些生产要素禀赋差的个体无法分享经济发展成果，甚至陷入贫困。再加上中国选择的是一条渐进改革发展的道路，不同地区改革开放进程不同，不同群体获得的政策支持也有差异，从而带来的发展机会也就不一样。但资源型地区先富起来的人不仅没有发挥先富带后富的作用，反而利用不正当手段谋取财富，加大了普通群众的贫困，可以说，资源型地区的贫富差距已经不是正常的发展过程中的问题，而是富人不正当的行为造成的。所以，需要采取措施让煤矿企业主动放弃一部分既得利益，使得矿区农民也能够享受资源开采带来的公共福

---

① 詹姆斯·斯科特：《农民的道义经济学：东南亚的反叛与生存》，译林出版社 2001 年版，第 226 页；黄宗智：《华北的小农经济与社会变迁》，中华书局 2000 年版，第 4 页。

② 詹姆斯·斯科特：《农民的道义经济学：东南亚的反叛与生存》，译林出版社 2001 年版，第 8 页。

利，煤矿企业也有责任主动投资矿区农村的建设与发展。

同时，政府治理的良善不仅在于经济发展和政治清明，还在于社会文明程度和文化建设状况，而文明程度的高低关键在于社会发展过程中人生价值的体现。在市场经济中，人生价值的体现不仅要以会不会赚钱、如何赚钱和赚钱多少来衡量，还要以是否会花钱、花钱做什么、怎么花钱来衡量。有的人奢侈挥霍，甚至赌博、吸毒、嫖娼，不仅害了自己和家人，而且祸害了一方社会。有的人善于做公益，不仅用钱成就自己，而且造福社会。在资源型地区，很多暴富起来的人文化程度低，他们的财富靠资源而不是通过劳动和能力获取，因而也没有能力正确使用巨额资金，不懂得如何赢得社会的认可和尊重。政府的责任就是引导富人树立正确的人生观和价值观，帮助富人增强社会责任感和使命感，只有这样才会使暴富起来的人有正确的消费观。资源型地区出现的贫富分化以及由此引发的社会问题，都与政府职能不到位密切相关。所以，"以煤补农"是政府解决问题的策略选择。

2006 年，山西省委、省政府针对资源型县域贫富差距拉大、社会矛盾激化以及由此导致的政府治理瘫痪、企业生产停滞的现实状况，要求利用本省的煤炭资源优势，建立"以煤补农"的政策机制，鼓励煤炭企业支持和参与所在地区的新农村建设，倡导在全省范围内开展"一矿帮一村、建设新农村"活动，鼓励煤矿经营者主动拿出部分资源利益兴办农村公益事业和兴建非煤产业，提高矿区农民的公共福利。[①] 各资源型市县纷纷响应省委、省政府的号召，建立"政府主导、企业主体"的"以煤补农"机制，采取"一矿一村""一矿一业""一矿一事"等措施，资源企业或出资修路，或出资办学，或出资兴建农业产业化龙头企业，帮助矿区农民和农村发展非煤主导产业和公益事业，提高矿区农村的公共福利，增加矿区农民的经济收入。

吕梁市是山西省煤矿资源最丰富的地区之一，煤矿开采造成的地质灾害、生态环境破坏、物价飞涨和贫富分化，给当地居民的生存与发展带来了严重的阻碍，因煤矿开采引发的矛盾和纠纷也最为严重。为了化解因煤矿开采引发的社会矛盾，吕梁市倡议开展"劝富济贫"活动，该活动被

① 蓝讯：《山西拟建立"以煤补农"政策机制》，《中国改革报》2006 年 3 月 5 日第 1 版。

概括为"一企一事一业"，具体做法：各煤企按税前利润的 15% 或吨煤 30 元，投入一项社会公益事业（一事），或创办一个有利于带动农民增收的非煤产业（一业）。要求每个煤企帮助一个贫困村庄脱贫致富，后来又将这一活动向纵深推进，开展"一矿绿一山"活动，要求每座煤矿无偿绿化一座荒山。这一活动开展不到一年的时间，全市就有 500 家煤企参与造林绿化活动，总投资达到 5000 多万元，共造林 10 万余亩。从活动发动至今，全市煤企筹集 360 亿元，其中 63 亿元用于发展公益事业，近 300 亿元用于兴办非煤产业。该活动在一定程度上缓解了矿村矿民矛盾，矿区农民从中找到了些许的心理平衡，煤矿经营者也在一定程度上得到了社会的认同和尊重。

　　临汾市在开展这一活动中，积极开展煤企帮助矿区农村发展的帮扶活动，并且不断创新帮扶办法，取得了显著效益。如临汾市古县从 2003 年开始，实施以"绿化一座山、修好一条路、帮扶一个村"为主题的"三个一"工程，要求各煤企在县城周围绿化一座山头，保绿化、保成活；要求各煤企负责一条矿区道路或乡村道路，保畅通、保拓宽、保改造；要求各煤企发展一个第三产业，安排矿区农民就业，增加矿区农民收入。临汾市乡宁县从 2004 年开始，开展"一矿一业一事"活动，倡导各煤企利用每吨煤 30 元的资金，兴办本县的非煤主导产业和公益事业，到 2008 年，全县 114 个煤企共投资 15.3 亿元，发展惠农扶农项目 641 项，极大地改善了生态环境和生产生活条件，增加了农民收入。临汾市蒲县从 2006 年初开始，开展"百家企业办实事"活动，要求每个煤企帮扶一个村庄，总共使全县煤企拿出了 2800 多万元的资金，用于兴办农村公益事业。

（三）乡宁县"一矿一业一事"活动的实施

　　乡宁县煤矿资源丰富，是全国三大优质主焦煤基地之一，全县国土面积 2029 平方公里，煤田面积就达 1600 平方公里，占全县国土面积的 78%，有"煤炭之乡"之称。长期的煤矿开采对矿区农民的生产生活条件造成了严重破坏，形成了山体采空、植被毁坏、生态破坏、环境污染、地面塌陷、建筑物和道路被毁、水土流失、水位下降、土地退化等地质灾害，生态环境被严重破坏，资源富饶的农村地区由此陷入生存危机。而且，资源开采造成了严重的贫富分化，煤企从煤矿经营中获取巨额利润，却拒绝承担因此发生的负外部成本，并由此形成拥有大量资本的煤老板群体。据 2004 年统计，乡宁县 114 个煤矿老板的资产全部在 1000 万元以上，其中 5000 万元以上的占一半以上。他们的总资产约在 100 亿元，年收入超过全县 23 万人的总和。[①] 而矿区农民却由于煤矿开采失去了最基本的生存环境和生产生活条件，看不起病、上不起学、盖不起房的现象非常普遍。煤矿经营者的财富获取建立在损害矿区农民利益的基础之上，吃的是子孙饭，断的是子孙路，所以，政府有责任让他们拿出一部分利益投资非煤产业和公益事业，为矿区农民的生存与发展寻找出路。

1. 以城乡一体化和农业现代化为目标的"以煤补农"方案设计

县委县政府根据本县经济社会发展和市场经济发展的需求，以城乡一体化和农业现代化为目标，全面规划适合本县经济发展的非煤产业和公益事业，号召煤企站在讲政治、讲大局、讲奉献的高度，承担社会责任，兴办光彩事业，回报人民群众。倡导县内各煤企从 2004 年起，创办或联办一个促进农民增收的非煤产业，兴办一项农民群众最渴望的社会公益事业，采取以工补农、以煤强农、以矿扶农的方式，形成以工业化富裕农民、以产业化发展农业、以城镇化繁荣农村的农业现代化格局，重点在于缩小贫富差距、化解社会矛盾、解决"三农"问题，推进全县产业结构调整、基础设施建设和社会公益事业的全面协调可持续发展，使矿区农民共享资源财富带来的公共福利。

农业产业化设计。乡宁县农业人口占总人口 80%，农业产值占 GDP 却不足 10%。为了改变这一现状，乡宁县以资源优势确立农业发展的方向和任务，倡导煤企为农业规模化和产业化提供现代技术装备和资金支持。在产业项目的设计上，注重有利于当地经济发展和生态环境平衡的种植业和养殖业，尤其关注有利于农民增收和农村劳动力转移的区域产业基地和龙头企业，设计了 251 产业工程："2"是加快建设 2 个区域产业基地，西部以枣岭为中心的果椒基地和东部以管头为中心的牛羊基地；"5"是重点扶植 5 大龙头产业，即惠民奶制品生产线、高天牧业肉制品生产线、绿苑果蔬加工气调库及一体化生产线、琪尔康翅果油生产线及胶囊包

---

① 孙春龙：《政府与老板的"劝富济贫"实验》，《瞭望东方周刊》2006 年第 2 期。

装线、盛宝王公司优种羊及特种野猪繁育基地，实行"种养加、产供销、农工商"一条龙综合经营；"1"是围绕畜牧、果椒、奶业、蔬菜、杂粮等特色农业建设 10 个专业协会，积极推进农业产业化。以上项目设计追求科技含量和社会效益，有利于增加农民收入和企业利润，有利于生态环境和县域经济社会可持续发展。

农村城镇化设计。针对生态环境严重恶化、基础设施严重受损和农业资源严重紧缺的现状，县委县政府在公益事业项目设计上特别注重解决农民的生产和生活困难，注重从整体上推进农村城镇化进程，从根本上提高农民生活水平和生活质量。在城镇建设上，坚持规划先行，建管并重，重点抓好县城的基础设施建设、居民住宅楼建设和公共服务设施建设，为农民移居县城提供条件。加强交通主干线上的城镇建设，力图把这些城镇建设成全省山区一流小城镇。在公路建设上，贯通乡镇之间的循环路，实施村村通工程，搭建县乡村交通网络。在生态环境建设上，实施蓝天碧水工程，加大矿区环境治理，大搞村镇绿化、通道绿化和荒山绿化。在新农村建设上，坚持"规划先行、功能配套、典型示范、整体推进"的原则，重点建设 50 个高标准的示范新农村，逐步实现农村新型化。

农民现代化设计。培养高素质农民是实现农业现代化的决定性因素，农民现代化是农业现代化的前提。农民现代化是把传统农民变为现代农民的过程，主要包括农民生产生活方式的现代化和价值观念的现代化。乡宁县针对本县农民素质和农村文明程度不高的现状，在"一事"项目设计上注重文化教育事业和乡风文明建设，主要包括：（1）加强农村九年义务教育，对农村学校进行硬件建设和软件建设，从根本上提高教学水平和教育质量；（2）发展农村职业教育和成人教育，培育农村科技带头人，加强农民技术培训，加速开发人力资源，尽快使农民转变为产业工人；（3）加强乡风文明建设，开辟多种农村文化阵地，开展各种文明创建活动，培育农村新风尚，并通过文化教育、技术培训与文明建设的结合，实现农民的全面发展。并通过以上活动使煤企承担起资源型地区传播现代文明、培养现代农民的社会责任，成为推进农村城镇化、农民现代化的重要力量。

2. 建立政府主导的"以煤补农"政策实施机制

为了确保"一矿一业一事"活动的顺利开展，乡宁县成立以县长为组长、分管副县长为副组长、相关职能部门领导为成员的领导组，领导组下设协调工作办公室，具体负责"一矿一业一事"活动的方案制定、组织实施、落实领导组交办的相关事宜、协调相关问题、组织相关部门对煤矿投资的项目进行全面考核。县政府各职能部门要对该活动创造良好的外部环境，及时审批、办理有关手续，为煤企从事的各项活动排忧解难，县人大委员会每年要听取县人民政府关于"一矿一业一事"活动和重点工程建设项目的情况汇报。县领导组下设乡镇一级的领导组，由乡镇长任组长，全面负责本乡镇的"一矿一业一事"活动，组织本乡镇的煤企在认真考察和科学论证的基础上，按照国家产业政策和环保政策的要求选准项目，制订本乡镇的项目计划和实施方案，有针对性地解决本乡镇比较突出的"三农"问题。

煤企采取自主联合、跨乡镇联合、股份合作等形式实施项目，投资根据煤矿生产规模按照每销售一吨煤不少于30元的标准，其中15元用于兴办一个非煤产业（一业），15元用于兴办一项社会公益事业（一事）。"一业"包括种植业、养殖业、加工业和服务业等方面科技含量高、社会效益好的发展项目，有利于转移农村劳动力，增加农民收入，主要解决产业调整和农民增收的问题。"一事"包括交通、饮水、教育、文化体育、医疗卫生、生态环境、电视电话、小城镇建设、移民新村建设等方面的社会公益事业，有利于改善农村基础设施和农业生产条件，主要解决农民生产和生活中的实际困难。

乡镇一级实行目标责任制，县领导组与各乡镇签订工业经济工作目标责任书，将各乡镇"一矿一业一事"活动的项目、投资、进度计划、完成时间等主要内容列入考核范围，年终根据年度工业经济考核奖励办法评定的考核结果对前三名进行奖励。县领导组对煤企投资的"一业"和"一事"项目制定了专门的考核目标、考核计分办法和奖励办法，其中"一业"考核主要以煤矿投资规模、项目质量和投产达效时间为主，根据煤矿确定的投产规模和进度计划进行年终考核，对超投资规模、超计划进度、提前投产达效的煤矿要实行考核奖分制，对没有完成计划的煤矿按完成率考核；"一事"考核主要以投资规模和完成时间进行年度考核，若投资规模大、工程量大，一年内不能完成，可按项目进度计划和投资完成情况进行考核，对超额完成的实行奖分制考核。县政府要根据考核结果，给达到年度计划要求或按时竣工投产的企业法人代表颁发"兴办光彩事业奉献奖";对有突出贡献的煤企主要组织一定规模的"赠匾"仪式,并颁发"建设全省十强县特殊贡献奖"。对于一些重大工程项目,结项时都必须接受有资质单位的审计和验收,对于出现工程质量和违反财经纪律的行为,县纪检监察部门必须追究当事人和责任人的责任。情节严重的,要提请检察机关依法查处。

3."一矿一业一事"活动的实践

(1)政府以宣传教育和政策创新引导

煤企主导的农业现代化模式能否成功,关键在于地方政府的引导。乡宁县县委、县政府引导煤矿企业靠政策、靠组织、靠舆论、靠宣传、靠表彰等手段,倡导全县煤矿企业主增强回报家乡、回报社会的意识,以更大的热情、更新的观念和更多的财力,多行义举,多做善事,积极投身到"一矿一业一事"活动中,树立煤炭企业家良好形象,为加快建设全省山区十强县、构建和谐乡宁作出新的贡献。

乡宁县"以煤补农"政策出台后,为了引导煤矿企业积极投资一事一业项目,乡宁县电视台开设专门频道,宣传"一矿一业一事"活动,号召煤企站在讲政治、讲大局、讲奉献的高度,承担社会责任,回报乡宁人民,通过新闻媒体的宣传调动煤企的积极性。并要求每个煤矿老板通过电视节目面向全县人民表态,通过媒体宣传在全县范围内引起强大的舆论支持,因为"乡亲们的口水就是强大的武器","大家都捐,你不捐不好看"。这样,社会责任感强的煤矿经营者积极踊跃参与政府倡导的"一事一业"活动,责任感稍差的煤矿经营者就跟着参加。乡宁县党委政府就是采取这样的手段,激发起所有煤矿企业经营者积极性,引导他们把扩大生产的资金投入到实现广大人民群众根本利益的项目上来,迅速掀起"一矿一业一事"活动的热潮。通过媒体大力宣传煤企家投资农业产业、兴办公益事业的模范事迹,并组织经常性的专题报告会和观摩交流会,表彰在"一矿一事一业"活动中涌现出来的先进典型,以鼓励煤矿企业多做善事、多行义举,树立良好社会形象,赢得社会尊重。这种宣传方式取得了非常好的宣传效果,煤矿老板都争先恐后参加该活动,不仅要走在别人前面,还要比别人出的钱多、干的事大。

在宣传教育的同时,县委县政府还通过政策创新和利益驱动,激发煤企投资"一业"和"一事"项目的积极性和主动性。对于煤企投资的农业产业，坚持"政府引导、自愿联合、出资者所有、市场化运作"的原则，政府要为其提供政策支持和信息服务，引导和鼓励企业延伸产业链，多办龙头产业，有条件的企业要建设示范生态工业园区，推动区域经济循环发展，为县域经济发展积聚后劲和活力；对于煤矿企业难以独立投资的新型产业，政府要支持并帮助煤企联合进行股份制投资，保证产业产权为投资者所有，按照现代企业制度实行市场化运作。对于煤企投资的公益事业，采取"坚持自愿、搞好协调"的原则，出资项目由出资者挑选，并与乡镇政府协商，钱并不经过政府之手，实施项目的工程队也由捐资者决定，县政府不插手这些工程；对于煤企投资的全县性的重点工程，要坚持"统一筹集、科学立项、政府组织、严格审计、社会监督"的原则，把全县补欠工程、环保工程和社会主义新农村建设作为确定项目和资金投入的主要方向，继续以修路、引水、建校、通电、治理环境污染、改善基础设施等公益事业为重点，大力发展扶农支农项目，不断改善农村生产生活条件，提高县域人民的生活质量，使煤企的投资真正在推动农村城镇化、农民现代化中发挥作用，进而使广大农民能够感受到煤企的恩泽，自觉支持煤企发展。

从乡宁县这一政策创新中我们可以看出，煤企处于"一矿一业一事"活动的主导地位，能够在投资矿区农村农业现代化的建设中得到利益和荣誉，实现企业价值，受到社会尊重，而政府在"一矿一业一事"活动中始终扮演着是引导、组织、服务的角色，充分体现了"谁投资、谁受益、谁光荣"的社会公正。

（2）煤企以最大努力和最高标准实践

乡宁县县委、县政府的努力，从根本上激发了煤企从事"一业一事"活动的积极性，煤企主动放弃部分既得利益，并借助政府推动力在煤企之间形成回报社会的集体行动，向全县人民发布了《乡宁县煤炭企业家联合宣言》："鄂（乡宁县古称）邑大地，神采飞扬，我们生长在这一片沃土，我们的财富来自这片土地，我们是乡宁县23万儿女的幸运者。致富思源，富而思进，奉献社会，回报家乡，我们愿积极投身'一矿一业一事'活动，为社会主义新农村建设服务，为构建和谐乡宁做贡献。"从2004年"一矿一业一事"活动开始到2008年煤企兼并重组的五年期间，乡宁县 114 个煤企先后投资 15.3 亿元，落实惠农扶农项目 64 个，有力推进了乡宁县的农业现代化进程。

在农业产业项目的投资中，煤企先后投资 4.67 亿元发展涉农产业，在种植业、养殖业、加工业、旅游业和高新技术产业等方面实现了农业产业化的重大突破。煤企紧紧围绕县政府设计的五大龙头产业进行投资，规模较小的煤矿在政府的帮助下自愿结合，采取股份制形式投资，逐步建成了万亩核桃林、万亩翅油果林、万亩葡萄园和万家畜牧养殖户等农业规模产业，充分利用先进的农业技术和优良品种，形成了适合县域特点的农业产业结构，加快了农业现代化进程。煤企在农业产业的经营中，以农户为基础，以市场为导向，以系列化服务为手段，实行"种养加、产供销、农工商"的一条龙综合经营，形成集经济效益、社会效益和生态效益为一体的农业产业。以山西永昌源集团投资建设的山西戎子酒庄有限公司为例：

在管理模式上，采取"公司＋农户"的管理模式和"村企联动"的生产方式，建设万亩葡萄种植基地，并把该基地的 6 个村委、21 个自然村的上千个农户组织起来，免费为他们提供葡萄架材、苗木、技术和灌溉等服务，免费对农民进行技术培训，还派专业的技术人员到田间地头对农民进行现场指导，极大地调动了农民种植葡萄的积极性。

在技术应用上，自觉将农业产业发展融入国际市场竞争中，采用国际先进技术发展葡萄种植业和酿酒业。为了了解国外企业发展现状和产业状况，公司领导带领技术人员先后赴美国、加拿大、日本等国家考察，引进专用优质酿酒葡萄种苗，组织农民种植。还从意大利、法国、美国等发达国家引进设备，形成集收购、压榨、发酵、勾兑、储藏、灌装为一体的葡萄酒生产线。

在产业发展上，利用高档葡萄酒生产线，发展戎子生态园、农业观光园、精品采撷园等葡萄酒文化旅游观光项目，将各类葡萄名品荟萃一园，成为游人观赏、品尝、亲自体验的休闲娱乐场所，直接推动饮食、服务、旅游等相关产业发展，加快了产业结构调整，实现了第一、第二、第三产业发展的飞跃。同时，利用葡萄园发展循环经济，指导农户在葡萄苗行间间作苜蓿，用葡萄叶、酿酒下脚料和苜蓿作为饲料发展养猪业，建了养猪厂和猪肉加工厂，猪粪用于种植葡萄的肥料。整个产业链为社会增加了

1300 个就业岗位，使 3700 余户农民从中受益，该项目已被山西省政府列入全省农业产业化"5·13"重点工程项目。

在社会公益事业方面，煤企先后投资 10.6 亿元，建设小城镇，培养现代农民。在农村城镇化方面，先后投资 3.07 亿元，新建和扩宽改造乡村公路 128 条共 659.8 公里，其中油路 64 条共 310.2 公里，解决了 98 个村委 439 个自然村的行路难问题；投资 5484 万元，新建引水工程 50 处，解决了 5 个乡镇 76 个村委 281 个自然村 5.3 万口人的吃水难问题；投资 1.84 亿元，完成了小城镇公益事业项目 75 项，实现了小城镇建设的新跨越；投资 1.59 亿元，改造旧村 68 个，新建移民村 35 个和花园小区 9 个，全面加快新农村建设步伐。在培养现代农民方面，先后投资 1.96 亿元，新建和改扩建农村中小学 116 所，全部实现寄宿制，解决农村万余名学生的上学难问题；投资 1.4 亿元，新建农村文化活动中心 40 个，安装程控电话和有线电视 9100 户，贫困救济、大病救助和捐资助学达 9300 余人，极大地发展了农村公益事业。此外，煤企还在农业产业化建设中对农民进行了大量的技术培训和职业培训，帮助农民顺利转型，实现了企业发展与社会发展的和谐。

总之，自 2004 年至 2008 年，乡宁县开展的"一矿一业一事"活动取得了显著成效。全县 100 多个煤矿企业全部参与到该项活动中，总投资达到 15.3 亿元，共落实"一事"和"一业"项目 399 个，其中"一业"项目 64 个，"一事"项目 335 个。"一业"项目主要包括在农民最关心的林业、水利、种植业、养殖业、农产品加工转化、营销、商贸流通、加工业、第三产业等方面科技含量高、社会效益好的发展项目；"一事"项目主要包括交通、教育、饮水、卫生、电视电话、文化体育、新农村建设、小城镇建设等方面的内容，帮助群众解决生产、生活的热点、难点问题，让广大人民群众真正得到实惠，通过"一事"活动的开展，使乡宁县部分农村存在的吃水难、行路难、用电难、通信难、上学难、就医难等问题得到初步解决，群众称赞"一矿一业一事"活动是真正的富民工程。通过"一矿一业一事"活动扎实推进，在全县实现"八个突破"：一是产业结构实现新突破。非煤产业不断发展壮大，煤矿先后投资 4 亿多元发展"一业"项目 64 个，为农民致富就业创造条件。二是乡村油路建设突破"百公里"。煤矿先后共投资 1.5 亿元，新建和拓宽改造乡村公路 69 条共

452 公里解决了 74 个村委 306 个自然村 6 万余人的交通困难问题。三是农村教育教学突飞猛进。煤矿先后投资 1.4 亿元，新建和改扩建农村中小学 83 所，全部实现寄宿制，解决了农村万余名学生就学和住宿困难问题。四是人畜吃水工程建设。煤矿先后投资 2800 万元，新建饮提水工程 32 处，集中解决 36 个村委 119 个自然村 3.3 万多人口的吃水困难问题。五是农村电视电话实现突破性发展。煤矿先后投资 1600 万元，解决了 4 个乡镇 58 个村委 262 个自然村 2.5 万余人看电视难和通信难问题。六是农村文化体育建设实现重大突破。煤矿先后投资 4500 万元，新建农村文化活动中心、体育场和影剧院，同时开发旅游资源，修建森林公园，极大地丰富了农村业余文化生活。七是新农村建设实现零突破。煤矸石先后投资 6500 万元，新建移民新村 29 个，解决了 56 个自然村 1006 户村民的危房搬迁问题，使农民享受到城市居民般优雅舒适的居住环境。八是小城镇建设实现了新的跨越。许多乡镇拓宽了中心街道，修建中心广场、街心公园，绿化美化环境，完善配套设施，农民享受到了现代都市的生活环境，为农村经济的发展注入新的活力，从根本上改变了煤矿粗放经营的单一产业结构，扭转了该县资源枯竭、环境恶化的状况，保障了矿区农民就近就业和增加收入，有效缓解了因贫富分化造成的社会矛盾。而且山区发展的种植业、养殖业以及由此带动的高科技加工企业的发展，有利于矿区农村资源环境的可持续利用和保护，也有利于煤矿老板、矿区农民素质的迅速提高和科技成果的迅速推广。更重要的是，煤矿企业投资的社会公益事业的发展，使矿区农村水、电、路基础设施得到改善和教育、文化、卫生等设施条件得到提升，进而使矿区农民的生存方式、生产生活方式等都发生了极大的改变，能够像城里人一样享受改革开放和社会主义现代化建设的文明成果，在一定程度上推进了城乡一体化进程和农村城镇化进程。

（3）"内留外引"与农业现代化的可持续发展

2008 年，山西全省范围的煤矿重组整合，乡宁县 114 座煤矿被整合为 29 座，多数煤矿被大煤矿兼并重组，煤企主导的"一矿一业一事"活动也由此停止，但离开煤矿的煤企负责人都掌握大量资本。在这一背景下，乡宁县抓住时机制定《中共乡宁县委、乡宁县政府鼓励"内留外引"推动转型跨越发展的若干意见》，利用优惠的政策、优厚的条件和优越的环境，鼓励本县退出原煤生产领域的企业家把资金留在本县进行二次创业，同时吸引外地人才和资金在乡宁创业，以推进乡宁县的农业现代化进一步发展。

"内留外引"政策的优惠内容包括：一是用地优惠。凡投资兴办公益性项目、基础设施建设项目和国家产业政策指导目录中列举的项目，由国土资源部门实行土地划拨，用地手续由国土部门负责全程配合在最短时间内办理，对固定资产投资 1 亿元以上的企业优先安排用地指标。二是土地出让金返还优惠。对公益性项目、农产品加工项目和高新技术项目，从获利年度开始，县财政连续 5 年返还企业所得税地方留成部分，认定为省级以上高新技术项目的，除享受上述优惠外，自投产之日起，返还三年内增值税本县留成部分的 50%。三是贷款担保。县政府成立项目担保公司，本着"大项目、大支持"的原则，为非煤产业项目提供 10%—30% 不等的启动资金贷款担保，用以支持项目发展。四是特殊激励政策。鼓励高级技术创新人才在本县创业，对企业招录的核心技术和管理人才（每企业 1 名至 2 名）给予一定的工资补贴，对纳税、吸纳就业、结构调整、技术创新、品牌创建、环境保护等方面的优秀企业给予 1 万—20 万元不等的奖励。对于有基地且加工原料质量和数量有保障并能够发挥农产品加工龙头带动作用的农产品加工企业，要采取"一企一议""一企一策""一事一议"的办法给予特殊优惠。"内留外引"政策在"一矿一业一事"成果的基础上，进一步加快了乡宁县的农业现代化进程。

山西省自 2008 年进行资源重组以来，全省两万多座煤矿整合为一千多座，大量的煤矿企业主退出煤炭领域，他们手中掌握大量资本需要寻找新的投资渠道，山西省委省政府应该以山西全省转型跨越发展和国家综改试验区为契机，把煤矿企业家作为实现山西经济转型的主体力量，制定优惠政策为退出煤炭领域的企业家提供良好的投资环境。各县也应该借鉴乡宁县经验，根据本县的实际情况设计新型项目，及时引导企业家把资本留在当地，发展新型产业，为实现当地经济社会发展贡献力量。

然而，资源型地区在特殊时期采取的特殊行为并不具有法律的强制性和制度的可持续性，当矿区农村社会稳定后，企业又会按照以往的规则追求利益最大化，一些政府官员为了财政收入和个人利益又会进行权力寻租。例如，山西省新一轮的煤矿兼并重组对矿区农村和农民关注仍然不够，不仅没有解决以往因煤矿开采产生的矛盾，甚至导致原有矛盾激化，而且还因煤矿停产整顿在煤矿企业与地方政府、村集体、农民个体之间引发大量的新问题。所以，在新一轮的资源整合中，必须从完善产权制度入手，明确煤矿企业应该承担的社会责任和义务，通过合理补偿矿区农村和农民损失的方式，调整资源分配的利益格局，解决矿区农民的生产生活问题及其由此引发的矛盾纠纷。否则，煤矿企业的经营就不会得到矿区农民的支持，资源整合的结果仍然是一种"无发展的增长"。

四　产权改革与多元合作：资源型地区实现可持续发展的根本途径

按照科斯定理，一旦产权明确规定，而各利益相关者之间的联络、谈判、签约等的成本足够低，则无论将产权划归给谁，最终总能达到该资源的最优配置和使用。只有尽可能地明晰资源产权（包括占有权、使用权、收益权和处置权），并制定相应的政策法规，明确资源企业的责任和义务，才能避免"公地悲剧"的发生。如果没有产权制度的保障，资源经营者总是害怕政府一道命令资源就不会是自己的了，或者自己的煤矿就不是合法的了，所以他们就会不择手段地获取财富。同时，为了避免自己积攒下来的财产遭到不测，他们也会更加醉生梦死地挥霍财富。如果有了产权制度的保障，就会使资源经营者的责任意识和权利意识得到强化，自觉履行其社会责任，更加珍惜自己拥有的财富，具有富有远见的事业心，合理使用自己的财富兴办公益事业，造福一方社会，有效推进地方经济社会发展。

（一）建立合理的资源补偿机制

1. 资源产权收益应优先赋予资源赋存地的社区和居民

煤矿资源属于国家所有，即属于全体人民共同拥有的财富，矿区农民作为全体国民的重要组成部分，是煤矿资源不可缺少的受益主体。而且，不同的村落共同体有不同的资源禀赋和生存条件，也因此会具备不同的生活能力。在面临人类共同的生存问题时，不同的村落共同体应该有不同的解决办法，这就是中国人"靠山吃山靠水吃水、一方水土养一方人"的生存逻辑。所以，国家在进行煤矿资源开采的过程中，必须在决定煤矿开采之前，解决矿区农民的移民搬迁、居住、生活救助、就业安置等问题，至少要保障矿区农民的生活水平和生活质量不会因资源开采而下降。在煤矿开采之后，要及时解决矿区的地质灾害治理和生态恢复等问题。这一切都是煤矿开采必须支付的成本。

2. 资源产权收益应合理补偿资源赋存地居民的资源权益损失

煤矿属于不可再生的稀缺资源，是当代人及其后代共同拥有的财富，也是经济社会发展不可缺少的物质基础。而且，煤矿开采会产生很大的外部性，会造成巨大的地质灾害和生态破坏，不仅破坏资源赋存地人民生存必需的生态环境，而且还会因煤矿资源的不可再生性减少后代人的拥有量。所以，国家作为矿产资源的所有者，在根据国家现代化建设当前和长远需要进行矿产资源开发时，应优先考虑矿区居民的环境权和生存权，至少要为资源赋存地居民解决两大问题：一是必须因煤矿开采对当代人造成的生态环境破坏作出合理的横向补偿；二是必须因资源不可再生性对后代人的资源损失作出合理的纵向补偿。通过资源权益损失的合理补偿，使资源成为矿区农村与农民生存和发展的基础和依托。而要实现资源权益损失的合理补偿，就必须将矿区农民纳入产权安排中，使矿区农民规范参与到资源占有、使用和分配的全过程，并通过矿区农民的参与使资源产权安排朝着有利于矿区农民和农村的方向发生改变。同时，也要保证矿区农民最基本的政治、文化、社会等方面的利益不因其经济状况的改变而受到影响。

3. 资源产权收益要解决矿区失地农民的就业和发展问题

从资源开发引发的矛盾纠纷看，高额的征地补偿并不能满足失地农民的生存要求。因为土地是农民最基本的生产资料和生活保障，农民失去了土地就等于失去了赖以生存的基础，农民需要以土地换取稳定的职业和收入，不能接受失地又失业的社会现实。所以，煤矿开采不仅要解决失地农民的移民和居住问题，还要延伸煤炭产业链或投资非煤产业，为失地农民提供就业机会。同时，政府和企业要对失地农民进行职业技术培训和现代文化教育，为实现失地农民的身份转化和职业转变提供条件。而要做到这一点，就必须发挥村民自治的功能，由矿区农民通过自治组织直接与资源企业协商解决问题，进而使政府从资源管理者、经营者和执法者三位一体的利益关系中抽身出来，成为维护资源安全和保护生态环境的客观中立的监管者。

　　而要做好以上几个方面的工作，就必须在资源型企业内部建立行业协会，通过行业内部协商和行业自律，实现有利于资源型企业共同发展的集体行动，使所有的资源企业都能够主动放弃部分既得利益，自觉承担资源开采产生的负外部成本，对矿区农民的损失作出合理补偿，发挥资源对地方经济社会发展的正能量。

（二）建立便捷的村企合作机制

　　煤企要想获得矿区农民的支持，就必须树立回报矿区农村的理念，自觉担负起治理矿区地质灾害、修复矿区农村生态环境和帮助矿区农村脱贫致富的社会责任，主动放弃部分既得利益兴办公益事业，不断提高矿区农民的福利待遇。而要做到这一点，就需要建立稳定的村企合作机制，通过优势互补促进资源型企业和资源型农村的双赢。

　　1. 通过长远规划寻找村企发展的契合点

　　企业有资金、技术、信息、人才等优势，农村有土地、资源、劳动力等优势，村企合作就是村企双方相互寻找利益结合点，通过资源整合实现资源共享和利益共谋。一方面，通过实施村企合作使得村庄获得发展，村民的思维方式得以更新，基础设施和公共服务得到改善；另一方面，企业也要在村庄中拥有巨大的发展空间，能够在适合自己的村庄中充分挖掘各种丰富的特色资源，获得巨大的收益。

　　各个村庄在推行村企共建之前，要对村庄自身的发展阶段、具有的特色资源、发展过程中的阻碍因素等多方面有深入调查了解。并在深入调查的基础上，解决村庄发展需要在哪些方面与企业合作，采取什么样的方式与企业合作，建立什么样的合作机制等问题。同时，还应该预测村企合作可能给村庄发展带来的负面影响，并制定相应的解决办法。村企合作机制建立之后，要根据乡村发展和企业发展制定一个全面的长远的发展规划，实现两者之间的发展共融。最终使得乡村通过企业提供的资金、对村民思维方式的影响、对村中特色资源的开发，实现深层次的快速发展；而企业也能通过挖掘乡村的特色资源、为企业提供进一步发展优势，获得更大的发展空间，创造更多的经济利益。

　　2. 通过组织共建保持村企发展的一致性

　　村庄与企业存在发展上的共通之处，都能够通过优势互补实现自身的快速持续发展。同时也存在许多矛盾之处，企业在为乡村发展带来变化，尤其是促进农村经济发展之后，也使农村的生态环境和生产生活条件遭受破坏，邻里关系变得功利。同样，乡村在为企业发展提供更大的空间的同时，也让企业背上了乡村发展需要改善的公共基础设施、公共服务水平等负担。只有通过组织共建，保持乡村与企业发展的利益一致，共同商讨化解利益冲突。

党支部是基层组织进行行政、经济和文化宣传等工作的农村乡村改革和发展的基础和保障。同样，企业党支部是企业维系普通职工群众的一个桥梁，在企业发展中起着重要作用，企业党支部直接领导和参与企业生产的民主管理、民主决策，发挥基层党组织的战斗堡垒作用。通过党组织共建，创新党员管理模式，营造良好的党员交流平台。共同协商制定长远的发展规划和短期的发展计划，针对一些关系村庄与企业共同利害关系的问题进行讨论。党员作为代表了解普通员工和村民的利益诉求，通过共同的党员交流平台，共同协商、探讨村企发展方向，共谋发展。

随着村企共建的不断深入，许多村民包括村干部都可能成为各个企业的员工并受企业管理。而企业的负责人为了在乡村获得更大的发展空间，充分挖掘乡村内部的特色资源，也会参与村级的一些公共事务。经过共建的不断深入，村民包括村干部与企业的负责人都会具有双重身份，一方面要受企业管理，为企业谋利益；另一方面又要参与村级的公共事务，影响村民委员会的一些决策。通过村干部与企业领导的交叉任职，可以有效解决村企之间的矛盾和冲突。

3. 立足农业挖掘农村发展的潜力

资源型农村由于缺乏资金、技术、设备等因素，尤其是资源开采造成的地质灾害和生态破坏，难以摆脱贫困落后的面貌。建立村企合作机制后，利用企业优势挖掘农村特色资源，还可以利用企业的经营理念更新村民的思维方式，激发农村发展的内在动力。乡村与城镇相比，虽然在公共基础设施、公共服务水平、人力资源素质等方面都存在明显的差距，但农村除了拥有土地资源和劳动力资源之外，还有其他有待开发的特色资源。通过寻找适合农村发展的产业充分挖掘村庄内部的资源，就能够推动资源型农村的可持续发展。同时，这些特色的资源也让企业在市场竞争中具有更强的优势，开拓企业在农村的发展空间。企业通过加大对于乡村特色资源开发的投入，改善乡村资源开发的技术、设备，运用企业的经营理念，使得乡村的资源能够在有效开发的同时，获得巨大的经济效益，推进乡村的经济发展。

中国自古就是一个以农立国的农业大国，"中国的经济必须要照顾到农业"[①]，如果资源型地区的经济发展忽略了农业的作用，这种发展就不可能长久，最终注定要失败。所以，要通过村企合作实现资源型农村的发展，就不可能让农村放弃农业而全部投入到资源企业的发展中，而是要通过企业转移农村剩余劳动力，加快农村土地流转，引进农产品加工企业等方式，加快推进农业产业化的进程。同时，对于农业的关注也要从精耕细作方式下的单纯劳动力投入转变为机械化生产下的更多的资金、技术的投入，以此解放农村劳动力，增加农业产品的商品率，推进农业的产业化进程和农民的现代化进程。

（三）建立规范的民主机制

早在 20 世纪 80 年代初，邓小平同志就指出："制度问题带有根本性、全局性、稳定性和长期性。""制度好可以使坏人无法任意横行，制度不好可以使好人无法充分做好事，甚至会走向反面。"[②] "所谓制度，是指稳定的，受尊重的和不断重视的行为模式。制度化是组织与程序获得价值和稳定性的过程。"[③] "民主与法制，对于一个国家的兴旺发达，或是衰败灭亡，往往是紧密联系在一起，是起决定性因素的。"[④] 十七大报告指出：人民民主是社会主义的生命。因此，我们"为了保障人民民主，必须加强法制。必须使民主制度化、法律化，使这种制度不因领导人的改变而改变，不因领导人的看法和注意力的改变而改变"[⑤]。实证研究反复证明，制度化的政治参与是靠一整套健全的制度来实现的。

好的制度只有在实践中得到不折不扣的落实，才能发挥制度的作用，

---

① 中共中央文献研究室编：《邓小平年谱》，中央文献出版社 2004 年版，第 514 页。
② 《邓小平文选》第 2 卷，人民出版社 1993 年版，第 333 页。
③ ［美］塞缪尔·亨廷顿：《变革社会中的政治秩序》，上海三联书店 1989 年版，第 21 页。
④ 王定国等编：《谢觉哉：论民主与法制》，法律出版社 1996 年版，第 160 页。
⑤ 《邓小平文选》第 2 卷，人民出版社 1994 年版，第 146 页。

实现制度的预期目标。而要使制度在实践中得到落实，就需要设置健全的民主机制，并使之有效运转。在经济上的产权制度确定之后，还要在政治上实行民主制度，并建立相应的民主机制，把自由竞争原则和财产权利的平等交换原则内化为一种民主精神，从而给资源开采中的受害群体利益诉求的权利和渠道，给他们平等的讨价还价的平台和机会，给他们参与公共资源管理、使用和分配的权利，使博弈双方通过谈判的方式合作解决争端，以平衡补偿的办法将农民的利益要求限制在合理要求的范围，进而通过民主机制的有效运转维护产权。为了改变以往产权不明造成的利益主体博弈共输的局面，资源型地区的地方政府要在政治上实行民主制度，建立民主机制，并通过民主机制的有效运转，保障矿区农民的利益表达和利益保护，进而为地方经济社会发展创造稳定的社会环境。

首先要为矿区农民建立规范便利的利益表达机制和利益诉求机制，有效地保障矿区农民利益。通过媒体等各种途径宣传和教育矿区农民，对与矿区农民利益分配相关的法律、政策进行宣传和解释，使矿区农民明白并理解自己的利益所在，懂得国家利益、集体利益与个人利益三者之间的关系，以及长远利益与眼前利益的关系，懂得如何实现和保护自己的合法权益。这就需要政府实行信息公开和政务公开制度，并及时回答群众的疑问和意见。在资源型地区，资源能否开采、如何开采、资源利益如何分配、土地如何征用、损失如何补偿等一系列问题的解决，都需要让矿区农民参与其方案的制订和实施中。并通过建立合理的利益调解机制，推动不同社会主体之间利益博弈的规范化和理性化，最大限度地减少利益冲突，缓解因利益纠纷而导致的冲突与对立，纠正不同社会主体对利益的非理性诉求和偏激行为，降低社会治理成本。

同时，还要通过制度建设在各级政府之间建立正常的利益协调和博弈机制，厘清不同层级政府的权、责、利关系，确保各级政府都能够从公共利益出发行使公共权力，政府行为要着眼于整体利益和长远利益。还要建立政府各部门的协调管理机制，进一步厘清政府各部门的权力边界，明确各部门的职责分工，理顺各部门之间的协调和配合工作，逐步实现收益均等，并限制权力寻租现象的出现。还要在政府层级之间、部门之间建立经常性的利益调解机制，打破既得利益的刚性链条，通过定期检讨、评估利益分配机制和实现形式，防止利益格局的固化、部门化、权力化。

在资源型农村内部，公共资源的占有、使用和分配也要走民主程序。要让农民真正成为农村资源产权的占有者和收益享受者，就必须使矿区农民在资源产权安排中发挥主体作用。而要发挥矿区农民在资源产权安排中的主体作用，就必须坚持村民自治制度，实行民主选举、民主管理、民主决策和民主监督制度，就必须保证村民自治机制的有效运转，使村民能够通过村民会议或村民代表会议决策村庄公共资源的占有、使用和分配问题，通过村务公开、民主管理和村务公开监督小组等方式监督村干部的行为，进而达到广大村民共同分享煤矿资源利益的目的。

（四）　建立制度化的政企合作机制

矿产资源属于国家所有，由国务院代表全体国民行使管理权，国务院采取各级政府分级管理的方式管理资源，这种分级管理的方式必然会形成中央与地方的利益分割和利益博弈。在中央与地方利益关系的博弈过程中，由于事权与财权再分配的非规范化，导致了中央政府放权行为的随意性和政策的不稳定性，进而导致地方政府在煤企利益博弈中选择有利于地方利益的短期行为，也为地方政府扩张权力和利益范围提供了空间。同时，这种广泛而活跃的制度灰色区域又为地方官员的权力寻租行为提供了广阔的活动空间。而要改变这种状况，就要求制定明确的规章制度和产权规则，建立明确的激励约束机制，确保地方政府在维护地方利益的过程中，不会牺牲国家利益或者不会偏离国家目标。同时，迫使地方政府在行使公共权力时，能够坚持公利的原则，维护公共利益和国家利益。

政府在产权方面的作用，应该是通过对煤矿企业的监管和煤矿资源的管理，保护产权所有者的利益。所以，地方政府在管理资源的过程中，一方面，必须为煤矿企业的生产与经营提供宽松的环境，建立完善的资源市场价格机制，保障资源开发和价格上涨不仅仅使少数人得利，而且能使广大群众都从中受惠。各级政府及相关部门应加强对资源开发的宏观政策指导，用科学的发展观引导煤矿经营者正确处理能源开发与生态保护、眼前利益与长远发展的关系，妥善化解农村各种社会矛盾，维护农村社会稳定，为建设社会主义和谐农村作贡献。另一方面，能够在煤矿企业违规操作时及时纠正其错误行为，保障煤矿企业在遵循市场经济规律的前提下推进企业发展。地方政府要持之以恒地加强对煤矿经营者的教育和引导，着力提高他们的道德素质，增强他们的社会责任感，提高他们适应市场经济和回报社会的能力。同时要深刻地认识到，加强对煤矿经营者的教育引导是一个长期而艰巨的任务，必须持之以恒地坚持下去。

多数煤矿经营者都希望得到社会的认可和尊重，为煤矿企业的生产经营创造良好的社会环境。所以，地方政府要利用政策支持和政治支持等手段，为煤矿企业的发展提供帮助，如在人大代表的选举、政协委员的选拔、劳动模范的评选等方面为作出突出贡献的煤矿经营者提供机会，使他们通过这些政治平台更多地参与国家政治生活，进而使煤矿经营者在参与政治活动中发挥其推进社会发展的经济功能。并通过这些平台与煤矿企业建立直接关系，使煤矿经营者能够站在公共视角追求社会公正，把资源财富用于兴办社会公益事业，使得企业举办公益事业在获取社会资本（冠名、威望、尊重、信任、感激等）的同时，也能够获取一定的政治资本，如当选乡村干部、人大代表、政协委员、劳动模范等，使得煤矿老板以为依靠财富贿赂官员能够办到的事情，依靠政府政策同样可以得到，并通过合理的税收政策和煤企回报社会的方式，使普通群众能够分享资源开采带来的公共福利。

地方政府应该根据本地实际情况，对本地的产业发展和农村发展作出总体规划，及时出台优惠政策，鼓励并引导资源企业主动拿出资金兴办有利于资源型农村经济发展和农民就业的主导产业，兴办有利于提高矿区农民生活水平和生活质量的公益事业。地方政府要为企业帮扶农村搭建平台，监督并督促企业落实帮扶计划，解决煤矿企业与地方政府的短期行为和长期目标之间的"囚徒困境"，从而使政府及其官员和煤矿经营者都能够放弃以损害他人利益和公共利益追求个人利益最大化的短期行为目标，而采取以公共利益和整体利益为基础的长期行为目标。地方政府只有为企业提供一个良好的政策环境，让企业在经营中获得更多的利益，拥有更大的发展空间，才会激发企业兴办有利于矿区农村发展的非煤产业和公益事业的积极性和主动性，企业才会在解决乡村存在的公共基础设施差、村民整体素质偏低等问题中发挥作用。

基层政府作为连接企业和乡村的桥梁，既了解乡村发展遇到的困境，同时也对企业有比较频繁的接触。要想村企共建的政策能够在乡村得以顺利实施，基层政府对于村企共建在政策上的扶持和保护十分关键。基层政府通过制定鼓励乡村实施村企共建的政策，为实施村企共建的乡村和进驻乡村的企业提供优厚的条件，对他们的和谐共建进行宏观上的指导，帮助两者协商处理在谈判合作共建过程中遇到的利益冲突。通过公共财政支持或者由公共财政承担一定的风险，使得企业大量投资能够获利，有利于改善环境、有利于农民增收、有利于土地利用、有利于长远利益，但投资成本大、风险大、见效慢的产业。

五　结语

煤矿产权与乡村治理密切相关，直接决定着乡村发展的命运。任何企业主体在获得稀缺资源的使用权成为独立产权主体后，都必然会努力实现使用稀缺资源的利益最大化①，但任何产权的预期收益都有明确的权利界限和成本付出，产权主体如果超越权利边界谋取高额利润，或将利益成本转嫁他人，就必然会付出代价，严重时会失去产权。所以，产权安排首先要关注矿区农村和农民的权益，否则资源就会成为地方经济社会全面协调可持续发展的诅咒。在缺乏完善的产权制度的情况下，煤矿资源开采必然造成煤矿企业和地方政府博弈中的"囚徒困境"。

从短期行为来看，一方面，不合理的产权制度为煤矿企业追求经济利益最大化、进行粗放式经营和掠夺式开采或通过贿赂官员进行违规经营提供了条件，也加大了煤矿开采对生态环境的破坏和对农民利益、国家利益的损害；另一方面，不合理的产权制度也为地方财政增加了税收来源，为官员权力寻租提供空间，由此政府官员为了追求地方短期利益和官员个人利益，通过权钱交易和权力寻租与企业结成利益共同体，无视企业对农民利益和国家利益的损害。改革开放以来，煤矿的所有权、使用权、经营权频繁变动，经营主体由当初的国有、地方、乡镇转变为国有、地方、集体、股份、个人等多种主体，这不仅导致煤炭企业的散乱和国有资产严重流失等问题，还使得政策缺乏权威性和可信性，使得各利益主体对煤矿的

---

① 马克思认为：资本家"只有在越来越多地占有抽象财富成为他的活动的唯一动机时，他才作为资本家或作为人格化的、有意志和有意识的资本执行职能"。（《马克思恩格斯选集》第 2 卷（《资本论》第一卷节选），人民出版社 1995 年版，第 168 页。）

发展政策持观望态度，对国家制定的各项政策不作为，造成政策执行起来存在普遍性的短期行为和投机行为的现象。

从长期结果来看，企业发展和政府治理的行为选择都取决于矿区农民的态度，当矿区农民的生存危机和利益损失到了难以承受的程度时，必然采取暴利手段进行集体维权，严重时会造成企业停产和社会失序。在这种情况下，企业与政府合谋获利的状态被打破，进而在农民损害补偿方面形成合作，一个政府主导、企业主体的以煤补农机制应运而生，这个机制既是企业扭转不利局面获取收益的最佳策略选择，也是政府调整利益分配结构、提升社会福利水平、恢复社会秩序的策略选择。

然而，在资源产权不完善的前提下，煤矿企业和地方政府总会采取以最低成本获取最大收益的短期行为，不可避免地造成矿区农民的生存悲剧以及由此引发的"公地悲剧"，进而造成企业停产甚至彻底破产，地方政府治理陷入瘫痪，而企业和政府之间最有效、最合理的合作策略总是在其为短期获利行为付出极大代价后的选择。

所以，产权改革是破解这一"囚徒困境"的根本途径。首先，通过产权改革调整利益格局，利益格局的调整既是与不同发展阶段的任务相联系的，也是与利益分配的根本原则相联系的。我们的产权制度要确立"发展成果由人民共享"的基本原则，不能允许资源利益被少数利益集团获取，而矿区农民不仅不能分享资源开采的成果，还要承担资源开采带来的负外部成本。但也不应当重新回到平均主义或大锅饭状态，要不断通过利益格局调整，消除"官商勾结"和"官商一体"，实现公平与效率的平衡。其次，要通过严格规范煤矿企业的经营行为，为资源开采对矿区农村和农民的私人性损害和公共性损害进行合理补偿提供法律保障，并通过民主机制的建立和有效运转为矿区农民参与公共资源的占有、使用和分配提供机制保障，使他们在与煤矿企业的博弈中拥有平等谈判的平台和机制，促使博弈双方以谈判的方式合作解决争端。

参 考 文 献

[1]《马克思恩格斯全集》，北京：人民出版社 1956 年版。

[2]《毛泽东选集》，北京：人民出版社 1991 年版。

[3]《邓小平文选》，北京：人民出版社 1991 年版。

[4]［美］唐纳德·凯特尔（DonaldEKettl）：《权力共享：公共治理与私人市场》，北京：北京大学出版社 2009 年版。

[5]［英］托尼·鲍法德、爱尔克·劳夫勒：《公共管理与治理》，北京：国家行政学院出版社 2005 年版。

[6]［美］詹姆斯·N. 罗西瑙：《没有政府的治理》，南昌：江西人民出版社 2001 年版。

[7]［美］费里曼（EdwardFriedman）等著：《中国乡村，社会主义国家》，北京：社会科学文献出版社 2002 年版。

[8]［美］费里曼：《合作治理与新行政法》，商务印书馆 2010 年版。

[9]［美］弗朗西斯·福山：《信任：社会美德与创造经济繁荣》，彭志华译，海口：海南出版社 2001 年版。

[10]［美］罗伯特·D. 帕特南：《使民主运转起来：现代意大利的公民传统》，王列、赖海榕译，南昌：江西人民出版社 2001 年版。

[11]［美］迈克尔·麦金尼斯：《多中心治道与发展》，毛寿龙译，上海：上海三联书店 2000 年版。

[12]［美］托克维尔：《论美国的民主》，董果良译，北京：商务印书馆 1988 年版。

[13]［美］罗伯特·达尔：《多元主义民主的困境——自治与控制》，周军华译，长春：吉林人民出版社 2006 年版。

［14］［美］西达·斯考切波：《国家与社会革命》，何俊志译，上海：上海人民出版社 2007 年版。

［15］［英］阿米·古特曼等著：《结社：理论与实践》，吴玉章等译，北京：生活·读书·新知三联书店 2006 年版。

［16］［美］罗伯特·阿格拉诺夫、迈克尔·麦圭尔：《协作性公共管理：地方政府新战略》，李玲玲等译，北京：北京大学出版社 2007 年版。

［17］［法］埃米尔·迪尔凯姆：《社会学方法的规则》，胡伟译，香港：华夏出版社 1999 年版。

［18］［英］安东尼·吉登斯：《民族—国家与暴力》，胡宗泽等译，北京：生活·读书·新知三联书店 1998 年版。

［19］［美］盖·彼得斯：《欧洲的行政现代化：一种北美视角的分析》，宋世明译，北京：国家行政学院出版社 1996 年版。

［20］［美］莱斯特·萨拉蒙、赫尔穆特·安海尔：《公民社会部门》，何增科译，北京：社会科学文献出版社 2000 年版。

［21］［德］马克斯·韦伯：《经济与社会》，林荣远译，北京：商务印书馆 1997 年版。

［22］［南］平乔维奇：《产权经济学——一种关于比较经济体制的理论》，北京：经济科学出版社 2000 年版。

［23］［美］迈克尔·麦金尼斯：《多中心治理之道》，王文章等译，上海：上海三联书店出版社 2002 年版。

［24］［美］乔·萨托利：《民主新论》，冯克利、阎克文译，北京：东方出版社 1993 年版。

［25］［美］本杰明·巴伯：《强势民主》，彭明等译，长春：吉林人民出版社 2006 年版。

［26］［美］盖伊·彼得斯：《政府未来的治理模式》，吴爱明、夏宏图译，北京：人民大学出版社 2001 年版。

［27］［英］科罗尔·佩特曼：《参与和民主理论》，陈尧泽译，上海：上海人民出版社 2006 年版。

［28］［德］黑格尔：《法哲学原理》，范杨、张企泰译，北京：商务印书馆 1961 年版。

［29］［美］塞缪尔·亨廷顿、琼·纳尔逊：《难以抉择：发展中国家

的政治参与》，香港：华夏出版社 1989 年版。

[30]［美］约翰·克莱顿·托马斯：《公共决策中的公民参与：公共管理者的新技能与新策略》，孙柏瑛等译，北京：人民大学出版社 2005 年版。

[31]［日］浦岛郁夫：《政治参与》，解莉莉译，北京：经济日报出版社 1989 年版。

[32]［法］卢梭：《社会契约论》，何兆武译，北京：商务印书馆 1996 年版。

[33]［加拿大］艾米·R. 波蒂特、［美］马可·A. 詹森、［美］埃莉诺·奥斯特罗姆等：《共同合作：集体行为、公共资源与实践中的多元方法》，北京：中国人民大学出版社 2013 年版。

[34]［美］彼得·圣吉：《必要的革命：可持续发展型社会的创建与实践》，北京：中信出版社 2010 年版。

[35]［美］罗伯特·B. 丹哈特：《新公共服务：服务而非掌舵》，《中国行政管理》2002 年第 10 期。

[36]薄贵利：《集权分权与国家兴衰》，北京：经济科学出版社 2001 年版。

[37]蔡禾：《社区概论》，北京：北京经济出版社 2005 年版。

[38]陈锡文：《中国县乡财政与农民增收问题研究》，太原：山西经济出版社 2003 年版。

[39]陈伟东：《社区自治：自组织网络与制度设置》，北京：中国社会科学出版社 2004 年版。

[40]陈万灵：《农村社区变迁：一个理论框架及其实证考察》，北京：中国经济出版社 2002 年版。

[41]戴玉琴：《村民自治的政治文化基础—苏北农村个案分析》，北京：中国社会科学出版社 2007 年版。

[42]《当代中国农业合作化》编辑室：《建国以来农业合作化史料汇编》，北京：中共党史出版社 1992 年版。

[43]邓正来：《国家与市民社会——中国视角》，上海：格致出版社 2011 年版。

[44]邓正来：《市民社会理论的研究》，北京：中国政法大学出版社

2002 年版。

　　[45] 邓敏杰：《创新社区》，北京：中国社会出版社 2002 年版。

　　[46] 丁茂战：《我国政府社会治理制度改革研究》，北京：中国经济出版社 2009 年版。

　　[47] 费孝通：《乡土重建》，上海：上海人民出版社 2012 年版。

　　[48] 顾丽梅：《信息社会的政府治理》，天津：天津人民出版社 2004 年版。

　　[49] 何增科：《公民社会与民主治理》，北京：中央编译出版社 2007 年版。

　　[50] 何增科：《社会管理与社会体制》，北京：中国社会出版社 2008 年版。

　　[51] 贺雪峰：《乡村治理的社会基础》，北京：中国社会科学出版社 2003 年版。

　　[52] 蒋传贵：《社会资本与农村社区发展—以赣东项村为例》，上海：学林出版社 2007 年版。

　　[53] 敬义嘉：《合作治理：再造公共服务的逻辑》，天津：天津人民出版社 2009 年版。

　　[54] 孔繁斌：《公共性的再生产：多中心治理的合作机制建构》，南京：江苏人民出版社 2012 年版。

　　[55] 雷洁琼：《转型中的城市基层社区组织》，北京：北京大学出版社 2001 年版。

　　[56] 雷晓明：理论与政策研究：中国公共资源问题，成都：西南交通大学出版社 2011 年版。

　　[57] 李慧凤、许义平：《社区合作治理实证研究》，北京：中国社会出版社 2009 年版。

　　[58] 李慧斌、杨雪冬：《社会资本与社会发展》，北京：社会科学文献出版社 2000 年版。

　　[59] 李克强：《农民收入、农民发展与公共产品供给研究》，北京：中国社会科学出版社 2010 年版。

　　[60] 李克强：《农村公共产品供给与农民发展》，北京：中国社会科学出版社 2013 年版。

［61］李图强：《现代公共行政中的公民参与》，北京：经济管理出版社 2004 年版。

［62］黎熙元等：《社区建设——理念、实践与模式比较》，北京：商务印书馆 2006 年版。

［63］李友梅：《中国社会生活的变迁》，北京：中国大百科全书出版社 2008 年版。

［64］梁莹、姚军：《草根社区中的合作治理与公民治理》，北京：研究出版社 2011 年版。

［65］梁戈敏：《中国公共资源交易管理理论、实践及制度创新研究》，北京：经济科学出版社 2013 年版。

［66］梁漱溟：《中国文化要义》，上海：学林出版社 1987 年版。

［67］林尚立：《社区民主与治理：案例研究》，北京：社会科学文献出版社 2003 年版。

［68］林尚立：《政治建设与国家成长》，北京：中国大百科全书出版社 2008 年版。

［69］凌志军：《变化——1990—2002 年中国实录》，北京：中国社会科学出版社 2003 年版。

［70］刘娅：《解体与重构：现代化进程中的"国家—乡村"社会》，北京：中国社会科学出版社 2004 年版。

［71］刘厚金：《我国政府转型中的公共服务》，北京：中央编译出版社 2008 年版。

［72］陆学艺：《当代中国社会流动》，北京：社会科学文献出版社 2004 年版。

［73］陆学艺：《"三农"新论——当代中国农业、农村、农民问题研究》，北京：社会科学文献出版社 2005 年版。

［74］麻宝斌：《公共治理理论与实践》，北京：社会科学文献出版社 2013 年版。

［75］庞金友：《现代西方国家与社会关系理论》，北京：中国政法大学出版社 2006 年版。

［76］任吉：《多元性与一体化：近代华北乡村社会治理》，天津：天津社会科学院出版社 2007 年版。

［77］施雪华：《政治现代化比较研究》，武汉：武汉大学出版社2006年版。

［78］石国亮：《服务型政府：社会合作治理新思维》，北京：国家行政学院出版社2013年版。

［79］石义霞：《中国农村公共产品供给制度研究》，北京：中国财政经济出版社2011年版。

［80］史风仪：《中国古代的家族与身份》，北京：中国社会文献出版社1999年版。

［81］宋林飞、朱力：《变迁之痛：转型期的社会失范研究》，北京：社会科学文献出版社2006年版。

［82］孙柏瑛：《当代地方治理——面向21世纪的挑战》，北京：中国人民大学出版社2004年版。

［83］孙立平：《守卫底线：转型社会生活的基础秩序》，北京：中国科学文献出版社2007年版。

［84］孙丽岩：《授益行政行为研究：探寻行政法通道内的公共资源配置》，北京：法律出版社2007年版。

［85］孙波：《公共资源的关系治理研究》，北京：经济科学出版社2009年版。

［86］陶东明、陈明明：《当代中国政治参与》，杭州：浙江人民出版社1998年版。

［87］陶勇：《农村公共产品供给与农民负担》，上海：上海财经大学出版社2005年版。

［88］涂圣伟：《社区、企业、合作组织与农村公共产品供给》，北京：经济科学出版社2012年版。

［89］《推进国家治理体系和治理能力现代化》编写组：《推进国家治理体系和治理能力现代化》，北京：国家行政学院出版社2014年版。

［90］谭英俊：《地方政府公共事务合作治理能力建设研究》，南宁：广西人民出版社2011年版。

［91］汪锦军：《走向合作治理：政府与非营利组织合作的条件模式和路径》，杭州：浙江大学出版社2012年版。

［92］汪世荣：《枫桥经验：基层社会治理的实践》，北京：法律出版社 2008 年版。

［93］王春福：《农村基础设施的多中心治理》，北京：中国社会科学出版社 2010 年版。

［94］王沪宁：《当代中国村落家族文化：对中国社会现代化的一项探索》，上海：上海人民出版社 1991 年版。

［95］王敬尧：《参与式治理：中国社区建设实证研究》，北京：中国社会科学出版社 2006 年版。

［96］王巍：《社区治理结构变迁中的国家与社会》，北京：中国社会科学出版社 2009 年版。

［97］王中昭：《产业协调机制与资源优化配置〈以广西北部湾经济区为视角〉》，北京：中国社会科学出版社 2011 年版。

［98］韦森：《社会秩序的经济分析导论》，上海：上海三联书店 2001 年版。

［99］吴锦良：《基层社会治理》，北京：中国人民大学出版社 2014 年版。

［100］吴锦良：《政府改革与第三部门发展》，北京：中国社会科学出版社 2001 年版。

［101］席恒：《利益、权力与责任：公共物品供给机制研究》，北京：中国社会科学出版社 2006 年版。

［102］夏学銮：《社区照顾理论、政策和实践》，北京：北京大学出版社 1996 年版。

［103］谢新水：《作为一种行为模式的合作行政》，北京：中国社会科学出版社 2013 年版。

［104］新玉言：《新型城镇化——格局规划与资源配置》，北京：国家行政学院出版社 2013 年版。

［105］徐勇：《乡村治理与中国政治》，北京：中国社会科学出版社 2003 年版。

［106］徐勇、徐增阳：《流动中的乡村治理——对农民流动的政治社会学分析》，北京：中国社会科学出版社 2003 年版。

［107］徐勇：《民主学步：农民的民主能力建设——以"南农实验"

为例》，北京：中国社会科学出版社 2011 年版。

［108］徐永祥：《社区发展论》，上海：华东理工大学出版社 2000 年版。

［109］阳斌：《当代中国公共产品供给机制研究：基于公共治理模式的视角》，北京：中央编译出版社 2012 年版。

［110］袁振龙：《社会管理与合作治理》，北京：知识产权出版社 2013 年版。

［111］俞可平：《治理与善治》，北京：社会科学文献出版社 2000 年版。

［112］俞可平：《中国公民社会的兴起与治理的变迁》，北京：社会科学文献出版社 2002 年版。

［113］于建嵘：《岳村政治——转型期中国乡村政治结构的变迁》，北京：商务印书馆 2001 年版。

［114］于水：《乡村治理与农村公共产品供给》，北京：社会科学文献出版社 2008 年版。

［115］于显洋：《社区概论》，北京：中国人民大学出版社 2006 年版。

［116］杨宏山、皮定均：《合作治理与社会服务管理创新：朝阳模式研究》，北京：中国经济出版社 2012 年版。

［117］杨伟民：《社会政策导论》，北京：中国人民大学出版社 2004 年版。

［118］张康之：《寻找公共行政的伦理视角》，北京：中国人民大学出版社 2002 年版。

［119］张康之、石国亮：《国外社区治理自治与合作》，北京：中国言实出版社 2012 年版。

［120］张广修、张景峰：《村规民约论》，武汉：武汉大学出版社 2002 年版。

［121］张平军：《中国西部农村公共产品供给问题研究》，北京：人民出版社 2012 年版。

［122］张晓莉：《政治文明视域中的农民政治参与》，北京：中国社会科学出版社 2007 年版。

［123］张英洪：《农民权利论中国》，北京：经济出版社 2007 年版。

［124］赵来军：《公共危机与社会治理》，北京：社会科学文献出版社 2011 年版。

［125］赵云旗：《中国分税制财政体系研究》，北京：经济科学出版社 2005 年版。

［126］郑杭生：《中国人民大学中国社会发展研究报告（2006）——走向更讲治理的社会：社会建设与社会管理》，北京：中国人民大学出版社 2006 年版。

［127］周红云：《社会资本与社会治理：政府与公民社会的合作伙伴关系》，北京：中国社会出版社 2010 年版。

［128］周其任：《产权与制度变迁：中国改革的经验研究》，北京：北京大学出版社 2004 年版。

［129］朱国云：《多中心治理与多元供给：对新农村建设中公共物品供给的思考》，北京：中国劳动社会保障出版社 2007 年版。

［130］朱金鹤：《中国农村公共产品供给：制度与效率研究》，北京：中国农业出版社 2009 年版。

［131］蔡立辉：《论全球化背景下中国政府行政模式的转换》，《中山大学学报》（社会科学版）2002 年第 4 期。

［132］陈荣卓、唐鸣：《农村基层治理能力与农村民主管理》，《华中师范大学学报》2014 年第 2 期。

［133］陈伟东、李雪萍：《政府与社区：共生、互补、双赢》，《华中师范大学学报》2001 年第 3 期。

［134］陈又中、张勇：《城乡基层治理：使之走出困境的政府责任》，《社会主义研究》2009 年第 4 期。

［135］戴长征：《中国国家治理体系与治理能力建设初探》，《中国行政管理》2014 年第 1 期。

［136］贺雪峰：《土地与农村公共品供给》，《江西社会科学》2009 年第 1 期。

［137］侯琦、魏子扬：《合作治理——中国社会管理的发展方向》，《中共中央党校学报》2012 年第 1 期。

［138］楼苏萍：《地方治理的能力挑战：治理能力的分析框架及其关

键要素》,《中国行政管理》2010 年第 9 期。

［139］梁莹:《旨在完善公共治理的"合作治理"理论——〈行政伦理的观念与视野〉中的合作治理观探析》,《中国行政管理》2009 年第 6 期。

［140］罗兴佐、贺雪峰:《农村社区组织建设与公共品供给》,《理论与改革》2008 年第 2 期。

［141］王立杰等:《矿产资源损失浪费的根源与解决对策》,《中国矿业》1996 年第 7 期。

［142］覃道明:《乡镇政府改革与乡村治理能力重塑》,《社会主义研究》2008 年第 5 期。

［143］吴晓燕、任耀杰:《社会管理创新:从一元管理到多元治理——以温江区永宁镇社会管理创新为例》,《社会主义研究》,2012 年第 4 期。

［144］肖林:《国家渗透能力建设:社区治理挑战下的国家应对策略》,《哈尔滨工业大学学报》(社会科学版)2013 年第 6 期。

［145］肖勇、龚晓、伍晓雪:《"多元"对"一元"的否定:村庄"多元"治理模式及其构建》,《社会科学研究》2009 年第 3 期。

［146］肖兴志等:《煤矿资源产权制度改革的战略思考》,《辽宁师范大学学报》(社会科学版)2008 年第 6 期。

［147］徐勇:《现代国家的建构与村民自治的成长》,《学习与探索》2006 年第 6 期。

［148］赵世瑜:《分水之争:公共资源与乡土社会的权力和象征——以明清山西汾水流域的若干案例为中心》,《中国社会科学》2005 年第 2 期。

［149］张康之:《走向合作治理的历史进程》,《湖南社会科学》2006 年第 4 期。

［150］张润君:《合作治理与新农村公共事业管理创新》,《中国行政管理》2007 年第 1 期。

［151］中共中央文献研究室编:《邓小平年谱》,中央文献出版社2004 年版。

［152］［南斯拉夫］斯韦托扎尔·平乔维奇:《产权经济学——一种

关于比较经济体制的理论》，北京：经济科学出版社 2000 年版。

　　［153］中华人民共和国国土资源部：《山西省煤炭资源整合工作情况报告》（2006—2007 - 03）。

后 记

　　本书是国家社会科学基金一般项目"煤矿产权制度改革与资源型乡村治理研究"（项目编号：10BZZ023）的最终研究成果，也是我从事中国农村问题研究以来完成的难度最大的一个项目。该项目从最初申报到最终完成，前后经历了将近五年时间，从项目论证初期的彷徨与困惑，到拿到项目时的欢喜与快乐，再到项目实施期间的艰苦与辛酸，最终到项目完成后交出这部沉甸甸的作品，又意外获得了"优秀"这一项目验收结论，回想起五年来自己在该项目中付出的努力与艰辛以及收获的成功与喜悦，不由自主地流下了激动的泪水。

　　在本书出版之际，我首先要感谢我的恩师徐勇教授。徐勇教授是我从事农村问题研究以来每取得一项研究成果都必须感谢的第一个人，在我从事农村问题研究的道路上，他不断帮助我确定研究方向，帮助我克服一个又一个困难，使我有了稳定的研究方向。"煤矿产权制度改革与资源型乡村治理研究"这一地域特色鲜明的研究主题就是在徐勇教授的帮助下确立的，课题论证中也得到了徐勇教授的细心指导，课题实施中得到了徐勇教授更多的帮助和支持。所以，这一研究成果包含着徐勇教授的心血，感谢他一直以来对我的支持和帮助，感谢他五年来对该项目的关注和指导。同时，我还要感谢在项目实施过程中，给予我帮助和支持的邓大才老师、刘金海老师、刘义强老师和郝亚光老师，他们都为本项目的研究提出了许多中肯意见和宝贵建议。

　　本项目取得了丰硕的研究成果，发表了《邓小平"先富与共富"思想及其在资源型地区的实践》、《煤矿产权与农村政治》、《资源型农村的治理困境及出路分析》、《矿权与乡村治理》、《村治中的政治博弈与利益整合》、《资源型地区城乡一体化模式探索》等10余篇学术论文，出版了

《以创新谋发展：矿区转型发展路径研究》一书，正是这些科研成果的公开发表给了我无限的成就感，增强了我的自信心，帮助我化困难为动力，化艰苦为兴趣，最终顺利完成项目。所以，在本书出版之际，我要特别感谢曾经给予该项目大力支持和帮助的《马克思主义研究》《政治学研究》《中国行政管理》《社会主义研究》《中国农村观察》等期刊和山西人民出版社。在项目最终成果出版中，中国社会科学出版社的冯春风主任对该书进行了认真的审阅，对该书的出版提了许多宝贵建议和意见，对于她的无私支持在这里也一并献上真诚的感谢。

在项目调研期间，我获得的支持和帮助更是数不胜数。调研地的基层干部和煤矿企业负责人都为项目的调研工作提供了方便条件，资源型农村的村干部和村民在我们调研期间给我们以热情的招待，为本项目提供了大量的第一手资料，在这里，对于支持和帮助过我的政府官员和广大农民表示衷心的感谢。该项目的调研，进一步加深了我对中国农村和农民的认识，进一步感受到了中国农民的无私和伟大，也进一步坚定了我努力从事农村问题研究的决心和信心。该项目的研究也使我充分认识到产权制度不合理给农民利益造成的损害，也进一步确定了今后关于资源—政治的研究主题。同时这一项目的研究还使我改变了对山西煤老板的看法，"为富不仁、奢侈浪费、拜金主义、贪图享受"只是部分煤矿老板的形象，还有很多煤矿老板热心慈善和公益、积极救济贫困，为当地经济社会发展作出了巨大贡献。另外，我的博士研究生李利宏、王铁梅、霍小霞、张毅、陈晓燕、王慧斌及其他硕士研究生都为本课题的调研做了大量工作，我的博士后学生侯红霞对全书进行了校对，非常感谢他们对该项目付出的辛勤劳动。

最后，我还要感谢我爱人范三红。他在本项目实施中付出了巨大努力，几乎牺牲了自己所有的休息日和节假日，帮助我们下乡调查，给我们当司机、搞后勤，帮我们协调关系，还参与实际的调查工作和课题讨论，为本课题的研究提供了许多宝贵的意见和建议。

由于本人才学疏浅，能力有限，书中难免有纰漏及失误的地方，还望各界人士不吝赐教。

董江爱

2015 年 4 月 16 日